imaginist

想象另一种可能

理
想
国

imaginist

微小的总和

新精英阶层的消费选择

Elizabeth Currid-Halkett

The Sum *of* Small Things:

A Theory of the Aspirational Class

[美]伊丽莎白·科里德-霍尔基特 著　　尹楠 译

海南出版社

·海口·

THE SUM OF SMALL THINGS
by Elizabeth Currid-Halkett

图字：30-2022-049 号

图书在版编目（CIP）数据

微小的总和：新精英阶层的消费选择 /（美）伊丽莎白·科里德-霍尔基特著；尹楠译．-- 海口：海南出版社，2022.11

ISBN 978-7-5730-0836-7

Ⅰ．①微… Ⅱ．①伊… ②尹… Ⅲ．①消费者行为论—研究 Ⅳ．① F036.3

中国版本图书馆 CIP 数据核字 (2022) 第 207214 号

微小的总和：新精英阶层的消费选择
WEIXIAO DE ZONGHE: XIN JINGYING JIECENG DE XIAOFEI XUANZE

作　　者　［美］伊丽莎白·科里德-霍尔基特
译　　者　尹　楠
责任编辑　余传炫
特约编辑　闫柳君
装帧设计　陆智昌
内文制作　陈基胜
海南出版社　出版发行
地　　址　海口市金盘开发区建设三横路2号
邮　　编　570216
电　　话　0898-66822134
印　　刷　山东韵杰文化科技有限公司
版　　次　2022 年 11 月第 1 版
印　　次　2022 年 11 月第 1 次印刷
开　　本　880mm × 1230mm　1/32
印　　张　10.125
字　　数　210千字
书　　号　ISBN 978-7-5730-0836-7
定　　价　58.00元

奥利弗、埃兹拉、理查德

我的一切。

目录

第 1 章

21世纪的“有闲阶级”

一个手工制作的银汤匙的商业价值大约为10—20美元，其适用性——按照这个词的原意——并不比机器制造的银汤匙更强。它或许并没有更适用……即使没有忽视其所有用途，也至少忽视了这个昂贵的银匙的主要用途之一，这个手工制作的银汤匙迎合了我们的品位和审美……手工制作的银汤匙的材料价值比那些贱价金属高出百倍，但从质感或色泽的真正美感上而言，前者并没有远胜于后者，在机械的适用性上，前者也并没有明显优于后者。

——索尔斯坦·凡勃伦（Thorstein Veblen），

《有闲阶级论》（*The Theory of the Leisure Class*，1899）

20 世纪 20 年代，缪丽尔 · 布里斯托尔 *（Muriel Bristol）参加了在英国剑桥举办的一次夏季午后茶话会。茶话会的座上宾是一群教授及其太太们。在这样特别的场合，茶话会主人先给布里斯托尔倒了一杯茶，然后加了一些牛奶。布里斯托尔却对此表示不满，她解释说自己喜欢“先加牛奶”，这样茶味更佳。尽管在座的其他人都表示怀疑，布里斯托尔却坚称自己能分辨出其中差别。同为座上宾的罗纳德 · 艾尔默 · 费希尔（Ronald Aylmer Fisher）此时冒出一个想法。这位费希尔先生后来不仅晋爵为“费希尔爵士”，还凭借著名的《实验设计》（*The Design of Experiments*）一书成为现代经验统计学之父。费希尔的想法就是，同时泡 8 杯茶，其中 4 杯“先加牛奶”，另外 4 杯则先倒入茶，如果这位女士能正确分辨其中差别，那么就证明她是对的（仅凭猜测侥幸猜对的概率只有 1/70）。费希尔与其他在座宾客一样，认为布里斯托尔可能会输掉测试。换句话说，他们都认为布里斯托尔对于茶的敏锐判断是建立在错误的美感和味觉基础上，而非现实基础。可结果是，布里斯托尔正确地指出了每杯茶中茶与牛奶的添加顺序。

费希尔的这一实验后来进一步发展，改变了统计学和现代科学（它成为测试“零假设”的基础）[1]，不过在当时，如果一个人的喝茶习惯中没有植入有关身份地位以及与之相关的美学

* 缪丽尔 · 布里斯托尔（1888—1950），英国藻类学家。——译者注，下同

理念，这个实验未必可行。维多利亚时代以来，牛奶的添加顺序就一直是身份地位的象征，选择哪一种添加顺序暗示了一个人的阶级地位。

而这一切都可以从餐具由何制作而成得出结论。在维多利亚时代，如果先倒入热茶，质地较差的茶杯很容易开裂。先倒入牛奶则可以降低茶杯裂开的风险。然而，那些富人买得起精致的瓷器，能够承受茶的热度，所以后加牛奶就成为一个人经济地位得到提升的信号[2]。事实上，茶和牛奶的添加顺序这样的实际问题，更多反映的是阶级而非口感问题。毕竟，那些拥有精致瓷器的人会用后加入牛奶这一行为，来展现这种奢侈的享受。正如表现那个时代风情的著名英剧《楼上，楼下》（*Upstairs, Downstairs*）中的男家政服务人员所言："我们这些楼下的人先加牛奶，而那些楼上的人则后加牛奶。"

甚至到了几乎所有餐具的质量都已经好到足以承受热茶的当代，先加牛奶仍然是社会阶级的标志。20 世纪英国小说家南希·米特福德（Nancy Mitford）特别使用"M.I.F."*来形容较低阶级的人，而大众媒体也仍然讽刺性地使用这一短语形容工人阶级或那些不具备良好社交技能的人。今天，英国知名茶叶供应商福南梅森（Fortnum&Mason）仍然把这个选择问题描述为一个"棘手的问题"，并在其网站发表长篇大论讨论如何喝茶。

---

* milk in first 的缩写。

这样一个看似平常的选择行为——如此微妙而又无伤大雅——怎么就被放大成了阶级的象征？一直以来，表面上看起来的实际问题都已发展成为身份地位的象征问题。在维多利亚时代的英格兰，在客厅展示药品就是一个人能看得起医生、买得起药的标志。在大革命前的巴黎，蜡烛十分稀有，价格昂贵，即使后来用蜡烛照明（再后来是电）变得更普遍，晚餐时的烛光仍然是品位与血统的标志[3]。这与弃用纸餐巾（可摆脱清洗的麻烦）而选用布餐巾是一个道理。

我们所做的一切都有其社会意义。我们的童年、家庭生活、收入档次以及随之而来的社交圈，都在教导我们如何生活，以及在大小不同层面如何与世界互动。无论喜欢与否，在行为和物质两方面，我们都泄露了我们的社会经济地位。正如著名社会学家皮埃尔·布迪厄（Pierre Bourdieu）在其作品《区隔》（*Distinction*）中观察到的那样，身份地位从平凡的文化形式和符号中产生，但究其根本，是从我们的生活方式中产生。

身份地位总是令我们着迷。前人早已注意到这一点，对此观察最入微的或许是伟大的英国人类学家玛丽·道格拉斯女爵士（Dame Mary Douglas），最近的观察成果则是丹尼尔·米勒（Daniel Miller）的著作《消费：疯狂还是理智》（*Consumption and Its Consequences*）。我们获得的东西和我们如何使用这些东西往往向世界展示了我们的身份地位。其中当然不乏昂贵之物——好地段的大房子、跑车、精致瓷器和奢华腕表。然而，甚至连小小的礼貌问题也传达出某种教养或生活方式——寄送手写便条而非电子邮件、用餐结束后摆放餐具的方式、给我们所爱的人送鲜花等等。几乎所有这些行为都体现了社会地位，并且有赖于对有形商品的使用以及如何以一种特定方式使用它们的技能。或许就像道格拉斯在她的著作《商品世界》（*The World of Goods*）中所言："在一个信息系统里，商品可以说既是硬件也是软件……满足生理需求的商品——食物和饮料——所承担的意义不比芭蕾或诗歌少。"[4]

我们为了彰显身份地位而进行的商品消费同样也不应受到轻视，或者仅被视为一种肤浅的故作姿态。消费是我们从个体以及相对于社会团体（作为其中一员和局外人，有时候同时兼具这两种身份）的角度，定义我们自身的方法之一。我们需要把商品消费当作人类社会系统的复杂组成部分。"商品……和消费"，道格拉斯在其书中写道，"被人为地从整个社会系统中剥离出来"。正如我们的工作或家庭结构塑造了我们一样，我们购买的东西和我们学到的行为准则也在塑造我们。我们必须把消费视为远比其表面可见的形式更具深意的信号标志。[5]

有闲阶级论

或许没人能比社会评论家、经济学家索尔斯坦·凡勃伦更精准地捕捉和阐释消费的社会意义。凡勃伦创作于 19 世纪末的《有闲阶级论》是一部拥有决定意义的力作，准确论述了物质商品和身份地位之间的关系。在“镀金时代”* 的鼎盛时期，工业革命的胜利紧随其后，凡勃伦的作品成为其所处时代的标志。他成为“进步时代”† 的主要思想家和受欢迎的批评家，针对资本财富带来的利润、消费和浪费极尽嘲弄之能事。凡勃伦以“炫耀性消费”概念为人所熟知，这种消费指通过特定商品的使用来展现身份地位。凡勃伦将批评的矛头主要对准了“有闲阶级”，这是一群富有而又无所事事的人，不断通过物质商品消费来展示其社会和经济地位，其中许多消费品毫无实际功用可言。[6]

凡勃伦的理论引发众怒——他将整个社会阶层斥为无用肤浅之徒，并且指责其几乎只对特定社会等级和暗示做出反应。而 H.L. 门肯（H.L.Mencken）‡ 反驳道：“我喜欢一个漂亮的浴缸，是因为我知道约翰 · 史密斯 § 买不起，还是因为我爱干净？我欣赏贝多芬的《第五交响曲》，是因为国会议员和卫理公会派教徒无法理解它，还是单纯因为我热爱音乐？”[7]

《有闲阶级论》对社会上层阶级进行了严厉批评，挑战了正统经济理论，而这种理论恰好深深根植于那些通过消费来最大化金钱价值的人们心中。[8] 凡勃伦直面消费的传统观念，指出

---

* Gilded Age，一般指 19 世纪晚期的美国，这一称呼源于马克 · 吐温和查尔斯 · 沃纳共同创作的小说《镀金时代》。

† Progressive Era，一般指 19 世纪 90 年代至 20 世纪 20 年代的美国，当时美国经历了广泛的社会运动和政治改革。

‡ H.L. 门肯（1880—1956）是美国记者、散文家、讽刺作家、文化批评家和学者，代表作为《美国语言》。

§ John Smith，英语国家常见男子名，此处意指社会地位不高的普罗大众。

竞争和模仿会激发消费习惯，而且大多为非理性和浪费性消费。凡勃伦对于有闲阶级炫耀性消费的著名例证是对手工制作银汤匙的使用。其他材料或机器制作的这类餐具当然也能使用，而且看起来与其昂贵的同类产品毫无差别，但银汤匙类餐具的使用能向其他人展示一种特殊的社会阶级地位。凡勃伦还别有用心地对无端使用手杖和紧身胸衣的行为进行了观察，前者暗示了一个男人不需要用手干活，而后者的束缚是如此之紧，也就意味着女人不可能工作。只有那些有闲阶级才有能力获得并实际使用这类商品。这一令凡勃伦毁誉参半的独特评论一百多年后仍然意义重大。[9] 过去两百年来，《有闲阶级论》一直是经济思想领域最重要的著作之一。[10]

虽然凡勃伦以其对炫耀性消费的批评而闻名，但他对身份地位的研究远比其对理论的传统概述更为复杂和深入。[11] 凡勃伦的重要论点是，对社会分工和分层的认识是理解现代社会的核心所在。一个人的社会地位比他给予这个世界的任何价值或功用更重要。讽刺的是，对高级社会地位的展示（通过消费、休闲和非金钱主导的活动）常常又是通过展示物质和行为的无用性来实现。凡勃伦还对“炫耀性休闲”和“炫耀性浪费”这两种现象进行了观察，前者包括在牛津大学学习古典学、出国旅游、参加体育活动、花时间做无用的事等，后者则包括无谓地使用服务人员或家庭帮佣。花时间做一些明显无生产目的的事情是上层阶级才能有的选择。无论是一个人本身缺乏功用，还是其商品缺乏用处，都是其身份地位的显著标志。在凡勃伦看来，银汤匙和一个人通过手杖或紧身胸衣体现的无用性，都表明外表比真正的幸福或舒适重要。和卡尔·马克思（Karl Marx）一样，凡勃伦把经济看成是当时社会现实的重要组成部分。[12]他相信，经济提供了基础结构框架，而整个社会都在此基础上诞生、形成和互相作用。因此，我们所消费的东西、消费所体现的经济方式和其他人对我们的消费的观察，决定了我们的社会地位。

一百年后，炫耀性消费仍然被用来形容这种特殊经济和社会行为。但与凡勃伦所处的时代相比，社会和经济已经发生了巨大变化，已经出现新的消费和行为模式来展现社会地位。在凡勃伦创作《有闲阶级论》百年后，科技领域的巨变和全球化已经改变了我们的工作、生活和消费。工业革命和尖端制造业都催生出中产阶级，并降低了物质商品的制造成本，炫耀性消费也因此成为主流行为。与此同时，新精英阶层取代了有闲阶级，这一新兴阶层以精英教育为基础，主要由其所获得的知识和文化来定义，经济地位的影响不再那么显而易见。随之而来的是一系列新标准和价值观。他们工作时间更长，而且其精英教育和文化价值在很大程度上被认为是与生俱来的。现代资本主义向物质消费敞开大门的同时，也增加了社会不平等。[13]但阶级之间的距离并不能由人们所拥有的东西来简单定义。这些改变已经使得工作、休闲、消费习惯和消费与身份地位之间的关系形态发生改变。尽管丹尼尔·布尔斯廷（Daniel Boorstin）所说的“奢侈的民主化”似乎真实存在，但21世纪以来，社会经济的不平等比以往任何时候都严重，进一步拉开了精英阶层与其他人的距离。

社会的种种变革和经济所面临的挑战，使得身份地位的意义与实现和消费一起在 21 世纪发生了改变。今天的消费是什么样的？它在过去几十年间发生了什么改变？我们的性别、种族、职业和居住地如何影响我们的消费？如果现在大家都能轻易获得物质商品，那么财富阶层如何保持其身份地位？如果凡勃伦来到 21 世纪，他会说些什么？本书就是关于这些改变，以及在这些改变的影响之下，我们的钱花在哪里，时间花在哪里，又是如何通过大大小小的方面展示我们的地位。

但首先，让我们了解一下身份地位如何长期占据了人类文明的中心。

炫耀性消费的历史

虽然炫耀性消费看起来像是资本化之下后工业革命的奇观，但实际上，早在人类文明诞生之初，人类就已经陷入身份地位之战。凡勃伦认为其在 20 世纪初所观察到的许多现象，早在史前时期就已存在。[14]

安德鲁 · 华莱士–哈德里尔（Andrew Wallace-Hadrill）对于古罗马社会的研究表明，炫耀性消费早在公元 79 年就已盛行。在还没有平板电视和低廉的汽车月供模糊阶级分界线的时代，不那么富裕的人就已经在模仿更高阶层的人。华莱士–哈德里尔还对早期庞贝和赫库兰尼姆古城家庭的住宅大小、房间数量等进行了研究，他发现："尽管很少见，但还是能在非常小的住宅里，找到与出现在豪华住宅里一样的身份地位象征物。"[15]他曾指出，装饰风格就是一种非常基础的身份地位象征，富人们会通过它展现身份地位，而穷人则会效仿，哪怕其住房空间狭小，且毫无必要进行这种展示。后来在罗马帝国时期，随着罗马的日益富裕和强大，装饰需求也越来越强烈，并且变得更大众化。有抱负的平民越来越有意识地模仿富人的习惯。不过华莱士-哈德里尔同时也注意到，较低阶层的人虽然可以模仿装饰的形式，社会精英和不那么富有的人所使用的装饰的品质差异却越来越大，这表明由于炫耀性商品本身不再具有彰显身份的作用，精英阶层转而通过使用稀有材料或非同寻常的方法来树立其地位。当时马赛克装饰很难制作，不太可能造假，没有正确的技术和材料根本无法模仿，因此它仍然是房主精英地位的罕见标志。维多利亚时代的英格兰上层阶级住宅对玻璃凸窗和彩色玻璃的使用，也是通过对稀有材料的使用来展示其身份地位。[16]而这些上层阶级住宅又借鉴了英格兰庄园豪宅的建筑美学。

17 世纪，通过装饰来展现和模仿阶级地位的风潮继续盛行欧洲。在荷兰帝国，代尔夫特市 2/3 的家庭至少拥有一幅帆布油画——最初是一种象征精英地位的装饰，后来被不那么富有的人模仿。大革命发生前的法国，中产阶级通过使用设计得像宫廷挂毯的墙纸来模仿贵族阶级[17]，同时，灰泥被用来模仿大理石，瓷器则被伪装成金器。人们甚至可以通过在墙上伪造螺旋状书架来假装拥有一个图书馆。[18]女性则模仿玛丽·安托瓦内特（Marie Antoinette）的发型，努力让自己更接近皇室。[19]大约一个世纪后的维多利亚时代，英格兰朝臣所穿的丝质长袜迅速被工人阶级以精纺毛织长袜加以模仿——又是用廉价材料达到相同效果。[20]

毫无疑问，所有这些模仿都散发出野心勃勃的气息——少了一点真正的精英阶层所用物品本应具有的彰显身份地位的品质感。而今天的情况与历史何其相似，无论是路易威登（Louis Vuitton）仿品还是仿实木地板，我们凭借肉眼都很难区分其真假。华莱士-哈德里尔对公元79年历史情况的总结同样适用于凡勃伦的时代与现代。“精英阶层奢华的住宅与更普通的志向阶级的小房子之间当然存在着巨大的鸿沟，”他写道，“但重点是要明白，他们并不属于不同的文化世界。”[21]（今天，人们甚至会使用亚麻地板来模仿大理石，这与法国大革命前人们使用灰泥来达到同一效果所相隔的时间并不遥远。）简而言之，从有记录的人类文明开始，展现身份地位的热切之情，或是对较高社会阶级进行模仿和同化的渴望，一直显而易见。或许正如华莱士-哈德里尔在一次采访中对我说的那样：“我们绝对可以认为，炫耀性消费在前资本主义社会就已产生。将其视为资本主义的产物实在是有点奇怪的观点。”

炫耀性消费成为主流：批量生产和中产阶级

虽然资本主义无须为炫耀性消费负责，但工业革命的确为普通人打开了消费的闸门。工业革命带来的繁荣似乎具有一定平等性，将财富赐予了一个全新的社会阶层——中产阶级。18世纪以前，几乎用了1500年的时间，世界收入水平才得以翻番，而工业革命和现代资本主义在19世纪仅用了70年就实现了这一目标，在接下来的20世纪又仅用了35年就再次翻番。[22]

在工业革命和蒸汽机发明以前，很多商品只有真正的富人才买得起，普通民众仍然无力负担缝纫机、打字机（维多利亚时代的“电子产品”）等物品。1851年在伦敦举办的万国工业博览会上，展示了莫里斯壁纸和钢琴等许多来自新兴工业国家的奢侈品，但它们都属于富人。[23]随着机械化和专业化使批量生产变为现实，把这些纯正的消费品分配给不断壮大的中产阶级开始成为可能。模仿不再是靠近精英阶层的唯一方法。通过批量生产和快速信贷（从20世纪后半叶开始发展），更多人开始与精英阶层消费相同的产品。

在凡勃伦的时代，精英休闲阶级拥有土地，控制着生产资料和获取物质商品的渠道。而工业革命造成了大规模经济结构调整，催生了由商人和工人组成的中产阶级。这些新兴工人阶级不同于之前没有土地、遭受贵族阶级压迫的无产阶级。在随后的几十年里，土地不再只为社会上层阶级专属，中产阶级也获得了土地财产权，源源不断产生的财富和可支配收入使得他们可以通过消费购买身份地位。到了 20 世纪早期，持续发展的美国汽车工业（先有福特 T 型车，然后是雪佛兰和凯迪拉克）让中产阶级买上了车。到了 20 世纪 50 年代，《退伍军人权利法案》和联邦住房管理局又让许多人拥有了郊区住宅。新技术和快速生产制造技术让这群中产阶级得以享用电视、空调和立体声音响设备，这些商品的生产速度越来越快，制造成本也越来越低。

今天，炫耀性消费是如此司空见惯，以至于已成为过度炫耀性商品的同义词，无论是宝马汽车还是路易威登手袋，都成为财富和更高社会地位的象征。暴发户无疑是炫耀性消费的罪魁祸首，俄罗斯寡头和一些国家的新兴上层中产阶级对此也不无贡献。一些学者甚至提出，穷人比富人更热衷于这种消费。[24] 约翰·肯尼斯·加尔布雷思（John Kenneth Galbraith）在《富裕社会》（*The Affluent Society*）一书中表示，因为很多人都买得起奢侈品，这类商品不再是区分阶层的标志。事实上，由于炫耀性消费已不再只与极端富有阶层紧密相连，而是与其他人也产生了联系，某种程度上，展示财富已经被认为是“过时”的表现。事实也的确如此，与加尔布雷思同时代的 C. 赖特·米尔斯（C. Wright Mills）在《权力精英》（*The Power Elite*）一书中就指出，美国贵族的缺席意味着金钱的所有者——绝对的、赤裸裸的、庸俗的——变得无孔不入，迫使真正的精英阶层寻找比财富和消费习惯更隐蔽的身份地位标志。

促使当代炫耀性消费激增的另一作用力，则是对精英阶层生活方式关注度的不断增加。19 世纪早期，维多利亚女王

（Queen Victoria）和阿尔伯特亲王（Prince Albert）照片的取景地就在其家中，照片中出现的物品也就是其家庭用品。19世纪末，广告业的兴起进一步激发了对这种生活方式的渴求，也因此培育了新的中产阶级消费经济。[25]20世纪后半叶，全世界无数杂志都在展示戴安娜王妃（Princess Diana）的奢华生活方式。

在美国，对富人一直有一种大众化的看法，认为他们的成功都像霍雷肖·阿尔杰*（Horatio Alger）笔下白手起家的成功男孩的经历一样可以复制。虽然东海岸的老权贵阶层比加利福尼亚新贵们更低调神秘，也不吝于夸耀纽约和波士顿这样的城市，这一点在伊迪丝·华顿（Edith Wharton）、多米尼克·邓恩（Dominick Dunne）、杜鲁门·卡波特（Truman Capote）和汤姆·沃尔夫（Tom Wolfe）的作品中都有所体现。今天，媒体和名人小报事无巨细地报道着好莱坞新贵们的每一处豪宅、鞋子、钻石戒指和餐馆。毕竟，美国上流社会从来就不曾有贵族或拥有数百年来与生俱来的社会地位，因此，其优越性主要通过财富来体现。而因为可以轻易获取精英阶层生活方式的信息，普通人也变得渴望获得更多（并让自己相信可以得到这一切）。这一前提条件与日益廉价的生活消费品结合在一起，让一切成为可能。炫耀性消费不再是精英阶层的特权。

---

* 霍雷肖·阿尔杰（1832—1899），美国著名青少年小说作家，其作品大多以奋斗与成功为主题，故事主线大多为一文不名的穷小子凭借勤奋、诚实的品质以及决心和勇气最终获得成功。

炫耀性消费的大众化

20 世纪 90 年代末至 21 世纪初的品牌意识在当时最受欢迎的美剧《欲望都市》(*Sex and the City*) 中可以说体现得淋漓尽致，在剧中所反映的那个时代，闪闪发光的劳力士（Rolex）表或是一双鲁布托鞋——以标志性红鞋底和细如铅笔的细高跟闻名——都是某种社会地位的象征。同样，财富也是通过阿玛尼、拉尔夫·劳伦（Ralph Lauren）和奥斯卡·德拉伦塔等奢侈品，以及普通民众从纽约时代广场购买古驰运动衫仿品的模仿行为来体现。一件绣有标志性挥杆击球的马球运动员图案的 Polo 衫，或是一件纯白带纽扣领的衬衫，都代表了着装者在明显质地考究的普通商品上花费不菲——这正是 21 世纪版凡勃伦银质餐具的例证。当然，仿冒的普拉达手袋有时甚至能骗过最具鉴别力的眼睛，但真正的奢侈品——真正的奢侈手袋、劳伦 Polo 衫和阿玛尼女装——无论从价格还是排他性来说，仍然不在大众消费力所能及的范围之内。他们的地位取决于商品上装饰的醒目的品牌标志——越大越好。你之所以知道那是一个普拉达手袋，是因为在每个包的显著位置上的那个闪亮的黑色和银色三角标志传达出了这一信息。奢侈品牌标志是那个时代上层名流、华尔街新贵和暴发户的主旋律。

但早期对品牌标志和奢侈品的过度强调无疑催生了大众的渴望——而且这种渴望逐渐得到充分满足。就在 20 世纪 90 年代中期至 21 世纪初这短短几年时间里，许多品牌纷纷创立所谓的“副线”——仍由时尚品牌公司生产的服装和配饰，但以大众可以负担的低得多的价格出售。这些品牌中涌现出一系列佼佼者——阿玛尼的 Armani Exchange（A/X，1991），拉尔夫·劳伦的 Polo（1993）和 Marc by Marc Jacobs（2001）。虽然这些副线品牌也生产床上用品和家居用品（罗兰爱思和拉尔夫·劳伦），但服装在这种转变和炫耀性消费的大众化过程中起到了尤为关键的作用。为达到这一目标，批量生产的各类奢侈服装开始出现在大型购物中心和市区中心——盖璞（GAP）在 1983 年收购了香蕉共和国（Banana Republic），并将其重塑为高级经典服装品牌。J.Crew 原本是一家名为流行俱乐部计划的服装目录公司，1989 年重新命名后开设了一家零售店，把自己定位为轻奢版拉尔夫·劳伦。这些努力把奢侈品推向大众市场的行为正迎合了普通大众的热切渴求：A/X 宣称在 31 个国家开设了 270 家门店，而 J.Crew 则开设了 287 家门店，销售额高达 25 亿美元。拉尔夫·劳伦也有 460 家门店，销售额高达 74 亿美元，而盖璞则在全世界开设了 3700 家门店。[26]

以全球标准来衡量，这些副线品牌和主流奢侈服装品牌仍然十分昂贵。在香蕉共和国购买一件单品的花费不太可能低于 100 美元（通常高得多）。虽然这些服装的成本比原始奢侈品牌低得多，但它们都传达着极其相似的美学理念——香蕉共和国或 J.Crew 能轻松模仿出一身贵气十足的拉尔夫·劳伦行头或凯特·丝蓿（Kate Spade）古怪学院风装扮。Marc by Marc Jacobs 的产品也许在剪裁或用料上无法与旗舰品牌相提并论，但它们也成功抓住了设计师赖以成名的波希米亚风格和颠覆性精髓。

网购的增长也对消费者获得梦寐以求的品牌商品产生了深远影响。过去，如果住在堪萨斯或密苏里的小镇上，你需要去一个大城市才能买到高端时尚品牌。现在，美国任何一个女性只需在萨克斯第五大道精品百货店（Saks Fifth Avenue）的网站点击一下，就能收到一双马诺洛·伯拉尼克（Manolo Blahnik）的 BB 鞋，前提是她愿意花 600 美元享受这一特权。除此之外，互联网的发展也让奢侈品牌可以把过季商品发往各大折扣时尚网站销售。蓝蝶（Bluefly，1998）、美捷步（Zappos，1999）和 overstock.com 等服装和鞋履网站，以及在线淘宝者的圣地 eBay 网（1995），让主流消费者能以低廉的价格进行炫耀性消费。近些年来，Gilt（2007）和 Rue La La（2007）也先后加入这一阵营，通过“限时抢购”方式，以惊人的超低价销售卡地亚（Cartier）腕表、香奈儿（Chanel）手袋等奢侈品，爱马仕（Hermès）手袋的价格可以从 2 万美元降到 1 万美元，宝娜（La Perla）内衣在限时内（几小时或 1 天左右）也能低至 6 折。显而易见，无论是否打折，这些东西都不是平价商品。由两名哈佛天才创建的 Rent-the-Runway 网站，让女性可以以零售价零头的价格租用高端品牌服装，而且该租用价还包括一件不同码数可作为备用装的免费赠品。虽然只是临时租用，这家公司仍然为要出席重要活动的女性提供奢侈品选择，哪怕其中大多数人根本买不起礼服。

大众对品牌商品的渴望让市场不断膨胀，远远超出了上层阶级所需范围。塔吉特百货（Target）现在与高端设计师联手打造大众买得起的米索尼（Missoni）、莉莉·普利策（Lilly Pulizer）、普罗恩萨·施罗（Proenza Schouler）等品牌商品，而科尔士百货（Kohl's）、梅西百货（Macy's）和凯马特（Kmart）则开始销售名人品牌商品，意在让消费者体验到金·卡戴珊（Kim Kardashian）或杰西卡·辛普森（Jessica Simpson）（或其他名人）风格。劳力士旗下帝舵（Tudor）品牌腕表也是走更亲民的价格路线。在汽车方面，大众集团是针对同类产品进行区别定价的行家。或者如一名汽车发烧友所言："兰博基尼盖拉多（Gallardo）基本上就是一辆奥迪 R8。奥迪 A3 则相当于高尔夫（Golf），而后者又与西雅特利昂（Leon）相当。大众集团非常擅长针对消费者进行差异化定价……所以奥迪拥趸愿意掏钱买一辆'穿上裙子的高尔夫'，因为他们不这么看。他们（消费者）喜欢更漂亮的外形、光亮的铝壳等等。"

全球化、大众营销、批量生产和名牌仿制品为更多人创造了炫耀性消费的可能性。这种物质商品的泛滥表明，融入上层阶级炫耀性消费的障碍几乎已被根除。"东西"一旦与富有的生活方式联系在一起——汽车、各种手袋、挂满衣服的衣橱——似乎就很容易进入主流社会。乍看之下，炫耀性消费已经被大众化。

强烈抵制

但这并不意味着没有对炫耀性消费大众化的抵制。20 世纪 90 年代末，为获得更多市场份额，巴宝莉（Burberry）著名的格子图案开始出现在许多其他商品上，包括伞、钱包和手机壳，而之前这种花纹一般都用于其做工精良的经典战壕风衣里衬。这种对格纹无处不用的新开发（被戏称为“傻帽格”，一种贬称）让巴宝莉从英国贵族标配降格为经过重新阐释的具有讽刺意味的青年亚文化标志。而仿冒品也开始现身黑市，围巾、领带和帽子上遍布格纹，并受到“傻帽们”的追捧。“傻帽”是对英国工人阶级青年的一种侮辱性称呼，这些人热衷于购买设计师品牌商品的仿冒品，《经济学人》曾将其描述为“爱惹麻烦的典型白人工人阶级不良青年”。[27] 这群人对巴宝莉的另眼相看动摇了该公司的核心消费基础——这些人欣赏该公司从 19 世纪中期开始就未曾改变过的古板的精致，为其制造了一场公关噩梦。直到 21 世纪初，经过罗茜 · 玛丽 · 布拉沃（Rosie Maric Bravo）和安杰拉 · 阿伦特（Angela Ahrendts）（先后担任巴宝莉首席执行官），以及现任首席执行官与首席创意官克里斯托弗 · 贝利（Christopher Bailey）对品牌的调整和重建（减少格纹的使用，加入更多军队元素），才为巴宝莉扭转了颓势。[20] 贝利不仅减少了巴宝莉对格纹的使用，还开发了用料和设计均很独特、剪裁极为精良的服装，而这种面料和设计本身不仅价格极其昂贵，还很难被模仿。贝利主导生产的价值数千美元的勇士包，包身镶满了仿金属盔甲饰物和装饰铆钉，几乎不可能被仿制。

在一个几乎一切（或许巴宝莉勇士包除外）都能被模仿或以低价获得的世界，新精英阶层该如何继续这场身份地位的游戏呢？毫无疑问，即使是受大衰退（Great Recession）影响，富人仍然变得越来越富有，他们用这些财富去购买那些几乎无法被模仿的东西。西蒙·库珀（Simon Kuper）一直为《金融时报》（*Financial Times*）撰写有关这方面问题的文章，他最近对我解释说，上层阶级现在通过购买限量商品来保持其独占权。无论是手工奶酪，还是限量年份红酒，抑或法拉利（Ferrari）——不管价格多少——这些被纳入他们考虑范围中的商品更多因其稀缺性而受到重视，而非仅仅因为价格昂贵。在欧洲，当制造商们正苦于向大众推销售价 1.5 万美元的汽车时，标价 27.5 万美元起的法拉利却令人趋之若鹜。[29]

有闲阶级的衰落，志向阶级的崛起

整个局面发生改变不仅仅是因为炫耀性消费的大众化，有闲阶级的衰落也起到了推波助澜的作用。不同于依靠信托基金生活的怪异的花花公子或寡头们初入社交界的女儿们，有闲阶级早已不存在。许多在名牌商品上一掷千金的人都已要靠自己挣钱——很多人通过合法的努力工作（诚然其他人并非如此）。一个富裕、闲适贵族阶层的消失与一个受过教育的、自力更生的精英阶层（一些人称其为知识精英）的崛起，意味着“有闲”

不再与上层阶级画上等号。但要获得这种更平等化的地位也要付出一定代价。根据康奈尔大学经济学家罗伯特·弗兰克(Robert Frank)的研究，富人的休闲和幸福指数明显下降。“事实上，随着收入不平等的加剧，‘休闲不平等’——花在享乐上的时间——也呈镜像增加。”弗兰克在书中写道，“低收入者获得休闲时间，高收入者则正失去这种时间。”[30]从1985年到2003年，富有男性不断失去休闲时间，这一数值从每周34.4小时降到33.2小时，而与此同时，不那么富有的男性的这一数值则从36.6小时增加到39.1小时。相同模式也适用于女性，高收入女性甚至失去更多休闲时间——在同一研究期间，该群体失去了2小时休闲时间。[31]乔纳森·葛舒尼（Jonathan Gershuny）在其著作《变革时代——后工业社会的工作与休闲》（*Changing Times: Work and Leisure in Postindustrial Society*）中表示，与凡勃伦所处时代不同，上层社会经济群体拥有的休闲时间更少，并非更多，而工作和休闲这两个变量之间存在一种“互反关系”——时间受生产及生产这种新型高价值产品所需工作的影响。今天，拥有大量休闲时间不再意味着拥有更高地位。[32]

这些数据可能暗含着选择的结果，但是从凡勃伦所处时代到今天，越来越庞大的全球经济重建对富人和穷人的影响也越来越小。以制造业为主的经济形态为社会流动提供了机会，人们可以通过收入的变化来实现社会流动，而不仅限于凭借出身或土地所有权。事实上，工厂工作带来的收入，使得一大批人可以获得属于自己的土地和房产，以及其他可以满足其需求的扶手椅、窗帘等消费品，这一现象在20世纪中期尤为明显。到20世纪60年代，许多中产阶级家庭依靠其较高的工厂和管理工作，就能过上物质富足的生活。很多情况下，无须大学本科学历（更不用考虑专业性或研究生学历）就能获得较高的经济收入。1950年，只有7.3%的男性拥有大学本科学历。到1962年，男性的这一比例也只略高于11%（两个时期女性的同一比例都更低）。与2014年的同类数据相比，当时几乎1/3的男性和女性都拥有大学本科学历。[33] 20世纪中期，社会和经济的流动性显然与个人对其所在公司的忠诚度密切相关。在这一时期，对公司的忠诚度（比如，为福特汽车公司或通用电气公司工作40年）与持续升职、加薪和补偿金密切相关，而这些都起到了支撑中产阶级消费方式的作用。人们不再因常春藤盟校学历或竞争力而受到重视，而是因其对所效力机构——军队、政府、公司和工会——不变的奉献而获得重视，这些机构同时也支撑着他们的生活。C.赖特·米尔斯对"权力精英"的定义很大程度上来源于这一现实，这些机构就是经济和社会领域的控制中心。20世纪50年代和60年代涌现了一系列针对这一经济结构的重要批评，其中最著名的是威廉·怀特（William Whyte）所著《组织人》（*The Organization Man*，1956），书中刻画了一个扼杀个人主义和创造力的集体主义美国公司形象。与所在组织紧密相连的工人们的创意和雄心受到压制，而米尔斯则认为，这种忠诚得到了奖励，并且为持续的流动性扫清了道路。经典影片《一袭灰衣万缕情》（*The Man in the Gray Flannel Suit*，1956）和新近美剧《广告狂人》(*Mad Men*),都是对这种关系如何走向终结的主流描述。

以制造业为主的经济的崩溃使社会和经济的流动性发生了明显改变。西方经济的去工业化(以美国和英国为代表)可以从以下三个方面加以说明:市场的过度饱和(一个家庭只能买那么多洗碗机),技术和自动化(机器成本低,而且在工厂生产线上生产速度比人快),以及全球化(其他地方的人工成本更低,运输技术和电脑的普及让生产外包至东南亚或南美洲成为可能)。[34] 因此,那些能带来美好生活的高薪工厂工作在美国迅速消失。1970 年,美国有 1/4 的劳动力受雇于制造业。然而到了 2005 年,这一数据下降到 10%。[35] 数字不仅仅是从统计的角度令人惊讶,同时也反映出制造业的衰退,而这直接关系到与之息息相关的中产阶级的社会经济契约。这些工作报酬丰厚,但相对缺乏技术含量,很多美国中产阶级因此无须凭借出身和当今社会向上流动所需的大学本科学历,就获得了成功、物质享受和经济与社会保障。而随着这类工厂工作流向发展中国家和工厂直销店的关闭,这些稳定的中产阶级也就失去了生存之道。去工业化不仅损害了主要城市中心区(许多工厂所在地),也让整个国家面临巨大的失业危机。[36]

与此同时,服务业经济取代制造业经济迅速崛起,形成非常明显的两极经济结构。全球化通过制造业外包廉价劳动力这一过程得到了体现,同时按照萨斯基娅·萨森(Saskia Sassen)的说法,它也通过卓越的"全球城市"的出现得到证明。全球城市成为新经济生产方式的中心——信息和金融中心。能产出最大利润的劳动力市场精英们出现在各个专业领域——会计、金融、法律和医学，或如萨森所说的“高水平生产性服务”领域。这种经济结构调整还给出了一个大同小异却更简单的解释：全球经济已经从生产零部件转移到了生产创意——那些催生创意的人——罗伯特·赖克（Robert Reich）称之为“符号分析家”[37]或如理查德·佛罗里达（Richard Florida）所形容的“创意阶层”——成为新经济时代的赢家。[38]

按照萨森、赖克或佛罗里达的分类，大学本科文凭已不再是跻身精英行列的明确资格要求，但它仍然有用，并且很多人确实都拥有这么一张文凭。因此，依靠创新和知识而崛起的经济同样也要依靠专业技能，其中很多都需要通过教育获得。流动到新世界秩序的高层有赖于知识的获得，而非出身、数代积累的财富和对工作机构的忠诚，最后一点令许多人伤感。但这些新精英分子并不是简单地通过经济上的成功而彼此关联的经济群体。他们并非财阀或必然处于经济金字塔顶端。他们中的许多人的确拥有良好的教育和丰富的知识，成为富有的劳动力市场精英，但也有许多人并非如此。对于新阶层的人而言，知识的价值不取决于其经济功能。对这一群体中的银行家、律师或工程师来说，教育和专业化知识使其能够在世界经济中获得向上的流动性。但总体而言，那些获得知识的人——拥有耶鲁大学创意写作文凭的人，尚未卖出一个剧本的编剧，音乐家和“为美国而教”组织的志愿者们——同样也是这一新文化和社会构成中的一员。这一新群体是因一系列共同的文化实践和社会规范而联系在一起，而不是收入水平。这一新精英文化群体的共同特点是对知识的渴求和珍视，而非其收入水平。他们利用知识来获得更高的社会、环境和文化意识，这个获得知识并形成价值观的过程就揭示了他们的社会地位。这一新群体也因此通过最重要的共同文化资本获得了身份认同——他们说相同的语言，拥有相似的知识体系，分享相同的价值观，所有这一切都体现了他们的集体意识。阅读文化评论，掌握最新新闻动态（最好是通过《纽约时报》《华尔街日报》或《金融时报》）和食用有机食品是其连接彼此的多种方式之一，无关彼此的经济条件。这些努力背后还隐藏着一个善意的目标：针对吃什么，如何对待环境，如何成为更好的父母、更有效率的员工和更明智的消费者，可以利用知识和文化资本做出明智决定。

简单而言，我们可以称这群优势凸显的新文化精英为志向阶级。虽然他们的象征性地位有时候要通过物质商品来展现，但大多数时候他们都通过文化象征来凸显其阶级地位，文化象征体现了他们的知识与价值体系，这包括晚餐时围绕某些话题展开的对话，表达政治观点的汽车保险杠贴纸，支持绿色和平组织和逛农夫市集等。这些行为和象征暗示了志向阶级的价值观，同时也体现了塑造他们的知识体系。今天的志向阶级看重思想、文化和社会意识，以及促成其思想形成和决策的知识，后者包括从事业选择到在食品杂货店选购何种切片面包所需的各种知识。在做出这些大小不一的决定时，他们都努力让自己相信其决策明智又合理，相信自己根据事实做出了正确且正当的决定（无论是关于有机食品、母乳喂养的好处，还是电动汽车的优点）。简而言之，不像凡勃伦笔下的有闲阶级或大卫 · 布鲁克斯（David Brooks）文中的“布波族”（波希米亚式资产阶级），这一新兴精英阶层不再以经济水平定义自己。更确切地说，由某些具体价值观和所学知识支撑的一种集体意识，以及获得这些所必需的社会和文化过程，促成了志向阶级的形成。

大卫 · 布鲁克斯在《布波族——一个社会新阶层的崛起》（*Bobos in Paradise*）一书中记录了布波族的认知失调，这群人在反主流文化盛行的 20 世纪 60 年代长大，对成年后获得的财富深感不安。布波族也是一群以经济实力为基础的精英阶层，或如布鲁克斯所说的“新上层阶级”。许多布波族在尝试使其早期嬉皮士式非物质中心的生活与新生财富相融合时，产生的不安感催生了仍然十分昂贵的消费习惯，但最终却又驱使他们尝试远离金钱。在超越物质主义的过程中，富有的布波族购买零下牌（Subzero）冰箱，用石材和禅宗美学重新装修浴室（但他们仍然需要大量金钱来这么做）。“花 2.5 万美元装修浴室合情合理，但花 1.5 万美元买一套音响系统和一台宽屏电视就略显粗俗。花 1 万美元买一个户外按摩浴缸无疑是贪图享受的，但如果你没有花两倍的钱打造一个用石材装饰的超大淋浴隔间，这意味着你尚未学会欣赏简单生活节奏……如果你的家具是刻意做旧的，你的良知大可不必如此。”[39]

今天的志向阶级则缺乏这种自我意识，他们中的很多人也没有布波族那样的经济条件。志向阶级受自信价值观驱动，通过广泛收集信息来选择自己的人生道路，形成对事物的观点和价值观，其中一些涉及金钱，但多数有赖于文化资本。他们刻意远离传统物质，并非因为对财富感到不安（布波族心理），而是因为物质不再是社会地位的明显标志或是展示文化资本或知识的好渠道。富有的寡头和中产阶级都能得到所谓的“东西”，但对志向阶级而言，对知识的渴求以及运用这种信息形成社会和环境意识价值观，才能将其与其他人区分开来——这就是为什么一个从农夫市集花 2 美元买来的传统品种番茄，对于志向阶级消费有着极其重要的象征意义，而一辆白色路虎（Land Rover）揽胜则起不到这种作用。志向阶级的消费是其人生哲学和价值观的体现。当然，在这一新精英文化阶级内，也存在着经济梯队。富有的志向阶级成员——也许是某家律所的合伙人——有能力雇佣保姆，支付常春藤盟校的学费和购买有机草莓。而失业的编剧或毕业于罗德岛设计学院的艺术家等这一阶级中的其他成员，在经济上几乎无法融入这个世界，但却能凭借非物质方法表明其阶级身份。编剧也看《纽约时报》（或许不太理智，也会对其造成一定经济损失），也去全食超市（Whole Foods Market）购买有机草莓。他会挎着帆布袋，上面印着一两句政治或文学宣言，这既是一种展示其文化知识的方法，也是凸显其紧随当前知识潮流的标志。简而言之，构成这一新兴文化和社会群体的是一群具备一定外在物质和象征性标志的精英，但最终这些新兴文化和社会群体的成员都渴望在生活各方面成为更好的人，其经济地位就显得不那么重要了。

如果说知识是世界经济发展的驱动力，那么它也是这一新兴精英团体用来定义自身并获得象征身份地位的标志的工具——无论是物质上还是象征意义上。因此，无论在新经济世界秩序中，还是在生活的各方面，获取信息和知识都变得十分重要。志向阶级拥有的社会准则和物质体现了指导其消费的隐性知识及相关知识来源。无论是看《经济学人》，听美国国家公共电台，还是参加瑜伽课程，志向阶级的休闲活动都与工作中体现的知识和生产力息息相关。志向阶级的育儿之道不仅与财富相关，也体现了其对如何完美喂养、安抚和教育三岁以下孩子进行的大量研究。物质和相关实践成为这种知识的表现形式，反过来也展现了这一经过“提纯”的团体的成员属性。

重读凡勃伦

尽管全球经济急剧变化，我们获得社会经济流动性的方法也发生了重大改变，凡勃伦有关如何理解阶级地位标志的大部分思想框架，仍然适用于现在的形势，只是要以非同寻常和复杂的方法加以理解。凡勃伦的著作首次出版 100 多年来，他的理论比以往任何时候都适用，而且适用于我们所有人。凡勃伦也许会想知道所有的银汤匙和有闲阶级都到哪儿去了，但在曾经属于他们的地方，他会发现志向阶级及其用凯美克斯（Chemex）咖啡壶制作的手冲咖啡。正如人们在 19 世纪最初十年所做的一样，21 世纪的我们也是通过与当前世界经济和社会秩序保持一致来展现身份和地位。

本书与凡勃伦的著作一脉相承，也是通过消费和社会实践来研究社会和阶级是如何得到指代和体现的。弗兰克·特伦特曼（Frank Trentmann）在其讲述从 15 世纪到今天的消费史的著作《物质帝国》（*Empire of Things*）中写道："现在，消费是有关联性的，而不是只体现个人喜好（无论是理性或非理性），它是社会定位系统的一部分，让人们知道自己处于什么位置。"[40] 炫耀性消费仍然是体现社会地位的重要方法，但 21 世纪的志向阶级已经找到展示其身份地位的新方法。在本书中，我提出三种消费模式正在同时形成。首先，炫耀性消费的大众化为中产阶级提供了更多物质选择，但这是一种对其不利的变化。他们在象征身份地位的物品上花费越多，花在有助于其通向更高代际阶层的物品上的钱就越少。其次，随着炫耀性消费的主流化，志向阶级展示其社会地位的方法也变得越发复杂。志向阶级成员已经找到了鉴别自身的新方法，他们通过在完全无须炫耀的行为和商品上的消费以及非物质消费来实现这一点。这些新兴精英阶层在传统炫耀性消费物品上的花销减少，转而消费能更微妙地体现其身份地位的象征性物品，他们通过炫耀性生产和非炫耀性消费的方式获得这些物品。志向阶级中更富有的成员把财富用于让自己的生活更轻松、更高效。非炫耀性消费也体现了志向阶级对某些行为和商品的独占，这些行为和商品所费不多，也并不惹人注意，但对体现其社会地位却发挥着同样至关重要的作用。练习瑜伽，带孩子玩冰球而非足球，喝杏仁乳而非普通牛奶，每周重复使用食品杂货店购物袋，都是身份的象征，它们并不如其替代品昂贵，但却被看作是更明智的身份标志。这些行为逐渐都成为身份地位的象征。最后，很多凡勃伦所指的“炫耀性休闲”行为，包括获得大学文凭和参加体育运动等，现在都已成为社会阶层向上流动的必要条件。志向阶级的很多休闲活动已经变得颇具生产力。

当凡勃伦创作那本有关有闲阶级的论著时，炫耀性消费正沦为非常微不足道的社会阶级消费行为。诚然，当时所有社会阶级在一定程度上都在进行炫耀性消费，但只有有闲阶级能通过物质消费来展现社会地位。今天，物质已经十分丰富，但它们展现社会地位的能力，或者说使社会流动性变为现实的能力却越来越有限。处于支配地位的有闲阶级早已不复存在，取而代之的志向阶级正在重写消费模式，与此同时，他们也正在摆脱传统炫耀性物质消费。他们转而通过更微妙的行为和商品来展现其社会地位，这些行为和商品不一定价值不菲，但却暗示出大量文化和社会资本已流向志向阶级。志向阶级成员不是华尔街恶棍或买空伦敦和曼哈顿的俄罗斯寡头，也不是坐在私人飞机里的富豪。他们是无闲阶级。他们并非都能创造巨额财富，但他们都受过良好的教育，崇尚知识，其消费行为体现着他们的价值观和文化资本。但与被媒体贬低的超级富豪或 19 世纪的有闲阶级相比，这些优点却可能让志向阶级显得更加有害。世界上并没有那么多亿万富翁和石油巨头，但志向阶级却是一个庞大的富有权力和文化的群体。最重要的是，对于如何消费、如何行为处事以及应该抱持怎样的价值观，志向阶级的选择十分精妙，并且日渐趋向非炫耀性，巩固了自己及后代所特有的社会文化（通常也包括经济）特权地位，将其他所有人拒之门外。志向阶级成员对自己所做的决定的自信，以及对自身所获得的社会地位持有的理所当然的态度，使其忽视周围日益加剧的不平等现象。至少他们不会因此责怪自己。基于数据和研究的性质，本书主要论述了美国的消费模式。但毫无疑问，针对阶级、社会定位和志向阶级崛起的观察，绝不限于美国本土。事实上，这些象征地位的新式非物质化手段——非炫耀性生产、炫耀性生产和育儿实践——在西方富裕国家都已有所呈现。在诺丁山走一遭，你就能发现与旧金山或布鲁克林公园坡相同的消费习惯。本书试图对21世纪的消费习惯条分缕析，分析它们如何发生改变，当代消费模式如何从各个方面反映我们的社会和经济地位，以及这些选择和实践对我们的社区、城市和整个社会的影响。

第2章

21世纪炫耀性消费

正是由于我们倾向于钦佩富人和大人物，并因此对其加以模仿，才使得他们能够树立或领导所谓的时尚。他们的穿着打扮是一种时尚，他们交谈时使用的语言也是一种时尚风格，他们的举止风度是一种时尚行为。甚至连他们的恶习和蠢行都成为一种时尚。

——亚当·斯密（Adam Smith），

《道德情操论》（*The Theory of Moral Sentiments*，1790）

在《有闲阶级论》里，索尔斯坦·凡勃伦表示，富人阶层以外的一类人也会进行炫耀性消费，这类人被其称为"贫穷阶级"。这些相对较贫穷的社会阶层成员也会在非必需品上花钱，他们或许不能像有闲阶级那样花很多钱去买银汤匙、玩槌球，但正如他所言，从狩猎、采集的原始社会到今天，大多数人都渴望融入主流社会，而我们常常通过社会建构来实现这一点。凡勃伦曾因其有关阶级和消费的写作而受到鄙视，但在此后的几十年直到今天，他已经成为作家和学者追捧的不朽人物。他一针见血地指出了一个重要事实：物质商品决定了我们是谁，以及我们在社会秩序中所处的地位。

50 年后，约翰 · 肯尼斯 · 加尔布雷思在其著作《富裕社会》中描述了一种热衷于非必要性消费的社会现象，他称其为“创造消费需求”。[1] 加尔布雷思认为我们买的很多东西都并非必需的，或如他在书中所说的“有机不可分割”。个人需求的增长和消费经济的发展以牺牲公共利益为代价。而在 1957 年出版的著作《隐藏的说服者》（*The Hidden Persuaders*）中，美国著名社会批评家万斯 · 帕卡德（Vance Packard）指出，生活消费品热潮的高涨，意味着广告商、市场营销人员和倡导者需要去创造消费需求，维持这种物质主义循环。[2] 加尔布雷思则发现这种循环令人困惑不安，因为随着整个社会越来越崇尚物质主义，富人和其他人之间表面上的差距变得越来越不明显。消费主义表面上的大众化模糊了不平等现象，让整个社会从根本上以为人人都分得了一杯羹，掩盖了贫富差距造成的真正问题。

用显而易见的物质消费来展现社会经济地位早已存在数千年。甚至早在 20 世纪后半叶廉价商品泛滥之前，历史学家保罗 · 约翰逊（Paul Johnson）就注意到，在维多利亚女王和爱德华国王时代，英国工人阶级去海滨度假时——英国人又称之为“阳光假期”——会穿上“周日盛装”（而那些不能负担周日盛装的人，则会在其工作服上添加些饰物），并大肆挥霍，这让中产阶级惊愕不已，这种行为在他们看来纯属浪费，毫无必要。但工人阶级的所作所为，不过是效仿中产阶级和有闲阶级在其各自的社会经济范畴内的行为，也是通过不同的方法来展示身份地位。约翰逊评论到，因为中产阶级不是工人阶级文化世界中的一员，他们就无法理解这种不同阶级之间的差异性所产生的驱动力在阶级同化和身份地位展示方面的重要作用。工人阶级不过是找到了展现自身社会地位的特有方法，就像中产阶级和上层阶级在其各自圈层内所做的一样。[3]另一方面，新兴资产阶级成为独立于贵族统治之外的强大经济力量，他们通过购买大房子和奢华装修来彰显其新中产阶级的身份。虽然没有出身特权，越来越多的中产阶级还是实现了社会阶层的向上流动。[4]凡勃伦认为，社会工业化程度的提高为总体收入的增加和大量生活消费品的涌现铺平了道路，炫耀性消费也因此扩散到更广泛的群体中。芝加哥历史学家丹尼尔·布尔斯廷在其普利策奖获奖作品《美国人——从殖民到民主的历程》（*The Americans: A Democratic Experience*）中曾对美国的建筑环境及其社会发展之间的关系进行过一番详述。布尔斯廷的一个长期观察对象是百货公司的兴起及其对奢侈商品的展示，他将其作为面向普通民众的“奢侈大众化”的最初例证。

本书主要关注21世纪志向阶级的习惯、标准和消费模式。但没有之前的历史发展为基础，这一文化群体也不会存在。因此，要理解志向阶级的消费，先要理解美国人的一般消费及其演变史。与所有群体一样，志向阶级的身份认同部分源于差异化，部分源于同化，两者往往同时作用。本章将探讨美国不同收入阶层的人长期以来如何消费，以及这些消费习惯如何受种族、性别、职业、地点和收入水平影响。只有将志向阶级的习惯和行为置于更广泛的21世纪美国消费文化背景下，才能凸显其意义。

过去几十年，美国消费行为中三个重要的宏观趋势持续加强：第一，与普通美国人相比，富人和上层中产阶级——即处于收入顶层1%的群体，也是在收入阶层顶层占比达5%和10%的一群人——炫耀性消费支出更少，而中产阶级——占比为40%—60%——在这方面则花费更多。第二，作为其支出的一部分，相对于收入而言，中产阶级正在炫耀性消费上花费更多，而富人（和极端贫穷的人）在这方面的支出正在减少。第三，在富人的生活中，炫耀性消费已被“非炫耀性消费”所取代，后者是指在不起眼却又价值不菲的商品和服务上的消费，它能为消费者节约更多时间，长期而言又能创造生活机会。这些消费包括在教育、医疗保健、育儿和保姆、园丁和家政服务人员等劳动密集型服务上的投入。本章将主要关注前两个趋势中的第一个，并简单讨论第三个趋势。我将在第三章中集中探讨非炫耀性消费。现在，就让我们看看美国人如何消费，以及炫耀性消费在这些消费模式中扮演了怎样特别的角色。

我们如何知道美国人的消费支出细节？为了了解这一宏观

消费趋势，我和我的博士生李晓正针对消费者支出调查——一个大部分数据未经研究的独特的数据集——进行了分析研究。几十年来，消费者支出调查项目组一直就消费习惯对美国家庭进行访问和调查，记录了从普通明尼苏达州家庭消费的玉米片数量到一个纽约人在鞋履、育儿、房租或银质餐具上的花费等所有消费情况。这项由美国劳工统计局主导的调查主要通过两个渠道获取数据：被调查家庭两次以上日志数据，每次记录时长为一周；劳工统计局每季度对被调查家庭进行的访问。通过日志数据，可以对日常生活中频繁购买的小件商品进行追踪，包括几袋薯片或几杯咖啡等。而通过访问则能获取房贷、车贷和新电视机等大件商品的消费信息。两项数据综合在一起，就能看到美国人的消费全貌。过去 20 多年来，我们一直利用这一信息研究美国人消费习惯的宏观变化。数据的性质让我们可以根据种族、教育、性别、地理位置和其他人口和社会经济特征来研究消费习惯。当我们首次发现这一数据集时，我们就对其中起到展现身份地位作用的所谓“非必要性”消费尤其感兴趣。与此同时，这些数据也让我们能够对一般消费模式和消费如何随着时间推移发生改变进行分析。因此，我们的研究在呈现了一幅炫耀性消费全景图的同时，也揭示了我们的生活、工作地点、年龄、种族和婚姻状况如何以一种意想不到的方式塑造我们的消费习惯的总体趋势。

美国消费面面观

数十年来，社会整体消费习惯保持了明显的相对持续性，也就是说，虽然用以展现身份地位的物品不断更替（羽衣甘蓝 vs. 菠菜，宝马 vs. 凯迪拉克，餐具和度假地），但我们在食品、住房、酒类、娱乐、个人保险和退休金方面的消费比值却有可预见的模式。

例如，1996 年，我们总支出的 14.2% 用于购买食品，2014 年，我们在该项上的支出占比为 15%。[5] 酒类消费占比也保持了相对稳定，一直在总支出的 1% 左右徘徊，烟草消费占比也几乎没有变化（考虑到过去 15 到 20 年来声势浩大的禁烟运动，这一结果令人惊讶）。我们在个人保险和退休金上的花费相当（约占总支出的 11%），在住房上的花费也几乎保持不变（略高于 30%）。这些发现表明，家庭基本需求和消费——住房和购买日用杂货——相对较稳定。我们在个别项目上的消费还显著减少：服饰（从 1996 年占总支出的 4.1% 下降到 2014 年的 2.2%），交通（占比从 1996 年的 19.7% 下降到 2014 年的 16.9%），这两项数据反映了全球化带来了更便宜的汽车和服饰。不过，我们在另两项上的消费有所增加：医疗保健（从 5.1% 上升到 8.1%）和教育（从 1.4% 提高到 2.1%）。（参见表 2.1）

表 2.1　以年度总支出占比统计的
一般消费模式（所有收入群体）（%，数据抽样年份）

	1996	2000	2004	2008	2012	2014
年度总支出	100.0	100.0	100.0	100.0	100.0	100.0
食品	14.2	13.6	13.7	14.8	15.0	15.0
酒精饮料	0.9	0.8	0.8	0.7	0.7	0.8
住房	30.3	30.9	32.0	33.3	32.2	33.0
服饰和服务	4.1	3.7	3.0	2.5	2.3	2.2
交通	19.7	20.0	19.0	17.3	17.8	16.9
医疗保健	5.1	5.3	5.9	5.9	6.8	8.1
娱乐	5.2	4.9	5.1	5.1	4.6	4.6
个人护理产品和服务	0.9	0.8	0.7	0.6	0.6	0.6
阅读	0.5	0.4	0.3	0.2	0.2	0.2
教育	1.4	1.5	2.0	2.1	2.3	2.1
烟草产品和烟具	0.8	0.9	0.7	0.7	0.7	0.6
杂项	2.5	2.0	1.6	1.6	1.6	1.1
现金捐赠	3.3	3.6	3.5	3.6	3.9	3.5
个人保险和退休金	11.2	11.5	11.9	11.6	11.3	11.2

从社会整体层面来看，我们在吃喝方面消耗更多，同时，无论是冰箱、家具、纺织品还是钟表，我们添置的东西也越来越多。我们在这些商品上的消费与我们的收入呈正比关系：我们挣得越多，花在这些东西上的钱也越多。除了极端贫困群体，大多数人在这些项目上的消费占比几乎相同。值得注意的一点是：现在，瓷器、餐具和银汤匙的身份地位象征作用不如 1996

年时那么明显。无论从实际消费额还是从总支出占比上看，所有收入群体在餐饮服饰上的消费都有所减少。以位于收入顶层1%的人群为例：1996年，他们在凡勃伦所列举的这些典型的身份地位象征物上的花销在总支出中的占比至少为0.1%，但到了2014年，这一消费占比几乎为零。

乍看之下，社会整体消费情况几乎与20年前一模一样。但是，如果我们对不同收入群体的消费模式加以分析，就会发现隐藏其中的更微妙的差别，而这种差别表明，当论及跨越收入和阶级的巨大差异时，凡勃伦和加尔布雷思对炫耀性物质消费的关注只揭开了冰山一角。接下来我将针对这一发现详加说明。

以教育消费为例，虽然自1996年以来，社会整体教育支出增长了60%，但同一时期，位于收入顶层1%、5%和10%的群体的教育支出占比则增长了几乎300%。与此相反，其他群体的教育支出在总支出中的占比几乎持平，这表明，顶层群体推动着教育支出的增长。过去18年来，富人的住房支出在总支出中的占比几乎保持不变，但中产阶级和较低收入群体在这方面的支出占比则增加了3%—4%。虽然食品支出在中等偏下收入群体（五等分收入层级分组中位于40%—60%和60%—80%的群体）中的支出占比越来越大，但其他所有人的消费水平仍然持平。中产阶级基本生活消费的增加是否削弱了他们在教育、现金捐赠和退休金方面的支出？更高收入群体在后一种消费上的投入显著增加，而且后者的作用不仅在于满足我们的即时需求，它更有可能塑造我们的未来。1996年以来，位于收入顶层1%

的那群人在个人保险和退休金方面的支出占比已经提高了 25%，现金捐赠占比则提高了 28%，而一般消费者在这方面的支出占比则保持不变。（位于收入顶层 5% 和 10% 的群体增加了在现金捐赠和教育方面的支出，但没有提高个人保险支出。）顶层收入群体在这些方面的支出占比的增加，从很多方面展示了真正不同的未来发展轨迹。受益于教育投资增长的孩子们将继续获得更好的工作和更高的收入，并为他们的家庭创造更美好的未来。那些有能力的人，在退休金和保险方面也投入更多，因此拥有更美好的退休生活（事实上，能退休）、更好的医疗保障和更高的生活质量。相对于其他人而言，有能力进行此类投资的人将拥有完全不同的人生。

炫耀性消费和“凡勃伦商品”

普林斯顿大学经济学家哈维·莱本斯坦（Harvey Leibenstein）创造了“凡勃伦商品”或“凡勃伦效应”一词，用来形容炫耀性消费商品。通过收入水平来检视消费模式，也能反映出炫耀性地消费那些典型的凡勃伦商品时存在的社会差异。让我们先来看看我在本章开头提到的第一个新兴趋势：富人在能够体现财富的商品上的消费正在减少。1996 年[6]，位于收入顶层 1% 的群体在服饰、腕表、珠宝、汽车和其他社会有形商品方面的炫耀性消费几乎是其他人的四倍之多。考虑到这些人当时的收入比全美平均水平高出五倍多——显然有大量余钱——这也就不是什么令人惊叹的发现。但现在，虽然他们的收入仍然比其他人高出六倍多（这只是平均数，更不要提那些收入水平比平均水平高出十几二十倍的人），但其炫耀性消费支出却只是其他人的三倍。

这其中涉及一个重要的关系，就是用于炫耀性消费的收入比[7]，可以借此粗略估算出与整个国家的平均水平相比，我们的收入基本上可以允许我们投入多少用于炫耀性消费。如果这个比例是 1.00，那么就意味着我们将全部收入都用于炫耀性消费（或者说 100%）。按照这种算法，位于顶层的收入群体用于炫耀性消费的支出只占这一比例允许范围的 65%—80%。而且，对于位于收入顶层 1% 和 5% 的群体而言，这一比例自 1996 年以来就分别下降了 18 和 12 个百分点（对于位于收入顶层 10% 的群体，这一比例下降了 10 个百分点）。唯一例外的是在服装和配饰方面的消费：虽然比 1996 年时投入更多，但位于收入顶层 5% 和 10% 的群体在这方面的消费仍远低于其收入可负担的炫耀性消费比例的允许范围，而中产阶级和低收入群体在这方面的消费虽仍高于其应有消费水平，但却与 1996 年同类消费水平持平，甚至有所下降。

包括低收入群体（五等分收入分组 0—39%）在内的其他群体的炫耀性消费，常常超过其收入-消费比的预期范围。对于穷人来说，收入的很大一部分都要用于基本生活消费，因此他们几乎没什么钱可用于炫耀性消费。1996 年以来，低收入群体在服饰和汽车上的炫耀性消费已经减少，但其总体比例则几乎全面上升。

然而，中产阶级收入群体的消费则呈相反趋势，他们有效利用了来自世界各地的可以负担得起的生活消费品。对于中产阶级而言（五等分收入分组 40%—59%），其收入-消费比已经上升了 16 个百分点。在此期间，受生产全球化和新科技影响，服装和配饰的整体价格越来越低，但中产阶级在炫耀性消费上的花费仍然比其收入可负担的水平高出 35%，同时也比 1996 年同类消费水平高出 16 个百分点（参见表格 2.2）[8]。在服装和配饰、交通工具、电视机和音响设备等具体炫耀性商品上的消费也呈现出相同趋势：与 1996 年相比，位于收入顶层 1% 的群体 2014 年在电视机方面的消费变得更少，这一收入群体在这个消费类别上的消费降幅最大。以上收入-消费比显示，在汽车和电视机两方面，位于收入顶层 1% 的群体的花费只有其预期值的一半，而中产阶级在这两方面的花费则超过其预期值 40%（参见表 2.2）。

但我们要明白一点，富人并不是突然减少消费。事实上，作为其总消费的一部分，位于收入顶层 5% 或 10% 的群体在炫耀性消费上的支出与其他收入群体基本持平——只不过其收入水平允许他们消费更多。2014 年，其总支出的 17% 都用于炫耀性消费，而中产阶级的这一比例为 18.1%。两者在炫耀性消费方面比例的接近表明，虽然拥有更多钱能让你有更多机会进行炫耀性消费，但所有收入群体通常还是会选择有形的物质消费。凡勃伦一个多世纪前的观察结论仍适用于今天的情况。

表 2.2　1996 年和 2014 年用于炫耀性消费的收入比（抽样商品）

	总体		服装和配饰		交通工具		电视机和音响器材	
	1996	2014	1996	2014	1996	2014	1996	2014
所有家庭	1.00	1.00	1.00	1.00	1.00	1.00	1.00	1.00
收入顶层 1%	0.65	0.47	0.61	1.06	0.58	0.31	0.77	0.44
收入顶层 5%	0.76	0.64	0.80	0.91	0.69	0.58	0.62	0.62
收入顶层 10%	0.80	0.70	0.86	0.90	0.75	0.67	0.71	0.70
60%—89%	0.99	1.03	0.97	0.97	0.98	1.04	1.01	0.95
40%—59%	1.19	1.35	1.11	1.11	1.28	1.46	1.18	1.42
0—39%	1.47	1.51	1.46	1.38	1.50	1.38	1.68	1.78

镀金的炫耀性消费

现在，各个收入群体都已能购买多种多样的炫耀性商品，富人因此不再通过购买中产阶级普遍买得起且越来越不构成负担的商品来凸显其身份地位（即使后者只能通过财务规划和信用卡来实现这种消费）。传统炫耀性消费品已成为很多美国人生活的一部分，于是，富人在高级腕表、珠宝和游艇等价格高不可攀的奢华物品上格外投入，这些东西是普通美国人无法负担的。它们成为富人的新身份地位象征物。对比数据，位于收入顶层 1% 的群体在腕表和珠宝上的实际消费额和总支出占比明显高于其他人。2014 年，这 1% 的群体在这方面的花费甚至比

5% 的群体还高出两倍，从总支出占比来看，也明显比美国平均水平高出许多。而这些价值不菲的腕表和珠宝的维护费用同样惊人：富人总是在高级维护上花费更多，但今天，这 1% 的群体在这方面的绝对消费额是美国平均水平的八倍多，而位于收入顶层 10% 的群体的同类消费只有美国平均水平的一半。当然，之所以形成这种趋势，是因为富人拥有的腕表和珠宝值得维护，而其维护费用也确实不菲。无论在哪里，劳力士或其他奢华腕表的维护费用通常需要 500—1000 美元，显然比普通人买一只腕表的钱都要高出许多。相同情况也体现在汽车维护和服务性俱乐部花费上，位于收入顶层 10% 的群体在这方面的花费几乎是美国平均水平的两倍，而中产阶级的同类花费则低于平均水平。

游艇无疑是 21 世纪镀金配置中的炫耀性商品，其消费额远高于美国家庭平均消费水平。2014 年，位于收入顶层 1% 的群体在这上面的消费是美国平均消费水平的三倍多。作为其总支出的一部分，顶层收入群体在这方面的消费水平高于美国平均水平，从消费 LQ 数据（1.1—2.1）可以看出，高出美国平均水平 6%—100%。不出所料的是，中产阶级和低收入群体在这一项目上的消费远低于其他人，分别只有美国平均消费水平的 50% 和 26%（LQ 数值分别为 0.8 和 0.3）（参见图 2.1）。

关于炫耀性消费的最后一个观察结论是：葬礼是较低收入家庭的一个重要开支项目。1996 年以来，相对于其总支出而言，低收入家庭的葬礼支出一直高居首位，而在研究进行的很多年

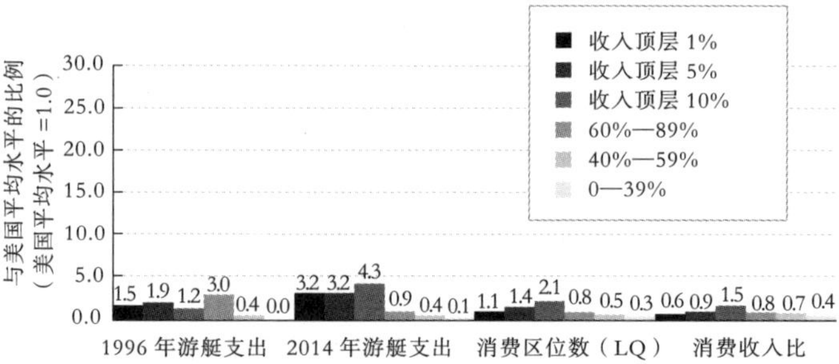

图 2.1　游艇：总支出占比，与美国平均水平和消费收入比相比较的消费占比（数据来源：消费者支出调查，美国劳工统计局）

里，富人在这方面的花费一直低于美国平均水平。2014 年，位于收入顶层 1% 的群体在葬礼上的实际消费额明显低于其他人，而穷人这方面的支出在总支出中的占比则比美国平均水平高出 26%，中产阶级在这方面的消费占比则基本与平均水平持平。在整个研究阶段，这一模式都得到证实，我们可以从历史学家那儿得到一些解释。保罗·约翰逊曾评论道，在爱德华和维多利亚时代的英格兰，葬礼是工人阶级展示身份地位的重要手段，而当时的资产阶级则对此避之不及（他们有很多其他方法展示身份地位）。富人可以通过举办和参加博物馆盛宴、慈善活动和无休止的晚宴来凸显身份地位，与之相比，穷人进行炫耀性消费的途径相对有限。或如著有《最后的必需品——美国历史中的墓地》（*The Last Great Necessity: Cemeteries in American History*）的城市历史学家大卫·斯隆（David Sloane）所言："对于工人阶级而言，死亡——尤其是孩子或家庭支柱的死亡——

从来意义重大。同时，贫穷的社区通常拥有非常高的社会资本，并且依赖这种社会资本而生存。大多数家庭会在葬礼的展示功能上花相当多的钱——表示尊重的必要花费——同时也会在其社交功能上下一番功夫——（例如）爱尔兰守灵仪式。”斯隆还表示，“此外，富裕家庭……对待死亡、死者和葬礼的态度则截然不同……很多家庭把这当成一件极其私密的事情，也因此降低了在这方面的开支。他们或许会招待亲友举行一场追悼会，但其花费也有限。最后，更富有和受教育程度更高的人更有可能选择火葬。很多工人阶级家庭更愿意土葬，而富裕家庭则更倾向于火葬——大多数时候比土葬更便宜。”[9]

凡勃伦效应：
种族、教育和婚姻状况如何影响我们的消费

收入——无论高低——影响着我们的消费，不仅影响我们的炫耀性消费水平，还影响着我们选择消费的商品所体现的独特性和个性气质，无论这一消费是葬礼还是腕表。收入影响炫耀性消费水平，但同时其他很多因素也影响着我们的物质消费欲。经济学家用“凡勃伦效应”来形容我们对社会有形商品的态度及其对我们的刺激程度，这也是由我们的年龄、职业、种族和婚姻状况——甚至我们的居住地——来决定的。

两篇学术论文极大地增进了我们对于塑造炫耀性消费的经济、社会和人口变量的理解，让我们不再只关注收入因素。其

中一篇写于2007年，作者是芝加哥大学和沃顿商学院的经济学家克尔温·查尔斯（Kerwin Charles）、埃里克·赫斯特（Erik Hurst）和尼克莱·罗萨诺夫（Nikolai Roussanov），他们试图挖掘种族因素在展示身份地位的购买行为中扮演的角色。通过消费者支出调查，他们发现，随着人们变得更富有，受教育程度更高，所有种族的人在炫耀性消费上的实际消费额都变得更高。在其他因素不变的情况下，单就种族因素而言，查尔斯和他的同事们发现，与收入和受教育程度相同的白人相比，黑人和西班牙裔会把更多收入用于炫耀性消费。查尔斯推测这一发现是种族歧视的结果：这些少数族裔在展示社会地位方面承担的压力远高于白人和亚裔。通过展示自己拥有好车、衣着得体等，就能证明其社会地位。对于长期遭受歧视的少数族裔而言，炫耀性消费成为其被别人妄加评判前有效展示社会和经济地位的手段。[10]这一发现几乎正好与对盎格鲁-撒克逊裔白人新教徒文化的观察结果相反：由于不受任何歧视和压迫，这一群体有能力轻易地对物质商品表现出不屑一顾，他们的肤色似乎就能决定其社会地位。

其他针对炫耀性消费的研究者还试图研究具体物质商品在多样化的人口学特征关系中的作用。康奈尔大学经济学家奥里·赫费茨（Ori Heffetz）把炫耀性消费看成“文化上可见的”商品，也就是说它们在特定社会经济背景下被消费，而不仅是简单地作为人人都需要的必需品被消费（如水或面包）。与查尔斯及其同事一样，赫费茨也发现，人们拥有的财富越多，花在可见商品上的钱（实际消费额）也越多（不论哪个种族或民族）。赫费茨表示，虽然较低收入群体也将更多收入用于炫耀性消费，但富人从炫耀性消费中获得的影响力更大。[11] 这一观察结果似乎与之前提到的顶层收入群体用于炫耀性消费的支出更少的结论相反。此刻我们需要记住两点：第一，即使富人在炫耀性消费上的实际消费额更多，这些商品对其总体净收入的影响仍然更小。一只劳力士表或许要花 1 万美元，但是如果你非常富有，1 万美元对你而言或许只相当于中产阶级家庭的 50 美元。其重要差别在于，在不考虑实际消费额的情况下，这种炫耀性消费对富人而言所费并不多。第二，在其他条件不变的情况下，收入越高的人在炫耀性消费上花费越多（仅就实际消费额而言，而非在总支出中的占比），而从更广泛的模式来看，顶层收入群体的总收入中用于炫耀性消费的部分更少，前者与后者并不矛盾。在这些更广泛的模式中，收入并没有被孤立地当成唯一决定性变量，相反，其研究对象涵盖了整个富人群体，把人口统计特征、职业和年龄都纳入了考察范围。对富人群体的集中研究清楚表明，他们在炫耀性消费上的支出更少，而在非炫耀性消费上的支出更多。

在对炫耀性消费进行研究的过程中，我和李晓止参考了查尔斯、赫费茨及其同事的研究成果，但把研究数据更新和扩大到了最近十年（同时增加了前几年的数据和更多变量）。对于究竟是什么影响了我们的消费模式，我们提供了更详细的最新研究成果。我们把教育、种族、年龄、地理、城市规模、家庭规模、自有房产权、婚姻状况和收入弹性的相互作用都考虑在内。针对每一个研究对象，我们都会单独选取一个特定变量（比如教育），研究其对消费的单一影响。以种族因素为例，我们关注的是从以上各方面衡量都可作为家庭支柱的人，而不是其种族背景。这些个体拥有相同的教育水平、收入水平和孩子数量等。这让我们可以精确地指出种族因素（或者是收入、教育及其他选定的变量）对个人消费的影响。我们还加入了另一个对21世纪消费模式来说十分重要的组成要素：理解展示身份和社会经济地位的新消费形式。鉴于整个社会的炫耀性消费都在增加，不同群体之间又是如何区分彼此的呢？在本章开头，我强调了富人中的一种新趋势：非炫耀性消费的崛起。消费不再倾向于让全社会看到，或是从文化上可见，但仍能展示阶级地位，雇佣园丁、保姆，享受汽车服务，或把钱投入教育和退休计划等都属于这类消费。这些商品都是非物质性或为展示身份地位而使用，但其中传达出的一个人能负担得起这些消费的信息，则起到了展示财富的作用。我将在下一章中讨论非炫耀性消费在新精英阶层中扮演的角色。在本章中，我只关注影响我们选择炫耀性消费还是非炫耀性消费或是两者都不选择的那些不同的变量因素。

我们的研究结果表明，人口统计学意义上的“我是谁”对我们的消费有着深远影响。就年龄而言，在其他人口统计学和社会经济学因素不变的情况下，越年轻的群体在炫耀性和非炫耀性消费上的花费越多。不过单就非炫耀性消费而言，年龄差异没有那么明显。在炫耀性消费上投入最少的是45—54岁和75岁以上群体。这一发现不无道理：18—24岁年龄段群体相对于年龄更大的群体而言，承担的责任更少。而45—54岁年龄段群体正处于家庭和子女教养开销（无论是房贷、孩子的着装费，还是学费）最大的时候，因此在炫耀性消费上的支出相对较少。然而，在非炫耀性消费方面，75岁以上年龄段群体的支出几乎与16—24岁年龄段群体一样多，而34—54岁年龄段群体在这方面支出最少。对于75岁以上年龄段群体而言，无论是享受家庭护理还是雇佣家政服务人员，他们更依赖于劳动密集型服务。

表2.3　不同年龄段的房主消费比（16—24岁年龄段=100.0，%）

	炫耀性	非炫耀性	其他支出
16—24	100	100	100
25—34	88	83	122
35—44	75	78	126
45—54	69	78	128
55—64	61	82	124
65—74	52	91	113
75岁及以上	19	95	104

根据我们的分析研究，种族也是影响消费的重要因素。我们的分析证实了克尔温·查尔斯及其同事的早期研究结果，也揭示了炫耀性消费在少数族裔中扮演的角色。我们的研究结果

显示，西班牙裔最喜欢进行炫耀性消费：在这方面的消费比非西班牙裔白人高出4.4%，比黑人高出15%，比亚裔高出近20%，同时他们又是最不喜欢非炫耀性消费的群体，仅次于亚裔。非西班牙裔白人是非炫耀性消费的最大群体，其次是黑人。其他因素不变的情况下，亚裔在炫耀性和非炫耀性消费上的支出都最少（参见表2.3和2.4）。

表2.4 不同族裔 / 种族的房主消费比（非西班牙裔白人=100.0，%）

	炫耀性	非炫耀性	其他支出
非西班牙裔白人	100	100	100
非裔美国人	89	82	95
亚裔及太平洋岛民	86	68	94
西班牙裔	104	69	96
其他	98	86	98

已婚群体在炫耀性消费上支出最多，丧妻人群支出最少。而从未结婚的群体在这方面的支出比已婚群体高出近18%，虽然考虑到前者家庭责任更小，拥有更多自由时间和金钱，这一结果还是令人惊讶。此外，已婚群体还要尽一些常规“义务”，包括生日、圣诞节和其他节假日等与配偶相关的消费，以及类似与孩子相关的节假日消费。私有房产房主在炫耀性消费上比租房的租客支出更多，这一结果很可能是由家居陈设和私家汽车两方面费用的增加造成的，对于那些拥有自有住房的人来

说，这两项的支出更为频繁，这或许是因为与那些租房的人相比，他们正处于生命周期的不同阶段。[12]

与赫费茨和查尔斯一样，我们也发现个体越富有，其在炫耀性消费上的实际消费额（同时再次证明，较低收入群体正把更多收入用于社会可见消费）也更多。[13]更引人注目的是，较高收入群体更紧密地与非炫耀性消费联系在一起，而不是炫耀性消费。根据收入弹性测量，我们生成了炫耀性消费、非炫耀性消费和其他支出的恩格尔曲线。恩格尔曲线可以让我们看出，不同收入水平和收入变化对特定商品消费的影响。一个最著名的发现是较低收入家庭常常在食物上投入较多家庭预算，然而随着家庭收入的增长，其食物预算却并没有同步增加，这也是恩斯特·恩格尔（Ernst Engel）本人的研究发现。因为无论收入水平如何，食物都是必需品，每个家庭都必须拿出一定预算用于购买食物。而我们只需要一定量的食物即可，因此，我们并不会因为变得更富有而显著增加食物消费。即使我们开始购买有机或进口食物，奢侈食物与基本食物的价格差却并不像保时捷（Porsche）和本田（Honda）这类商品的价格差那么明显。我们针对家庭基本必需品（住房、食物等）支出的研究结果证实了恩格尔最初的发现。就我们的恩格尔曲线而言，我们感兴趣的情况是如果某一特定收入群体的收入增加 1%，他们会如何调整消费支出。我们发现，收入弹性变化最大的是位于收入顶层 1% 的群体，但他们却最有可能将更多钱用于非炫耀性消费而非肉眼可辨的展示身份地位的商品。对于位于收入顶层 1%

的群体而言，收入增长 1%，炫耀性消费随之增加 0.23%，非炫耀性消费则增加 0.24%（总支出也随之增加 0.2%）。在这一实例中，位于收入顶层 1% 的群体在食物、公共设施等其他支出项目上几乎没有额外需求，而较低收入家庭则可能要将额外的收入用于这些方面的支出。因此，对于位于收入顶层 1% 的家庭而言，收入的增加使得更多非必要消费成为可能，而不是增加了必要支出。如果基本需求已经得到满足，为什么不买新车 / 表 / 游艇等商品，或者延长保姆照顾孩子的时间，抑或让园丁完成更多景观美化工作？这些百分比看起来或许微不足道，但对已经跻身富人群体的人而言则有重大影响。位于收入顶层的人的实质性增收（更有可能是奖金）通常远高于 1%，所以以此类推，收入增长 4% 就可能导致炫耀性消费和非炫耀性消费支出同时增加 1%。

将这些结果与收入在前 20% 的群体的情况相比：收入每增长 1%，他们用于炫耀性或非炫耀性消费上的额外支出小到几乎可以忽略不计（0.09%），而在食物和住房等方面的支出则增加了近 0.14%。事实上，在我们的收入水平到达收入顶端 10%、5% 和 1% 之前，所有收入群体在收入增长的情况下，用于更重要的基础性消费方面的支出会随之增加，而不是增加非炫耀性或炫耀性消费方面的支出（参见图 2.2）。

我们还发现，大多数收入群体的收入弹性曲线都呈一条可预测的直线，只在顶端发生明显变化，原因就是收入小幅增长造成非必要支出显著增加。这一发现表明，对大多数收入群体

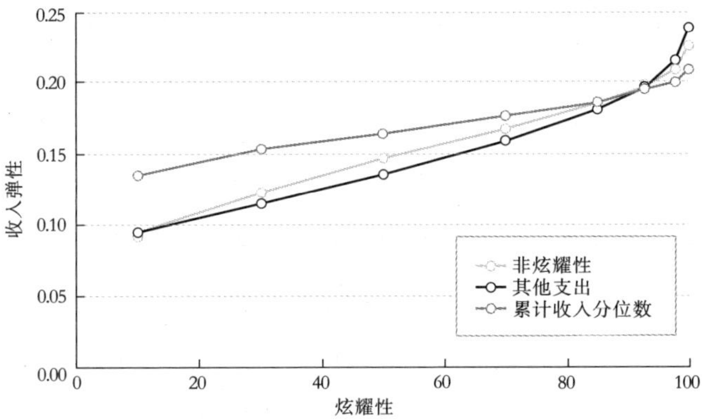

图 2.2　各级收入群体的收入弹性（数据来源：消费者支出调查，美国劳工统计局）

而言，收入小幅增长有助于日常消费和生活必需品消费，但并不会突然增加其非必要支出——而对富人而言，这一微小的增幅却能让他们立即享受额外的假期，买更多鞋，进行住宅景观美化，以及购买其他并非用于满足基本需求的商品或服务（参见图 2.2）。而一个较贫穷的家庭可能会用这增加的 1% 收入购买更多生活用品或付清账单。赫费茨在观察自己针对不同种类的生活消费品的消费所得出的恩格尔曲线时也有相似发现，特别是在汽车、航空旅行、教育和珠宝等方面，顶层收入群体的消费占比异乎寻常的高。

除了收入水平，教育是影响炫耀性和非炫耀性消费的另一个重要因素。拥有学士、硕士或更高学位（医学博士、法学博士或哲学博士）的人用于炫耀性消费的支出比高中就辍学的人高出 35%，比仅有高中学历的人高出近 20%，比取得某些学院文凭或副学士学位的人高出 5%。由于这一分析是建立在控制收入变量的基础上，所以它并非只是简单揭示了教育为这种消费模式提供了相应的收入来源。更确切地说，正如赫费茨所言，那些拥有特殊教育背景的人或许只是身处一种更看重炫耀性消费的社会环境中，而教育则是“长期收入”的最佳代名词，也是他们应该为生活而不懈追求的东西。后一种说法也解释了为什么越来越多受过高等教育的人可能在汽车、房子或手表上花费更多——他们的经济状况普遍看上去更稳定。从更深层次来看，一个人受教育程度越高，在非炫耀性消费上的花费也更多。拥有硕士学位的人在这方面的花费是高中辍学的人的两倍多，比仅有学士学位的则高出约 15%。这些群体在这方面的消费支出呈飞跃式增长，而非稳定增长（而在其他方面的支出更多呈线性增长）。即使是只有高中学历的人，在非炫耀性消费上的支出也比高中辍学的人高出 32%（参见表 2.5 和图 2.3）。我推测，促成这些消费模式的并不仅仅是重视物质商品的社会环境，与高等教育水平相关的工作性质也起到一定作用。医学博士、律师或顾问（举例说明）工作时间可能更长，因此要在家政服务人员、园丁、保姆或其他任何能让家庭生活变得更轻松的商品或服务上进行投资。虽然工作时间较长，但他们也能因此得到丰厚的报酬，使其能够雇人做家务。（与之相比，那些跟他们一样每周也工作 60 个小时的服务人员的收入水平则相对较低，因此不可能雇佣家政服务人员或园丁。）这些职业代表着更高的长期收入（医生和律师几乎无须担心是否会被解雇，而金融家确

表 2.5　不同教育程度的房主的消费比（高中辍学 =100.0，%）

	炫耀性	非炫耀性	其他支出
高中辍学	100	100	100
高中毕业	118	132	105
一些学院和副学士学位	129	163	108
学士学位	135	188	114
硕士及以上学位	135	204	116

实要冒这种风险，他们也因此倾向于用丰厚报酬来消除这种担忧）。因此，高收入和工作时间的增加的共同作用，影响了这些消费模式。

我们住在哪里——就地理区域和城市规模而言，以及我们是否在城市居住，也影响着我们的消费。我将在下章探讨不同城市的具体差别，但一般而言，居住在美国东北地区的人最不可能购买炫耀性商品，而居住在南部和西部地区的人最有可能购买能展示身份地位的商品（参见表 2.6）。那些居住在西部州的人（包括亚利桑那州、加利福尼亚州、内华达州和新墨西哥州等）在炫耀性和非炫耀性商品以及其他商品上的消费都最多（按实际消费额计算）。在这些州的某些地区，房价比东海岸地区低很多，意味着那里的人可能有额外收入用于其他方面的消费。这些地区的人通常比美国其他地区的人更重视炫耀性消费。

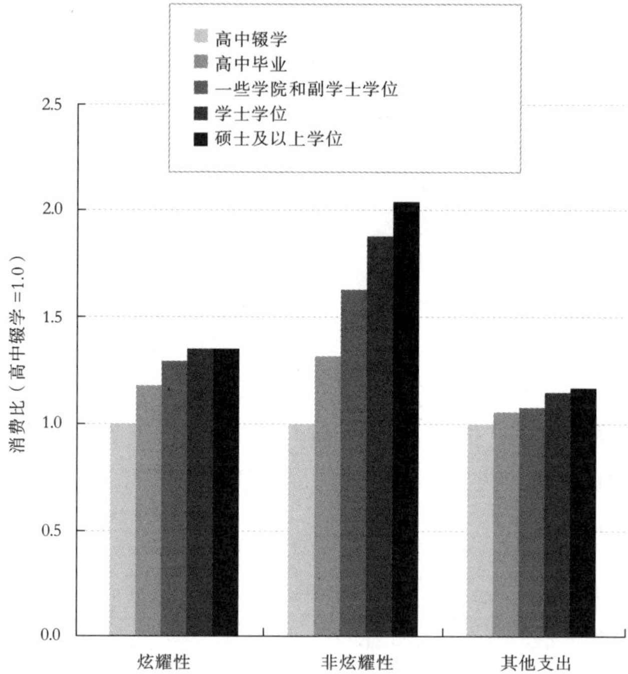

图 2.3 房主受教育程度（数据来源：消费者支出调查，美国劳工统计局）

表 2.6 不同人口普查区域消费比（南部地区 =100.0，%）

	炫耀性	非炫耀性	其他支出
东北部地区	93	102	102
中西部地区	99	106	99
南部地区	100	100	100
西部地区	100	119	108

城市规模也很重要：大城市的人在炫耀性商品、非炫耀性商品和其他商品上的花费高于小城市的人。事实上，他们在前两类商品上的花费平均高出15%，在其他商品上的花费一般高出20%。生活成本是导致这一结果的其中一个原因——洛杉矶和纽约这样的大城市生活成本较高。除此之外，财富——盈利能力惊人的大公司、银行和电影制片厂，以及在这些高收入行业工作的人——也多集中在大城市。总体而言，这些城市人口密集，生机勃勃，充满各种社交活动，这一切既驱动着人们购买物质商品，也创造了体现这些商品价值的环境。与此相反，小城市（人口在12.5万—32.9万之间）的炫耀性消费支出还比不上那些人口少于12.5万的城镇（参见表2.7）。对于非炫耀性消费的高支出情况，一个解释是大城市的工作性质使得那里的人易于享受非炫耀性服务的好处。大量专业人士集中在主要大都市，他们的工作时间长，获得的收入足以支持其进行非炫耀性消费。大城市商品的丰富性则是这类消费增长的另一个原因，其中包括大量由劳动力驱动的商品和服务——无论是保姆中介机构还是家政公司，博物馆还是歌剧院，抑或修理高级腕表和珠宝的维修店。大城市制造更高的利润，并为俄罗斯寡头、好莱坞大亨、华尔街对冲基金经理等这些世界上最富有的人提供居所。大城市过度集中的财富及其创造的生产力会转化成巨大的消费力，零售业和服务行业得以蓬勃发展，获利丰厚。

表 2.7　不同规模城市消费比（少于 12.5 万 =100.0）

	炫耀性	非炫耀性	其他支出
超过 400 万	114	115	119
120 万—400 万	110	112	112
33 万—120 万	112	112	108
12.5 万—33 万	106	112	105
少于 12.5 万	100	100	100

我们可以看到，过去 15 年里，收入水平加剧了消费分级，并随之影响我们的生活方式和后代的命运。21 世纪的富人比凡勃伦时代的有闲阶级更精明，也更明智——他们把金钱用于教育和能为其节省时间并提供更高生活品质的商品和服务上。不过，与凡勃伦时代的富人一样，今天的顶层收入群体也进行炫耀性消费。

但炫耀性消费并不只是富人的生活主题，它无所不在，事实上，有人提出炫耀性消费的大众化使其成为如此轻而易举之事，导致其他收入群体宁愿选择在能展示身份地位的商品上花钱，也不愿在可能有助于他们自己和孩子长期幸福的东西上投资。但我们也必须考虑到那些非炫耀性商品要昂贵得多，而且价格逐年攀升。那些把更多钱用于能展示身份地位的商品而非大学学费的人甚至连考虑后者的资格都没有。我们假设你有多余的 100 美元。你可以用它买个手袋、一双鞋或某些电器。但这点钱相对于 5 万美元的学费或年度健康保险费来说简直不值一提。也许有人会说每一分钱都有用（这是许多爸爸们关于储蓄和复利的价值的老生常谈）。这时不妨细想一下支撑我们如何花钱和为何花钱的心理机制：鞋或苹果手机配件能带来即时满足感，正如对于那些有能力负担的人而言，实际支付学费也能产生这种满足感。但是，对价格如此昂贵的某些商品（这类商品仍然高不可攀）的一点微不足道的投入并不能真正带来任何好处或满足感。因此对一些人而言，苹果手机带来的满足感大于对学费的微小投入带来的满足感，因为后者实在太遥不可及，甚至连想都不敢想。

财富只是理解我们为何如此消费的一部分。我们的年龄（或者说失去的时间），婚姻状况，拥有医学博士还是副学士学位，或者什么学位都没有，以及我们住在大城市还是小城镇，都影响着我们的消费。多种因素促成了我们对身份地位的渴望，或让我们对炫耀性消费意兴阑珊。那些进行炫耀性消费的人并不一定也参与非炫耀性消费（富人和受过高等教育的人普遍同时进行这两种消费）。无论何种情况下，我们的消费内容和消费方式才是重点。我们的消费很大程度上与我们想成为哪种人以及我们的价值观息息相关——并不是所有炫耀性消费都应受到批评。某些形式的炫耀性消费——如与种族相关——也许是为对抗歧视而做出的努力。对我们许多人而言，消费关系着能否融入某些群体。

而非炫耀性消费一直是精英阶层的显著消费形式，也是使之与其他人真正区分开来的消费习惯。在下一章中，我将更深入讨论为什么非炫耀性消费才是精英与其他人之间最致命的差异所在，这种消费常常并不显眼，却能彰显身份地位——但通常只针对同龄群体。非炫耀性消费既所费不菲，又似乎与金钱无关，它提供了炫耀性消费无法给予的自由和社会流动性。

第 3 章

“芭蕾舞鞋”和耶鲁学费：非炫耀性消费和新精英阶层

一开始，艾西·温卡登（Essie Weingarten）只是单纯喜欢指甲油的颜色而已。1981 年，温卡登女士收拾好行李，带着初创的 12 种颜色的指甲油前往拉斯维加斯，在那里举办的一个展销会上展示自己的产品。如她所言，在这一系列产品中，“一款正红色，一款紫色，一款粉红色和一款橙红色”，同时还有一款半透明的粉白色令其一举成名。艾西率先在指甲油市场推广裸色系，著名的“芭蕾舞鞋”和“最美虚荣”（艾西 505 号指甲油）、“婴儿的呼吸”（5 号）、“甜心老爹”（473 号）、“小姐”（384 号）一起成为标志性色彩。艾西曾说：“我个人很喜欢这种颜色，当时没人这么做。”1989 年，伊丽莎白女王的发型师给艾西写信要求提供“芭蕾舞鞋”——艾西 162 号指甲油。艾西回忆道：“这款指甲油上市大约两年后，我收到了一封来自女王发型师的带有皇室印章的信（附带请求）。我当时就想：‘我成功了。’”

从那以后的几十年里，“芭蕾舞鞋”和其他裸色系姐妹一起大行其道，成为居住在比弗利山庄、纽约上东区和伦敦肯辛顿的特定女性群体的社交必备指甲油。能引发具有较高审美意识的女性精英群体的崇拜，甚至连英国女王也不例外，“芭蕾舞鞋”一定有其特别之处——荧亮的光泽，独一无二的矿物成分，或者说一些能凸显其追捧者身份的特质。不过，涂上这款指甲油，那独特的颜色并不会叫嚣“快看我”或是“我刚做完美甲”。涂一层会让指甲覆上一层浅粉色，涂两层则会让指甲在不透明的白色中透出一点若隐若现的粉色。这一柔和到近乎孩子气的色彩只不过是女性巧妙地展示其装扮的一个工具。

上层阶级女性对裸色系指甲油的追捧，我最初认为其作用就是凸显这些女性把美甲当成再自然不过的日常生活的组成部分。因为精心打理的指甲就是其自然存在的一部分，没必要用亮色来宣告美甲的特殊性。然而，事实却完全相反：这些女性如此精细地选择裸色系指甲油，恰恰是因为在其活跃的社交圈和参加的活动中，人们绝不会认为她们的指甲理所应当如此。这是一群在特定小圈子里活动的人，她们的指甲也需要融入其社交生活。裸色因此成为精英世界的象征，在这个世界里，一个人的外表永远事关重大。

这些女人并不会穿真正的芭蕾舞鞋，因为这花费更多——而这种指甲油则是负担得起的奢侈品，不像 2 万美元一个的限量铂金包或稀有的陈年佳酿那般高不可攀。宾夕法尼亚州小镇女性可以花 7.99 美元买一瓶艾西珊瑚红色的“天竺葵”（43 号），上层阶级女性也花同样的钱买这样一瓶指甲油。然而，在后者的世界里，爱马仕包和“芭蕾舞鞋”却都是彰显身份地位的商品。

从历史上看，专业美甲通常被认为是属于上层阶级和富人的活动。“20 世纪 80 年代以前，美甲确实很特别，”艾西解释道，“在那之前，（把钱花在美甲上）可能引发众怒。”后来情况有所转变。从 20 世纪 80 年代开始，随着低薪服务人员的增多（集中在主要大城市），美甲费用大幅降低，普通女性因此也能去美容院享受美甲服务。现在，女性在美容院只需花 15 美元就能做好指甲。

欧睿信息咨询公司的调查表明，时至今日，美甲已发展成为价值 10 亿美元的产业。在 6 个多月的时间里，有 2700 万成年人去美容院做美甲，3200 万人进行了足部护理。这一潮流持续高涨：2010—2011 年期间，美甲率提高了 24%。因此，之前属于上层阶级的活动轻易地就变成了大众行为。对艾西而言，指甲油成为接近社会精英昔日奢华身份地位象征的大众化手段——触手可及的上层阶级品位。今天，对许多美国女性来说，艾西 · 温卡登的同名品牌指甲油已成为家喻户晓的品牌，可以在世界各地的药妆店和美甲店买到。

随着美甲费用的下降，新的指甲油颜色变得更受欢迎（蓝色、黑色、绿色和肉色），部分原因在于美甲变得如此廉价，女性不用花多少钱就能换个指甲油。每个人都可以更加随心所欲地享受美甲。虽然出现这种趋势，但许多上层阶级女性和职业女性仍然选择裸色。很难说清这些淡雅的颜色究竟是先作为兼具功能性和实用性的美甲色彩而存在，还是先成为特定社会地位的象征。然而，这就是人们理解美甲的方式，选择的颜色不同，一切都变得不一样。与那些更物质化、更惹人瞩目的炫耀性消费形式不同，指甲油和涂指甲油的女性为我们设置了一个不一样的障碍——信息成本和了解定义特定社会阶层的隐性细节。

在法国社会学家皮埃尔·布迪厄看来，选择涂什么颜色的指甲油只是客观化文化资本主义的一个普通例证。在其里程碑式的作品《区分》中，布迪厄提出，一个人的“品位”与墙上挂什么画或开什么车并没有多大关系，更多的与通过知识、社交网络和教育积累的文化资本相关，而这些知识、社交网络和教育又通过那些具体物品表现出来。[1] 文化资本（与经济资本或金钱相对）是独特的审美、技能和知识（常常通过教育和家世获得）的集合。客观化文化资本意味着某些特定物质获得了优于其他物质的文化或象征价值，而且通常比通过分配而来的任何货币价值都重要。因此，社会阶级不是通过消费产生（你不能自动“买通”通往上层阶级的路）的，而是通过对一定价值观和审美观的接纳，以及获得解读物质主义所隐含的象征意义的能力而产生的。这些价值观、审美观和品位形成了日常生活的“习惯”——我们看待世界以及以我们的独特身份做出规范性判断的方式（作为一名曼哈顿富有白人或密西西比的穷困非洲裔美国人，抑或迈阿密的富有拉丁裔或美国小镇的中产阶级）。习惯并不仅仅是消费模式，还涉及消费的知识。因此，淡粉色指甲油就是特定社会经济阶层标志的具体体现。女性把涂“芭蕾舞鞋”指甲油作为文化资本的商品化表现，同时也体现了她们于上东区（纽约）生活中形成的习惯。

大多数消费选择都是特定阶层经济、文化和社会价值融合的产物，它们自觉或不自觉地适用于将不同阶层区分开来。[2] 在一个炫耀性消费越来越普及的时代，社会地位通常由我们看不见的东西决定。或如万斯·帕卡德在《追求地位的人》（*The Status Seekers*）中所言："在越来越注重炫耀性的行为模式中，美国人变成了积极的平等主义者，他们通过举止、谈吐、品位、饮食模式及其所追捧的消遣方式的细微差别来凸显其阶级地位，这种微妙的区分行为有时候是刻意为之，但大多数时候是无意识的。"[3] 同样，在 21 世纪社会地位也不仅仅通过汽车和手表体现，还通过其他人难以理解的暗示、信息和投资来体现。我把志向阶级的这些身份地位象征信号称为"非炫耀性消费"——这是一种特别针对其他同道中人展示身份地位的更少物质化也更隐蔽的方式。有时候这些消费选择甚至都不是为了展示身份地位。无论是所有人都能购买的极其昂贵的商品，还是为孩子的未来进行的投资，他们都是为了让生活更轻松、提升整体幸福感（包括精神上和物质上）而购买代表新式非炫耀性消费的商品和服务。通过不起眼却又意义深远的非炫耀性消费，这些精英们（无论是文化上富有的志向阶级，还是单纯的富人）牢牢地巩固了自己和孩子的社会经济地位。

三个重要趋势推动了非炫耀性消费的兴起。首先，物质消费蔚然成风，于是志向阶级有意无意地发掘更隐蔽的约定俗成的象征信号来展现其社会地位。[4]其次，“有闲阶级”不复存在。全球经济的重建鼓励英才教育，这些精英通过其聪明才智掌握生产资料，而非土地所有权。这些劳动力市场精英（其中很多人是志向阶级成员）相信社会阶层向上流动性的存在，也希望自己的孩子有相同机会。他们的主要精神信念——努力工作和学习知识——也是主要的文化领导力，影响了社会各阶层。乔纳森·葛舒尼发现，当代社会工作与休闲之间的关系表明，那些挣很多钱的人是通过非常努力的工作来获得和维持如此丰厚的收入的，因此，休闲时间成为最稀缺的资源。他还观察到，休闲时间越来越多地被各种消费行为填满，想要获得更多休闲时间反而要付出更多劳动。[5]今天的劳动力市场精英——尤其是其中的志向阶级——用金钱买时间，并通过在育儿、家政、园艺和奢华假期方面的不菲投入来实现利益最大化。最后，也是最重要的一点是，进行物质消费（尤其是在后衰退时期）不如把资源投资在教育、退休保障和医疗保健等有意义的消费上有价值，所有这些对普通人而言似乎遥不可及，但却是成就志向阶级地位、进一步区分富人和其他人身份地位的重要渠道。

后一种消费习惯同样要花费大量金钱，但是表面上看却好像与展现身份地位无关（即使它们确实发挥了这个作用）。因此，非炫耀性消费有两种几乎截然不同的表现形式，即信息成本非炫耀性消费：指甲油颜色和特定文化知识等不那么昂贵、与金钱没那么大关系的象征性消费，以及超高成本非炫耀性消费：育儿、医疗保健和大学学费等异常昂贵的消费——既能显著改善能负担得起这些消费的人的生活品质，又能巩固和缩短已有的阶级界限。接下来我将依次讨论这两种非炫耀性消费形式。大多数非炫耀性消费的关键在于，对于不了解情况的人而言，它是一种无形消费，而且如果不理解其中隐含的信息或缺乏雄厚的经济基础也很难模仿。非炫耀性消费是新阶级划分的源头所在。

信息成本：非金钱主导的非炫耀性消费

这种利用非金钱主导的方法展现社会地位的形式在凡勃伦的时代也并不完全是异类。凡勃伦就将“礼仪”和“良好的教养”作为一种身份地位的展现方式来进行观察（和评论）。学习礼仪并展示出来需要花费一定时间，通常只有过着悠闲生活的人才可能有这种时间，恰好验证了凡勃伦所述的上层阶级的两个重要特征。与礼仪一样，语言也一直是展现社会地位的手段，学习和练习特定语词和转折词的使用都需要花费大量时间。社会批评家保罗 · 福塞尔（Paul Fussell）曾说过：“不论你继承了多少钱……住在哪里，仪态如何……什么时间吃晚饭，从邮购目录上购买了什么东西……只要一张口说话，你的社会阶级情况就无所遁形。”[6] 福塞尔还论述了中产阶级的“伪优雅风格”：他们不习惯称厕所为厕所（而是称为洗手间 / 盥洗室 / 化妆室），或称酒鬼为酒鬼（他只是一个“有酒精问题”的人），也不习惯使用粗言秽语或“死”这个词（一般会用“过世”或“追随耶稣而去”)。与此相反的是，他们使用起来不自在的一些词，上层阶级说起来却毫无顾忌："非凡的”“杰出的”“了不起的”“乏味的”“无趣的”。在后者看来,中产阶级总是使用一些平庸之词:“不错”和“无聊”。

这些观察触及了超越金钱和物质的阶级差异："信息成本”和一个人通过知识学习而获得的文化资本。与传统象征身份地位的商品不同，志向阶级用以定义自身的商品或许与中产阶级用来凸显身份地位的商品价值相当，但前者只能通过特定圈层流通的信息来获得。随着通过炫耀性物质手段来展现身份地位变得越来越普遍，志向阶级转而通过微妙的象征信号、文化资本和语言来让自己有别于其他群体，他们把知识当作一条重要的分隔线。因此，志向阶级用以塑造和展现其身份地位的信息，只能通过同类人以及作为文化资本来源的社会地位本身获得。正如“芭蕾舞鞋”并不会让人花费更多，但在精英世界，裸色系指甲油被当作一种标准存在，自有其特别的存在价值，其他非炫耀性消费也拥有相同的价值。与金钱关系不明显的非功能性商品可能与其他商品价格相当，但其信息成本才是树立屏障的原因所在，而非其实际成本。

哥伦比亚大学社会学家西莫斯·可汗（Shamus Khan）把这种将价值转移到与金钱无密切关系的行为上的现象称为“资本的习得形式”，也就是说，关于行事方法的知识变得内在化，获得它要经历一个迭代过程，而这种经历本身就变得具有一定价值。在其针对康科德的精英学校圣保罗中学的研究中，可汗指出，阶级同化的微妙形式或“隐性课程”在很多方面起到了加强社会地位的作用，而不是更加凸显炫耀性象征物质。可汗采访了很多男孩，他们谈到为进入圣保罗中学所做的努力，坚称凭借不懈努力才获得成功，但可汗的人种志研究显示，大多数男孩几乎没有为此付出多大努力。事实上，圣保罗中学的成功文化是一种“悠闲”和轻松自如的成功。上课不带书本是身份地位的象征，那些背着一大堆书去学校并在图书馆埋头做家庭作业的人都是地位低下的人。“努力工作”不过是口头上表示支持的一种重要价值，源自表面上推崇精英主义的新一代精英（坚信自己已经很努力工作，有资格获得社会等级中的地位）。然而现实是，这些学生中的大多数与以前的精英一样都是坐享其成，其社会行为反映了这一点。可汗把他们这种自认为努力工作的信念称为“一种修辞的幌子”，用以掩盖其享受特权的事实。可汗在与纽约大学社会学家科林·杰罗马克（Colin Jerolmack）合著的书中写道：“那些拥有得天独厚背景的学生最有可能成功，因为早在他们跨进这些机构的门槛前，他们的人生中已经形成使其优于他人的性格和文化资本。他们在这些机构里就像在家一般轻松自在，同时也会因为那些‘与生俱来’的行为类型获得这些机构的奖励。”[7]

在此借用社会学家道格拉斯·霍尔特（Douglas Holt）的一个例子，听歌剧这一行为本身并不是文化资本，而是把何时将这一活动列入计划表，去哪里购票，对音乐的欣赏，在讨论其他问题时引用歌剧信息的能力，拥有能分享这一经历的朋友——

以及最终能理解去听歌剧是对时间的一种有价值的利用这些知识有机结合在一起，才形成了文化资本。[8]只要对严重的社会不平等、失业现象和大衰退的余波有所思考，我们或许也能轻易得出与《纽约时报》专栏作家保罗·克鲁格曼（Paul Krugman）的许多观察结果相同的结论。克鲁格曼的真实见解的重要性远不如意识到阅读克鲁格曼的作品很重要的重要性。阅读《纽约时报》是志向阶级的共同语言之一，在晚宴上引用克鲁格曼的论述（并且知道他是诺贝尔奖得主）是融入这一群体的重要尝试。对克鲁格曼和《纽约时报》的重要性的认识才是对文化资本的展示，而非对前者的思想本身的认识，以及对其本人对自己思想的见解的认识（恕我直言）。但随着具体地点和社会环境的变化，《纽约时报》的价值也在发生改变：在一场于曼哈顿举办的晚宴上谈论克鲁格曼将会得到一致认可或成为某人融入这一群体的预演。相反，虽然参加在宾夕法尼亚州小镇举办的圣诞晚会的客人们也会对克鲁格曼讨论的问题（社会不平等、税收政策和总统选举）感兴趣，但引述克鲁格曼的观点并不能吸引任何社交关注。这就是“芭蕾舞鞋”的价值远远超过其 7.99 美元的标价的原因。

塑造文化资本的远不止金钱和实物。许多批评者认为布迪厄有关文化资本和习惯的理论不适用于美国，因为美国人并不以其对高级艺术和审美的品位见长。但霍尔特则指出，布迪厄并不是针对知识分子的行为而得出的观察结论。相反，他对于特定社会群体如何形成共同的审美和价值观的理论的适用范围非常广。镀金时代的精英们十分努力才确立了自身独特的地位，而今天的志向阶级在消费模式上则表现出“文化杂食性”，反映出教育和沉浸在不同环境中（无论是出国旅行还是成为国际学生）对其知识性、世界性和开放性的影响。[9]50多年前，万斯·帕卡德在研究阶级行为时，就针对上层阶级的这一特性进行了观察：“较低阶级群体中的普通人面对奇怪的食物时，会感到焦虑，认为它们充满危险。一位来自中西部的主妇十分惊讶地表示，她的女仆从不吃其用来招待客人的鹿肉、野鸭、鲳鲹和鱼子酱等非常昂贵的食物。哪怕这些食材都已完全处理好，并且蒸熟了可以食用，女仆也会单独做一些腌猪肉、青芜菁和土豆吃。这些才是她熟悉的食物。”[10]

今天的志向阶级通过不同的文化资本形式和图腾对象，欣然接受其文化杂食性状态。他们会去民族风情小餐馆而非苹果蜂连锁餐馆（Applebee's Neighborhood Grill & Bar），购买本地农家鸡蛋，穿汤姆布鞋（Toms），并且以此为傲，因为这些象征着文化资本的商品信息明显来自《纽约客》及其就读的精英大学，展现了他们的社会和环保意识。虽然他们都有全职工作，但拥有这种知识意味着他们要么拥有令人羡慕的闲暇时间阅读或逛农夫市集，要么就认为值得耗费时间获得这类信息。在其针对美国阶级的研究中，霍尔特把这种类型的文化资本描述为具有“本真性和鉴赏力”，这正是上层阶级所褒奖的特质（不考虑价格因素），而下层阶级则看重商品是否昂贵。相对于上层阶级在个人嗜好与当代非虚构作家和戛纳电影节获奖纪录片等共享知识方面的额外投入，下层阶级则乐于分享“(物质)奢侈品的集合信息”。在一项针对当代中上阶层音乐品位的研究中，社会学家理查德·彼得森(Richard Peterson)和罗伯特·克恩(Robert Kern)发现，这一群体并不特别偏好歌剧和古典音乐，而是对嘻哈、流行和民谣都感兴趣，但也都有着预期之中的高雅品位倾向。许多中上阶层都是通过高等教育和职业位置(前者的包容性往往更大)获得相应的身份地位，彼得森和克恩推测，这些新精英或许比老精英更具开放性。更可笑的是，有人可能会将新精英的这种多样化“中庸”消费选择，视为一种维系其纯粹社会地位的象征界限。换言之，他们知道拥有多样化和特殊的消费选择，代表着一种紧随教育和知识而来的文化复杂性，而正是这些教育和知识驱使其获得现在的社会地位。

从公开展示财富(或是假装的财富)到低调释放阶级信号的转变过程，同样体现在志向阶级的食物消费上。事实上，异域食物或所谓地道美食已理所当然地成为志向阶级文化资本的标志——而且经济水平不同的群体都得以享用。虽然只有顶层收入群体有能力给孩子们开出斯坦福大学的学费支票，但对特定食物的消费则成为整个志向阶级具象化文化资本的统一形式。今天的志向阶级流连于提供不同形式的羽衣甘蓝、杏仁拿铁和美味食物的咖啡馆和餐馆。杂烩取代舒芙蕾，鸡肉派、手工芝士通心粉和啤酒(只要是手工制作)已成为志向阶级烹饪生活中必不可少的具有象征意义的社交美食，从银行家妻子的餐桌到时尚编剧与朋友的周日早午餐，它们在各种场合闪亮登场。

这类食物当然比麦当劳贵，但其中大多数的价格还是在志向阶级能负担得起的范围之内，而从文化资本角度考虑，他们相信值得为这类食物付出。尽管这类文化资本看上去更大众化，但正如社会学家约翰斯顿（Johnston）和鲍曼（Baumann）观察到的那样，美食文化再次证明了布迪厄的基本观点：日常文化形式创造并维持社会地位。[11] 羽衣甘蓝沙拉或许不如歌剧那般高不可攀，但它仍然是维持阶级界限的手段，只是更加巧妙而已。

对特定类型知识的积累和对文化资本的分享，意味着新精英们利用这一信息来购买特定商品，以特定方式行事，进一步巩固其地位。或如可汗所写："精英们利用文化资源来识别彼此，在展示适当属性的基础上分配机会。"[12] 指甲油不如游艇和手袋昂贵，但更巧妙，而选择涂哪种颜色的指甲油更涉及适当的审美知识的学习，以及对同类人欣赏品位的了解。什么时候需要写感谢信，怎么拿叉子，应该带多少书去上课（比如说一本不带）——都是一些看上去不怎么费钱的习得行为，但却是因为身在特定社会经济群体中而获得相关经验的表现。"表面上看来自然、简单的品质，"可汗评论道，"实际上是在精英机构反复学习的结果。"[13]

20 世纪 20 年代镀金时代的精英和今天的"暴发户"（想想千篇一律的俄罗斯寡头或好莱坞明星）或许会光明正大地努力把自己与其他人区分开来，但志向阶级则会谨慎而为。想想看，即使是最富有的志向阶级的厨房里常见的也是铜壶、质朴的斯蒂克利餐桌和类似英剧《唐顿庄园》里使用的那种炉灶，而不是呈现出住在楼上的英国贵族那种庄重的巴洛克风格。生活中无处不体现随意性已成为志向阶级的一种习惯。在这方面，志向阶级的审美情趣与布波族不约而同。大卫·布鲁克斯在《布波族——一个社会新阶层的崛起》一书中写道："受过良好教育的精英就是希望在过去很便宜的商品上花大价钱……我们更喜欢跟工人阶级买一样的东西——只不过我们买的是在工人阶级看来荒谬可笑的珍品。所以，我们也会像其他人一样买鸡腿，只不过它们来自放养的鸡……我们也买土豆，但不会买爱达荷州产的，我们只会挑选那些从法国北部特定土壤中生长出来的特级小土豆。"对布波族而言，淡化身份地位则是因为对其新获得的财富感到不适。而志向阶级选择特别的纺织品、木料或食物则与其所获取的优于他人的、更环保、更人道的知识有关。我们从志向阶级食用的所有食物（出自美食家之手的精美菜肴、有机食品和人性化的疗愈食物），购买食物的地点（农夫市集和全食超市），所穿的衣物（在美国生产的没有标牌的有机棉制品），以及所谈论的话题（《华尔街日报》上的文章或是"连载"[*serial*]这类最热门的播客），都可以找到这些巧妙的阶级标志。所有这些微妙的线索既是对知识和通过广泛获取知识而形成的价值体系的反映，也体现了希望达到更高文化和社会存在方式的志向，以及对书籍、新闻事件等的一种世俗化的漠不关心。从表面上看，很多志向阶级成员都是"精英阶层"的一员，或者至少接受过类似的精英教育，因此这些线索还是身份资格的一种体现，同时也揭示了获得这一资格所要付出的信息成本（完成大学教育，阅读知识分子出版物，了解最新的食品生产动态）。

正如悠闲和漫不经心是圣保罗中学顶层群体必备的心态之一，表面的随意性也已经成为志向阶级常见的审美情趣。戴维·卡梅伦（David Cameron，英国女王的远亲，先后在伊顿公学和牛津大学受过良好教育）任英国首相期间，时任内阁办公室大臣的弗朗西斯·麦浩德（Francis Maude）曾表示自己喜欢与精英密友们（包括卡梅伦在内）举行“厨房晚餐”，而卡梅伦因此遭到媒体的猛烈抨击，上演了一出上层阶级的“贫民”生活闹剧。我们的上层阶级不再每天晚上使用那些奇怪的鲜为人知的银制厨房餐具享受有多轮佳肴的正餐，但“正餐”降级为随意休闲的“晚餐”，却进一步拉开了文化精英与其他精心准备晚餐的人的距离。“厨房晚餐”一词同样起源于英国贵族与小姐们和他们的仆人共同生活的时代，那时候仆人们只能在远离贵族主人的厨房里吃晚餐。现在，这个词被精英阶层用来暗示家里有餐厅（因此厨房晚餐只是独立形式的一餐），除此之外，放弃使用餐厅意味着想要一段更随意、更亲密的用餐时光。英国《每日电讯报》（*The Daly Telegraph*）专栏作家、撒切尔夫人传记作者查尔斯·莫尔（Charles Moore）对这些在厨房吃晚餐的人也有一番评论：“（他们）透露出一个讯息——我们有一个舒适的餐厅，但是我们就想与朋友们放松地待在一起，所以不用餐厅。”[14]或者如卡特琳·本霍尔德（Katrin Bennhold）在《纽约时报》上针对“厨房晚餐”所写：“（当）英国内阁办公室大臣弗朗西斯·麦浩德谈论‘厨房晚餐’时，媒体提醒他，大多数选民都是‘正餐’（dinner，中产阶级）或‘傍晚茶餐’（tea，工人阶级），而且并不一定有在餐厅用餐的选择。”[15]“厨房晚餐”意味着暗示在家吃晚餐的地方至少有两个，而厨房就是其中之一。或者又如蕾切尔·库克（Rachel Cooke）在《卫报》（*The Guardian*）所做的诙谐评论：

> 除了弗朗西斯·麦浩德和他的朋友们，谁还会使用它？它究竟代表什么意思呢？事实上，要花一点时间才能拆解这个词组，因为在这两个词之间潜伏着一连串令人眼花缭乱的假设。假设一个人的厨房大到足够装下一张餐桌。假设在房子的其他地方可能另有一个房间，只有在更重要的情况下，宾主才会在这个房间用餐。这个词组是对以下两个词的灵活运用：“晚宴”（身为有抱负的中产阶级，这在麦浩德们的朋友圈里大概是个非上层阶级用词[16]）和“晚饭”（虽然我不知道原因，但这同样是个非上层阶级用词。我之所以知道这一点，是因为有一次偶遇一名可怕的伊顿公学老校友时，我不小心随口说了这个词，而他因此训斥了我一通）。[17]

同样，当你说去了“剑桥的一所小学校”读书而所有人都知道你是指哈佛大学时，你就是在故意贬低那些实际上珍贵且稀有的东西，就好像是选择在餐馆还是厨房用餐一样。要求客人脱了鞋才能进屋，体现了主人对房子（新房）的过分珍视，而志向阶级就不敢暗示自己的房子值得如此重视（即使他们确实重视）。

想看清身份地位和与金钱关系不甚紧密的非炫耀性消费之间的关系，经济水平较低的志向阶级的行为或许能提供最佳视角：时尚达人们——那些在电影业、编剧界或出版业工作的20来岁的年轻城市人——挣的钱才勉强够付房租，更不用说去参加有英国女王或花旗银行总裁出席的宴会。然而对于这种略带幽默的讽刺性亚文化群体而言，了解最新酷炫潮流或消息灵通就是其所拥有的全部，因此，他们也同样在进行非炫耀性消费，只不过是通过阅读和参考不知名的博客和推特（Twitter）简讯，拎着美国国家公共广播电台（National Public Radio, NPR）的帆布包和骑死飞自行车（fixed-gear）来体现其社会地位。他们喝大麻奶而非牛奶，开改装过的烧植物油的旧奔驰而不是二手本田雅阁，从快餐车上购买快餐而非麦当劳，即使这些商品或多或少都存在价格差异。（顺便一提，麦当劳现在也开始卖羽衣甘蓝沙拉了，这当然是对健康专家和志向阶级共同提倡的健康饮食新主张的一种回应。）使用植物油的汽车（从身旁开过时能闻到一股炸薯条的味道）和杏仁酱（事实上吃起来跟花生酱一个味）是志向阶级文化资本的体现。这些行为和商品并没有让人花费更多，但却体现了一个人对当地亚文化、廉价小酒吧和哪里有特别的快餐车等信息了如指掌，能轻松玩转这种局内人的信息游戏。

虽然志向阶级的特殊习惯和消费实践通常都是财富和知识

的体现，却又并不给人以招摇的感觉。与普拉达标志不同，人们并不会认为这些习惯全都是在展示身份地位。21 世纪，大家对精英阶层和文化资本的历史性描述出现了反转。在凡勃伦时代就受到褒奖的感谢信和良好的礼仪现在仍然备受推崇，但不必要的感谢和过于矫揉造作的礼节则被认为是用力过猛。[18] 今天的一些志向阶级成员在竭力淡化商品品牌、避免刻意卖弄的同时，又积极提升文化资本及其象征信号——不花钱又难以模仿的行为和难以获取的信息。时尚达人们或许不是劳动力市场精英（尽管很多确实是），但他们通过获取小众信息来塑造精英形象。他们知道应该读谁的作品，应该在推特和 Instagram 上关注谁，了解各种暗语和意义不明的（近乎恋物癖式的）消费品，包括杏仁拿铁、青果汁和 12 美元的卡西欧计算器手表等。

所有这些都印证了马克斯 · 韦伯（Max Weber）对于"生活方式"的描述。[19] 那就是，虽然金钱与身份地位相互关联，却并非完全等同。收入水平相当的个体的行为和消费模式并不一定相同，一个人的行为更多的是由其如何获得社会地位、来自哪里和在哪里生活决定。这一观察结果也反映了布迪厄的某些思想，他相信无法简单地通过物质商品实现阶级地位的提升。布迪厄还将看到，这种社会地位后来变成了我们的社交对象和我们选择的信息和暗示信号所衍生的副产品。[20] 品位和生活方式代代相传，一个人或许从幼年就已开始相关学习，或是因具备某一特定群体身份而习得。如果一个人不是在精英教育环境中长大，他仍然是个局外人。这足以解释为什么英国真正的上层阶级哪怕穷得像乞丐，社会地位却很尊贵，而托尼·索普拉诺*（Tony Soprano）虽然坐拥新泽西郊外大宅，却绝不会受邀参加纽约大都会艺术博物馆慈善舞会或加入纽约公共图书馆董事会。在多米尼克·邓恩（Dominick Dunne）的畅销小说《太多钱》（*Too Much Money*）里有一处令人心碎的描写，身陷囹圄的亿万富翁伊莱亚斯·兰萨尔对已失和的野心勃勃的上层阶级妻子说："你还是不了解那些人，鲁比。你还是想成为其中一员……我知道那个巴黎男爵的事，他回到了同性恋妻子身边，而不是跟你结婚……她家世显赫，拥有贵族头衔……和所有这些东西，而你没有。"

品位和习惯实质上代表着一层又一层的社会地位和知识积累，后者或许是金钱的作用，但又不能完全由金钱决定。因此，与金钱关系不甚紧密的非炫耀性消费就围绕着隐性知识、文化资本和习惯以及米歇尔·拉蒙特（Michele Lamont）所说的"象征性分界线"[21]展开。哈佛大学社会学教授拉蒙特认为，布迪厄对文化资本的定义太严苛，忽略了衡量社会地位的其他标准，尤其是忽略了在他看来在整个上层阶级中都极为重要的（但却有着不同标准）道德标准。道德是一个超越传统经济甚至文化界限的阶级问题。一个人知道《纽约书评》（*The New York Review of Books*）或《巴黎评论》（*The Paris Review*）的重要性不足以称为富有，还要看其对婚姻（是否有情妇）和成功（权

* 美剧《黑道家族》（*The Sopranos*）中的一个虚构人物。

力或名望）的价值观，以及通常会把钱花在什么地方，这些才是彰显一个人社会地位的标志，而且这些问题已成为各阶级都不能逾越的红线。以拉蒙特的研究为例，她在法国采访了一些男性专业人士，发现在谈论婚外情时，他们表现得比美国受访者更自在（即使统计数据显示后者发生婚外情的概率与前者一样高）。而每个国家对于成功的定义则各有不同，法国中上阶层（权力和名望）和美国中上阶层（金钱的意义）的成功观，分别代表了各自国家对于成功的普遍认知。一个人在拥有一定资本后成为某一特定群体的一员是资本积累的结果，但与这种资本积累不同，象征性分界线则代表着固有界限，它们的存在让我们可以选择让哪些人加入自己的群体或是将哪些人排除在外。正如已故社会批评家 A.A. 吉尔（A. A. Gill）总结的那样："后来，金钱不起作用了。"[22]

超高成本非炫耀性消费

事情当然没有那么简单。很多与金钱无关的事情当然一定与金钱有关。经济选择支撑着社会习俗和消费选择，反之亦然，社会习俗和消费选择是经济选择的结果。你可能很穷，但同时却看《纽约客》，这一行为比订阅杂志本身包含了更多意义。《纽约客》代表着社会经济和文化地位，但还有其他一系列事情支撑着这种社会地位。阅读这些出版物意味着你受过良好教育，并且拥有一套重视文化知识的价值体系（以及能够拥有这一价值体系的机会）。大多数阅读《纽约客》和《纽约时报》的读者很可能花费了 4 万多美元接受精英学院的大学本科教育（和研究生教育），并且还有时间与接受过相同教育的人一起交换意见和信息。《纽约时报》平时 2.5 美元一份，周日版 5 美元（每日习惯的累积），但能理解文章中出现的 SAT（学业能力倾向测验）单词和文化典故（加缪、福柯、弗洛伊德），意味着你拥有花费大量金钱而获得的知识。虽然并不是有钱就能买到文化资本（和象征性分界线），但的确要花钱才能获得它。文化资本虽然与物质商品无关，但仍在很大程度上源自物质财富，即使文化资本选择看起来似乎是自然习惯使然（参见第四章更多有关作为社会地位象征的文化资本选择的内容）。要理解这些文化象征的价值，你就要花时间与其他重视这份报纸和精心修饰指甲的人（同样重视有机蔬菜、直接贸易咖啡等）一起交流。如果彼此没有共同经验，裸色系指甲油和有机草莓也就没那么重要了。志向阶级分享的很多经验都来自花钱买来的信息，但表面上却看不出来，就好像圣保罗中学的一些孩子知道不带书本上课，让自己看起来学得毫不费力。正如可汗所言："这些特征如此显而易见，意味着如果有人还不知道如何模仿实践（它们）……那就是他们自己的错，他们天生条件有所欠缺。"[23]

但这种非金钱主导性社会地位标志也是由一种消费所支撑的，而且这种消费完全将富人以外的其他人排除在外。无论是大学学费、育儿费用还是奢华假期，这些对大多数美国人而言都是超高成本投资，但与那些无力负担的人相比，它们也确实影响着能负担得起的人的现在和未来的生活。简而言之，这种消费与社会地位的关系不如与生活质量的关系密切。回顾乔纳森·葛舒尼关于休闲和工作的观察结果：今天，大多数富人工作很长时间来挣钱，也因此失去了本可以用来休闲的时间。[24]休闲代价昂贵。因此，富人的很多消费的主要目的在于弥补失去的时间，或是为了自己和孩子的未来保持这样的社会经济地位，所以这类消费花费巨大毫不为奇。这种金钱主导的非炫耀性消费可以被分成三种主要类型：劳动密集型（实用价值大于凸显社会地位功能）、体验型（非实用性但也不是为了凸显社会地位）和价值消费（有助于提升生活质量以及自己和孩子的幸福程度的投资）。这三种类型的非炫耀性消费互相依赖：通常一个群体拥有的时间越少，一个重要的支出就是把一些苦差事外包出去，毕竟这些活占用的时间本可以用来休闲。雇佣保姆或购买直达机票都能为周末旅行节省出更多时间——而所有这些都所费不菲。支付大学学费、高级幼儿园学费和退休费用虽然非常昂贵，但能保护志向阶级中的富有成员及其后代的社会地位的向上流动性，同时也把其他无力负担这些商品的人排除在外了。在下面的章节中，我将针对这些趋势展开更广泛的讨论，并且探讨富人（其中很多是志向阶级成员）相较于美国其他人是如何花钱的。

首先，富人在非炫耀性消费方面一直比其他人花费更多，而在炫耀性消费上的花费一直少于教育、育儿、学费、SAT 课程、政治捐款和其他隐性消费，而且这一趋势在经济大衰退之后更加明显。[25]2007 年之前，顶层收入群体在炫耀性和非炫耀性消费上的花费基本相同，但经济危机之后，其消费习惯发生了重大改变，炫耀性消费降幅巨大，虽然后来略有回升，但从 2008 年开始再也没有回到以往的水平。根据经济学家罗伯特 · 弗兰克的观察，随着人们对社会不平等的抗议呼声日益高涨，公开的享乐主义和不加掩饰的奢侈消费已经成为争论的焦点（并不是说他们不再消费），因此，顶层收入群体找到了只有其圈内人才知道的花钱新渠道（无论是雇用住家家政服务人员，还是超级富豪们搭乘奈特捷（Net Jets）的私人飞机前往迈阿密观看巴塞尔艺术展）。[26] 与此相对的是，经济大衰退之后，位于五等分收入分组 40%—60%、平均年收入约 4.7 万美元的中产阶级的炫耀性消费恢复到了之前的水平，非炫耀性消费支出则有所减少。一直以来，他们在炫耀性消费上的支出就远高于非炫耀性消费，在金融危机最严重的时候，他们也几乎没有减少在服装、手表、汽车和其他凡勃伦商品上的支出（参见图 3.1）。

事实上从绝对支出来看，在非炫耀性消费上的支出超过 1996 年同类消费水平的只有位于收入等级前三的群体——中产阶级和低收入群体同时期非炫耀性消费支出都有所减少。总体而言，收入较高群体在非炫耀性消费上的支出相较于 1996 年增加了 5%—10%。就美国家庭平均水平来看，非炫耀性消费占其总支出的 10% 左右。而位于收入顶层 1%、5% 和 10% 的群体的非炫耀性消费在总支出中的占比分别为 22.9%、19.7% 和

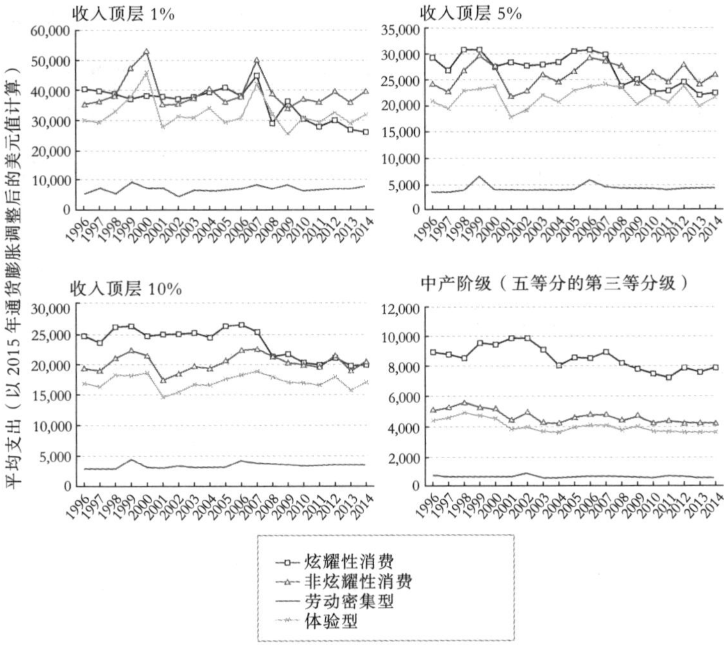

图 3.1　他们如何消费。不同收入群体的非炫耀性消费和炫耀性消费对比（数据来源：消费者支出调查，美国劳工统计局）

17.4%，比平均水平高出 80%。对比中产阶级和低收入群体，后者的非炫耀性消费在总支出中的占比只有 9%—9.5%。而随着家庭收入水平的增加，其非炫耀性消费支出也会相应增加。

富人在非炫耀性消费上的支出几乎是美国平均水平的 5.5 倍（与之相对的是，其在炫耀性消费上的支出是平均水平的 2.5 倍），对比其在 1996 年的同类消费水平则增长了近 12%。与此相反，中产阶级在非炫耀性消费上的支出则比平均水平减少了 40%，与 1996 年相比也减少了 20%。

劳动密集型和体验型非炫耀性消费

高收入阶层在这些消费习惯上明显投入更多一点也不令人意外，因为这既能为其节省时间，又能使其生活更舒适。同时，大多数人无力负担这些支出也不足为奇。这类消费大多需要劳动力，而随着时间的推移，劳动力并不会越来越便宜。无论科技让世界如何发展进步，一些工作仍然需要人类付出辛苦劳动。经济学家威廉·鲍莫尔（William Baumol）就发现，无论生产率如何提高，或是技术革新如何让其他产业越来越高效（以制造业为例），一曲贝多芬弦乐四重奏总是需要四位音乐家付出同样的努力才能完成。而且即使音乐家的工作效率保持不变，其实际收入也会因通货膨胀和经济增长而增加，或者用鲍莫尔的说法称之为"成本病"。对于幼儿日托和草坪护理这样的服务性行业而言，情况也同样如此。只要在育儿方面不盲目追赶潮流（我将在第四章讨论这一问题），几个世纪以来照顾孩子一直是相当简单的任务，然而临时保姆或专职保姆的人力成本却显著上升。更现实的是，育儿产业是一个无法实现自动化的产业。（没人会让机器人照顾自己的孩子。）虽然有自动吸尘器这种东西，但刷洗瓷砖、抛光咖啡桌这种细致的家务活还是需要人力来完成。音乐指挥、兽医和遛狗者也只能是人。即使有技术革新，人仍然在管理和维持生活方面发挥着重要作用。

这些社会经济方面的宏观变化也体现在消费模式上。研究数据显示，位于收入顶层 1% 的群体在育儿方面的支出是中产阶级的 10—20 倍。而位于收入顶层 5% 和 10% 的群体在育儿方面的支出也明显更多：绝对支出是中产阶级的 6—8 倍。虽然合乎逻辑的推论是个体拥有越多钱，在有助于让生活更轻松的消费方面的支出就越多，但这些高收入群体同样将总支出的很大一部分用于育儿，这表明在其认知中，育儿比其他消费选择更重要。他们用于育儿的支出在总支出中的占比是中产阶级的 2—5 倍。同样，包括园艺、安保、家务管理在内的家政服务更受高收入群体青睐，这一点无论是在绝对支出还是总支出占比方面都有所体现：位于收入顶层 1% 的群体在家政服务方面的支出约为中产阶级的 20 倍，即使与位于收入顶层 10% 的群体对比也高出两倍。与育儿支出类似，富人显然也认为这些服务支出比其他支出更重要：位于收入顶层 1% 的群体在家政服务方面的支出在其家庭总支出中的占比是中产阶级的 4—5 倍。总体而言，位于收入顶层 5% 和 10% 的群体在家政服务方面的支出占比与位于收入顶层 1% 的群体相当（尽管位于收入顶层 1% 的群体在育儿方面的支出仍然最多）（参见表 3.1—3.4）。这是因为他们的房子比其他不那么富有的人的房子大，所以需要额外的协助吗？或许如此。但这同样也是因为顶层收入群体可以选择雇人擦地板、修剪草坪和浇灌植物，而研究资料表明，低收入群体只能自己做这些家务。

表 3.1 不同收入群体不同年度的育儿支出（按 2015 年美元值计算）

	1996	1998	2000	2002	2004	2006	2008	2010	2012	2014
所有家庭	140	135	118	104	95	114	108	103	106	110
1%	885	995	1,025	606	596	893	984	1,507	963	2,110
5%	389	380	400	409	354	517	519	564	452	676
10%	383	325	302	342	286	384	378	387	401	429
60%—89%	166	160	128	104	99	114	110	100	79	101
40%—59%	72	94	68	53	60	56	47	39	60	41
0—39%	47	43	60	35	31	36	29	30	42	31

表 3.2 不同收入群体不同年度的育儿支出比

	1996	1998	2000	2002	2004	2006	2008	2010	2012	2014
所有家庭	0.25	0.23	0.20	0.17	0.16	0.18	0.18	0.18	0.18	0.19
1%	0.52	0.58	0.55	0.35	0.34	0.49	0.57	0.88	0.54	1.22
5%	0.30	0.28	0.31	0.31	0.27	0.35	0.37	0.42	0.33	0.51
10%	0.34	0.28	0.26	0.29	0.25	0.30	0.32	0.34	0.34	0.37
60%—89%	0.26	0.24	0.19	0.15	0.15	0.17	0.16	0.16	0.12	0.16
40%—59%	0.17	0.22	0.16	0.12	0.14	0.12	0.10	0.09	0.14	0.09
0—39%	0.15	0.13	0.18	0.11	0.09	0.11	0.09	0.09	0.13	0.10

表 3.3　不同收入群体不同年度家政服务支出（以 2015 年美元值计算）

	1996	1998	2000	2002	2004	2006	2008	2010	2012	2014
所有家庭	237	252	286	264	292	330	325	305	342	343
1%	2372	2380	3432	2121	2552	2720	2628	2368	2627	3020
5%	1286	1436	1432	1338	1412	1761	1637	1579	1681	1651
10%	853	1002	991	947	1022	1244	1195	1126	1176	1190
60%—89%	191	181	237	211	264	266	297	266	286	306
40%—59%	103	109	143	147	130	159	131	141	187	159
0—39%	129	125	150	121	129	138	127	118	162	158

表 3.4　不同收入群体不同年度的家政服务支出比

	1996	1998	2000	2002	2004	2006	2008	2010	2012	2014
所有家庭	0.42	0.43	0.49	0.44	0.50	0.54	0.54	0.53	0.59	0.59
1%	1.39	1.38	1.85	1.24	1.44	1.48	1.52	1.38	1.48	1.74
5%	0.99	1.06	1.09	1.01	1.06	1.19	1.18	1.19	1.23	1.25
10%	0.76	0.86	0.87	0.82	0.89	0.98	1.00	0.99	1.01	1.02
60%—89%	0.29	0.28	0.36	0.31	0.39	0.39	0.44	0.41	0.44	0.47
40%—59%	0.24	0.25	0.33	0.32	0.30	0.35	0.29	0.33	0.43	0.36
0—39%	0.41	0.37	0.44	0.36	0.39	0.41	0.38	0.37	0.50	0.49

这些针对劳动密集型非炫耀性消费的调查结果与苏珊娜·比安奇（Suzanne Bianchi）及其同事的大量研究密切相关。比安奇发现，尽管今天职场中的女性数量比 20 世纪中期更多，父母双方都工作的情况也更多，今天的家长陪伴孩子的时间却比“以

家庭为中心的”20 世纪 60 年代更多。通过对从 20 世纪 60 年代开始的数十年间的日志数据的研究，比安奇及其同事发现，育儿的文化标志正在发生改变。家长更主动地参与育儿，新兴的“共同育儿理念”减轻了妈妈们的传统育儿负担。

比安奇还发现，家长放弃了更多休闲时间来陪伴孩子。家长能够花更多时间来陪伴孩子，也体现了非炫耀性消费在其中发挥的作用。[27] 比安奇还表示，虽然 21 世纪女性的工作越来越繁忙，她们用来陪伴孩子的时间却至少与 20 世纪中期的全职妈妈一样多。[28] 整个社会对时间的重新分配和社会价值观的变化是造成这一现象的原因之一。以做家务为例：在清洁标准并不一定降低的前提下，大家已不再把做家务当作是上班族妈妈们合理利用时间的方式。比安奇还注意到，现在的家庭都比较依赖家政服务（例如家政服务人员和园丁）和男性成员的参与，这样妈妈们才能有更多时间和家人待在一起。[29]

旅行、葡萄酒、近郊游等增添生活情趣的体验型商品同样也是高收入群体的消费重点。富人在这方面的消费明显高于中等收入和低收入群体。事实上，在体验型商品的消费方面，位于收入顶层 1% 和 5% 的群体明显区别于其他收入群体。2014 年，位于收入顶层 1% 的群体在吃喝玩乐上的平均支出为 3.2 万美元，而中产阶级的同类支出只有 3600 美元。体验型商品和服务在位于收入顶层 1% 和 5% 的群体的家庭总支出中的占比为 16%—18%，而在中产阶级的家庭总支出中占比仅为 8.2%。位于收入顶层 1% 和 5% 的群体在体验型商品上的总支出占比比美国平均水平高出 50%—80%，而中产阶级在这方面的支出占比则比平均水平低 20%—25%。最后，位于收入顶层 1%、5% 和 10% 的群体在这一类型商品上的消费支出明显高于其 1996 年的同类消费水平（在绝对支出和支出占比两方面皆是如此），而其他收入群体的同类消费支出则同比减少了 15%—25%。

有人或许会指出，如果不是罕见的艺术天才，从 3 岁开始学小提琴实际上也是一种无用消费。有些事情——听歌剧、学吹萨克斯管（或尝试学习）和过洋节——本身既无实际价值，也不是为了凸显社会地位而做。大多数吹萨克斯管的人并不会公开表演，听歌剧对某些人而言的确是社交活动，但其他人可能只是单纯去享受音乐和戏剧（对其他人而言，出国旅行和参观博物馆的意义同样如此）。这种体验型消费不具备实用价值，也不是为了凸显社会地位，但却是最流行的高收入群体消费模式。他们在这类商品上的支出是中产阶级的 5 倍。以学习乐器为例，位于收入顶层 10% 到 1% 的富人在这方面的支出明显高于中产阶级（参见表 3.5）。与此相同的是，顶层收入群体在娱乐休闲和非商务旅行方面的支出也明显更高（参见表 3.6）。不过虽然位于收入顶层 1% 的群体在这方面的绝对支出更多，位于收入顶层 1%、5% 和 10% 的群体在这方面的支出占比却几乎相同（约为 0.1%），中产阶级则是在绝对支出和支出占比两方面都明显不如前者。这表明，学习乐器和其他非炫耀性消费等娱乐休闲活动并不享有优先权，或者可以说不能享有优先权。在后

表 3.5　不同收入群体不同年度的乐器学习支出
（以 2015 年美元值计算）

	1996	1998	2000	2002	2004	2006	2008	2010	2012	2014
所有家庭	113	103	134	99	84	65	77	47	41	37
1%	476	134	385	364	310	141	156	83	340	439
5%	233	157	215	205	180	124	317	87	135	153
10%	207	172	204	189	157	113	226	107	116	101
60%—89%	125	118	191	126	99	80	76	56	41	38
40%—59%	89	96	94	71	61	52	52	32	27	26
0—39%	74	54	54	43	49	30	27	19	18	17

表 3.6　不同收入群体不同年度的娱乐休闲支出
（以 2015 年美元值计算）

	1996	1998	2000	2002	2004	2006	2008	2010	2012	2014
所有家庭	45	45	42	41	41	39	30	28	26	23
1%	295	103	163	160	130	182	206	102	102	116
5%	148	121	127	117	131	115	127	77	95	60
10%	120	114	100	95	104	91	95	75	73	56
60%—89%	54	53	48	52	49	53	33	31	29	28
40%—59%	23	26	23	24	22	21	17	20	15	12
0-39%	18	16	25	16	14	11	8	8	8	8

衰退时代，顶层收入群体在学习乐器和其他非炫耀性消费上支出更多，而中产阶级的炫耀性消费虽然恢复到前衰退时代同等水平，其非炫耀性消费水平却没能恢复如初。

有关奢侈度假的最新研究数据表明，富人在体验型消费方面的支出超过以往水平，而且与其他人在这方面的消费差距越来越大。在线旅行中介平台 Virtuoso 过去 7 年的数据显示，与“普通旅行者”（每年的旅行支出“只有”1 万美元）相比，每年在旅行方面至少支出 10 万美元的旅行者的旅行支出已经增加了 2—3 倍。国家地理探险（National Geographic Expeditions）是一家针对加拉帕戈斯群岛（Galapagos）和南极洲等远程目的地设计旅行项目的公司，该公司最近推出了一项为期 24 天（包括在前述目的地停留）、价值 7.7 万美元的旅行项目，并且销售一空。[30] 这些“定制体验”的价值不仅仅在于昂贵和充满乐趣。这种类型的旅行会产生次级效应，除了能促进生成文化资本和象征性分界线，还能让旅行者在各种晚宴上充分展示全面发展、知识渊博和风趣幽默的个人形象，而这些都是非金钱主导的身份地位象征。

价值消费

毫无疑问，上小提琴私教课的女孩和不上这类私教课的女孩之间既存在着象征性分界线又有经济性分界线，这也同样适用于那些有钱度假或雇佣保姆的人。所有这些消费习惯都在制造不同的阶级分界线，而且比传统商品催生的阶级分界线更明显，因为它们使得一些人能够积累经验、知识和技能，或者用可汗的话说就是“习得性资本”。就学习小提琴的个例而言，一个孩子是否会拉小提琴并不能决定其是否能读哈佛大学（正如那些“虎妈”们期望的那样）。但是，与小提琴明显相关的其他经验和家庭环境则能发挥一定作用：父母是否有钱送她去读精英幼儿园和中学；是否能负担她的考试辅导课和课外活动费用，使其成为“引人注目的”申请人；家庭社交网络中是否有人认识哈佛大学招生处的人。更有用的是，那个学拉小提琴的女孩家里还有谁是从哈佛大学毕业的？这些综合家庭背景越来越成为顶尖大学的必要考量因素，也揭示了非炫耀性消费最显著的用途，及其对社会不平等和下一代的最大影响。

之前我提到 21 世纪初的经济大衰退从根本上改变了某些特定消费习惯：富裕家庭现在明显减少了在炫耀性消费上的支出，在非炫耀性消费上则投入更多，而中产阶级在这场经济危机期间只是稍微减少了一点炫耀性消费支出（退回到大衰退前的炫耀性消费水平），而在经济大衰退过后，却明显减少了非炫耀性消费支出。综合本章和前章所述，富人和中产阶级现在的消费模式几乎背道而驰。这一点在价值消费方面表现得尤为明显。顶层收入群体（尤其是位于收入顶层 1% 的群体）在教育、医疗保健、退休金和个人保险方面的投入，无论从绝对支出还是从支出占比上计算，都远远高于中产阶级（参见图 3.3—3.5）。这些可都不是小数字：位于收入顶层 1%—5% 的群体总支出中的 5% 都用于教育，而中产阶级在这方面的消费只占其总支出的 1%（参见图 3.2）。经济大衰退以来，顶层收入群体在教育方面的支出整体呈逐步上升趋势，而中产阶级的教育支出则呈下降趋势。从绝对支出和支出占比两方面看，位于收入顶层 1% 的群体

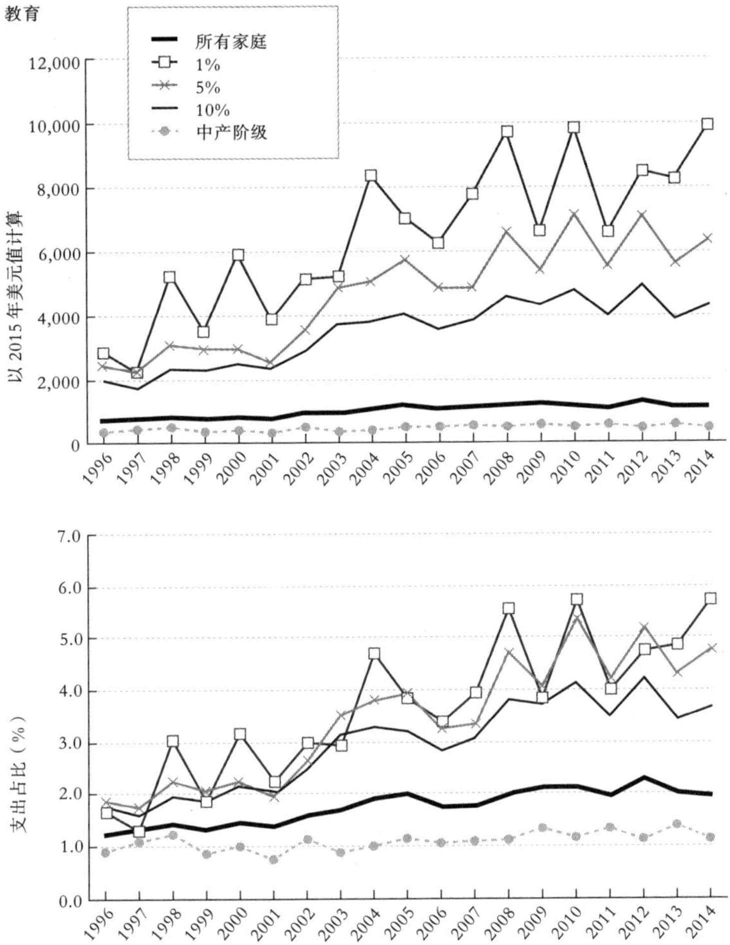

图 3.2　从绝对支出和支出占比两方面统计的不同收入群体不同年度的教育支出（数据来源：消费者支出调查，美国劳工统计局）

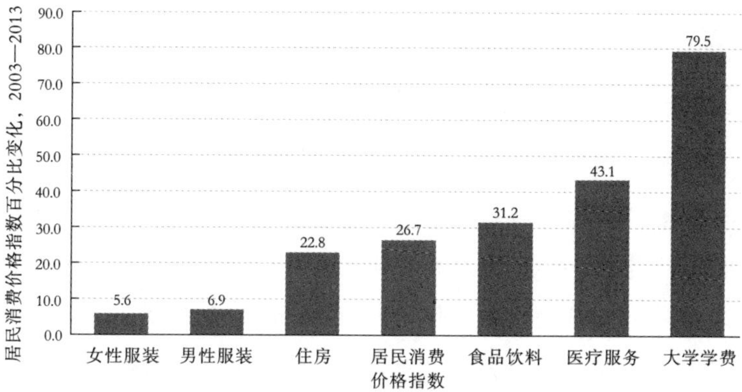

图 3.3　大学学费与其他消费品比例（来源：D. 科茨勒本［D. Kurtzleben］2013 年发表于《美国新闻与世界报道》［U. S. News & World Report］的文章《大学学费增长究竟有多快？》）

2014 年在教育方面的支出都是 1996 年的 3.5 倍。2014 年，他们在教育方面的支出是全美平均水平的 860%，而中产阶级的同类支出比平均水平低 50%，低收入家庭则低 70%。虽然大学学费飞涨，低收入群体和中产阶级在这方面的支出占比则与其 1996 年的水平相当，但却不到顶层收入群体同类支出占比的 1/4。教育可能是美国贫富差距最明显的实例。富人正将更多收入用于教育，而低收入群体则甚至无法在支出占比上跟上富人的步伐（更不用说在绝对支出上保持步调一致）。调查结果表明，中产阶级和低收入群体并不是不重视教育，只是无力负担从幼儿园、高中一直到大学持续上涨的学费。美国劳工部数据显示，过去 11 年（2003—2013）时间里大学学费上涨了 80%，而同时期住房和食物成本仅分别增长了 23% 和 30%，总体居民消费价格指数则增长了27%（参见图3.3）。[31] 在一些大城市，幼儿园学费甚至涨至上万美元（没错，这就是3岁孩子的学费），相当于15年前一所好的州立大学的学费。

你或许会说教育投入中也存在炫耀因素——大多数家长都会炫耀孩子考进了好大学。可是这种炫耀仍比不上教育所带来的实际利益：知识、学位和有助于获得成功和改变人生的必要社交网络。在凡勃伦的时代，人们普遍认为教育没有什么实际功用，而到了今天，光凭大学教育就足以定义和预测一个人的未来收入、职业和社会阶级。教育不仅至关重要，或许从长远来看还是具有最大实用价值的消费习惯。[32]

位于收入顶层1%的群体在医疗保健方面的支出远远高于其他收入群体，不过在后大衰退时代，所有高收入群体在这方面的支出都显著增加（参见图3.4）。虽然中产阶级在医疗保健方面的支出占比最高，顶层收入群体在这方面的支出占比则增长最快。随着年龄的增长，在医疗保健方面的投入为享受更好的日常健康维护（以及慢性病治疗）和更优质的生活铺平了道路。预防性医疗保健是整体幸福的关键组成部分，而有能力持续进行健康投资则是整体生活质量的一种体现。除此之外，最好的健康保险往往带来最优的医疗保健。“特约医疗”需要病人为个人医疗和额外医疗服务支付年费或预付，这就意味着医生通过限制接诊人数来为愿意多付费的病人提供额外的就诊时间和更优质的服务。[33]

或许最令人不安的是，无论是在绝对支出还是在支出占比

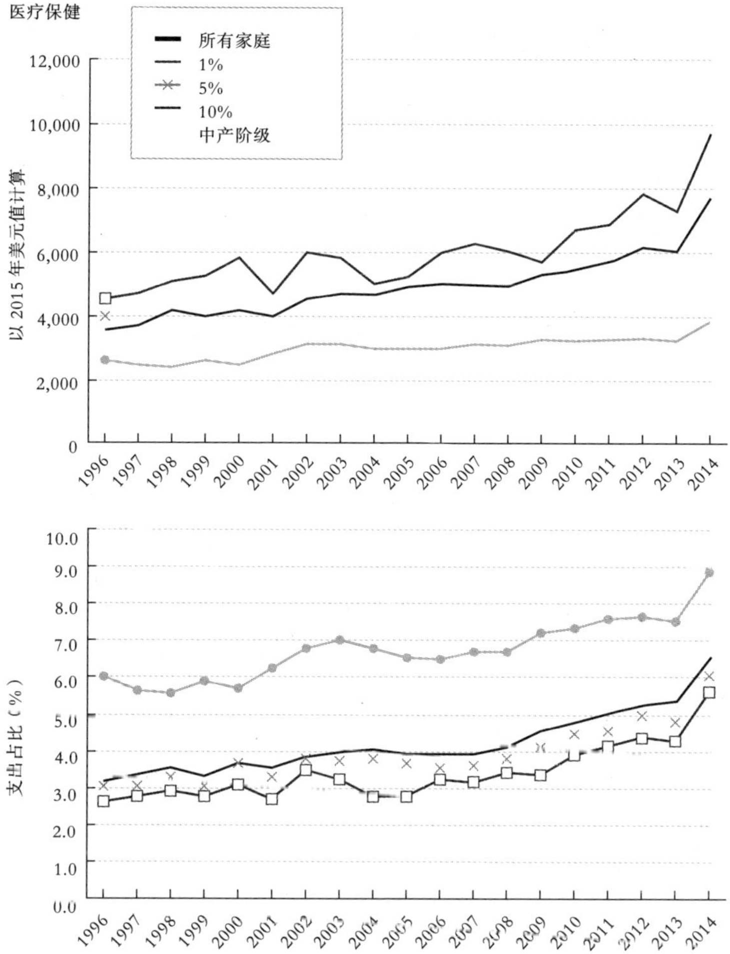

图 3.4　从绝对支出和支出占比两方面统计的不同收入群体不同年度的医疗保健支出（数据来源：消费者支出调查，美国劳工统计局）

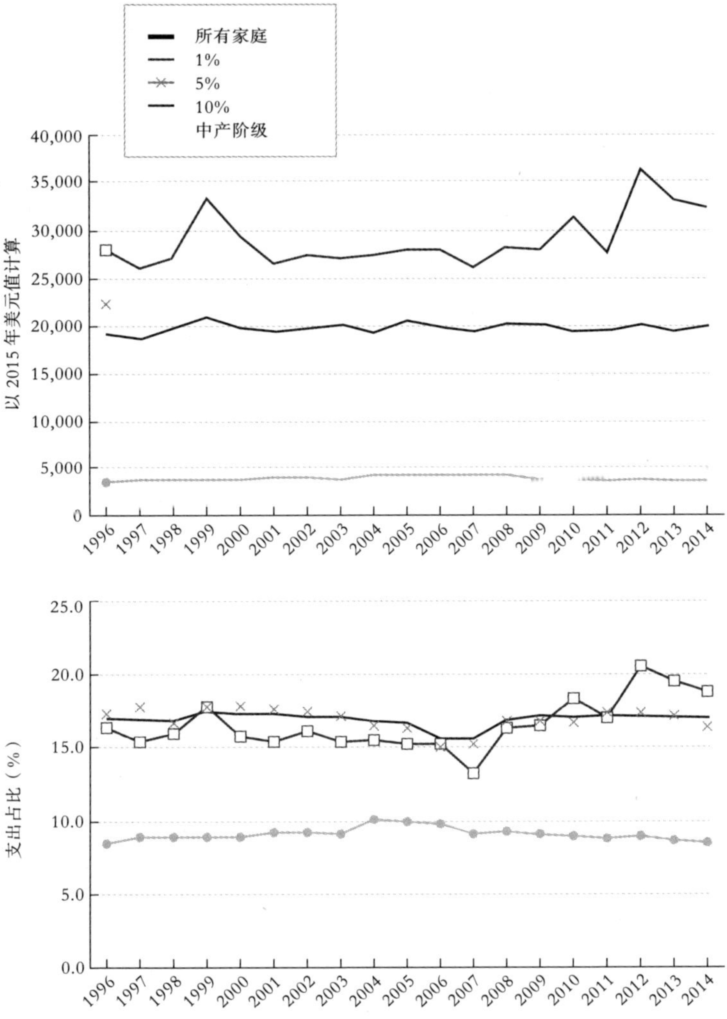

图 3.5　从绝对支出和支出占比两方面统计的不同收入群体不同年度的退休保障支出（数据来源：消费者支出调查，美国劳工统计局）

上，位于收入顶层 1% 的群体在个人保险和退休金两方面的支出都明显更多：位于收入顶层 1% 的群体总支出的 20% 都用于这两类消费，而中产阶级的同类消费仅占总支出的 8%。2014 年，位于收入顶层 1% 的家庭在医疗保健和退休金两方面平均支出为 3.25 万美元，而中产阶级家庭的同类平均支出则少于 4000 美元（位于收入顶层 5% 和 10% 的家庭在 2014 年的同类支出则为 2 万—2.2 万美元）（参见图 3.5）。这些投资又使得顶层收入群体在退休后也能维持更好的生活质量，而中产阶级和低收入群体则无力负担这种投资。因此，顶层收入群体不仅享受即时的美好生活，同时还要确保未来无论发生什么事情，家人也能维持同等生活水平。相比手表、手袋或汽车等更容易彰显社会地位的商品，这些更昂贵的投资才能真正创造生活机会和代际流动性。

拥有的钱越多，你就能负担越昂贵的生活要素——教育、健康和退休储蓄。具有讽刺意味的是，这些原本是美好生活的基本要素，并且能让人终身受益，但同时却也是大多数人无力负担的投资，尤其是对中产阶级和穷人而言。中产阶级家庭完全有能力负担一辆运动型多功能汽车，它比顶尖大学的学费显然便宜太多，也比不上每年将收入的 15% 作为退休金储蓄起来的钱，更何况它或许还象征了某种向上流动的社会地位。好的健康保险每年要花费数千美元，而且这还不包括过敏测试或皮肤医学等专业医疗支出。中产阶级和富人之间消费不平等的加剧并不是因为中产阶级在这些类别上的支出减少了，而是因为富人在这些方面的支出明显增加（参见图 3.3—3.5）。事实上，李晓正和我的同事加里·佩因特（Gary Painter）认为，自 2008 年经济大衰退以后，不同收入群体在“关键人力投资类别”方面的支出不平等逐渐加剧，其相关研究资料也证实了这一观点。通过对一般消费模式的观察我们会发现，工业革命和批量生产带来的好处让每个人都有机会享受美好生活。但不论一个中产阶级家庭买多少个蔻驰（Coach）手袋或多少辆多功能休旅车，都不能与有钱送孩子上普林斯顿大学相提并论。更令人担忧的是，晓正和佩因特还发现，富人和中等收入及低收入群体之间在教育支出上的巨大差异并不是从大学教育阶段才开始，而是在更早的时候就已萌芽（小学和中学学费），导致不同社会经济阶层在教育发展方面提前十几年就分道扬镳，而且落后者几乎不可能追上先行者。[34]双方或许在炫耀性消费方面还能一较高下，但在超高成本非炫耀性消费方面，新的贫富分化已泾渭分明。

在思考这些非炫耀性商品时，我不禁想起 C. 赖特·米尔斯在《权力精英》中令人心寒的论述。米尔斯是 20 世纪中期哥伦比亚大学的一名社会学家，他当时就担心美国精英阶层正在寻找让其他人可望而不可即的社会阶层向上流动之路。在形形色色既影响自己的命运又影响整个社会的生活竞技场上——政治、政府、公众人物、受人尊敬的职业和学历——精英阶层毫不留情地让其他人出局。这一模式的问题在于，他们后来就变成了整个社会的决策人。精英阶层实质上创造了一种“优势集聚”，并且只投资于其他精英及其利益，不考虑其他人的利益。米尔斯并不认为这种情况非常恶劣，但尽管如此，它的影响却是灾难性的，因为这种漠视他人的做法加剧了“权力精英”和其他人之间的分化。“上层阶级已经将热衷于不同层面权力的成员收入麾下，他们对权力的这种热衷已经通过各种俱乐部、血缘关系、公司和律师事务所广泛分享……它们蔓延至各种权力机构的领导层，”米尔斯写道，“因此，在上层阶级的内部圈子里，那些最庞大、最重要的机构最不受个人情感影响的问题恰恰与特定的亲密小团体的情感和担忧融为一体……在自己都还没意识到的情况下，他们就自觉立志成为——如果不是确信他们就是——拥有决定权的人。”[35] 而米尔斯的观察结果也完全适用于今天的现实情况。

21 世纪，精英阶层通过在能彻底展现和塑造其生活品质、未来前途和代际流动性的商品上的消费来进一步巩固其社会地位。这种消费模式明显受到志向阶级的富有成员和更广泛的顶层收入群体的青睐。做出这样的非物质化消费选择后，这些新精英阶层与中产阶级在消费模式上的偏差就更大了，低收入群体和真正的穷人更是无法与之相比。正是这些偏差创造出一系列标准。象征性分界线和文化资本将其他人排除在外，在这两个互不相连的社会阶层之间制造出明显的差异。而且更令人不安的是，富裕志向阶级消费的东西——教育、医疗保健、育儿服务（不是银汤匙、豪车或精致的瓷器）——正是那些在代际间构建社会资本和创造几乎令人无法通过物质商品消费来逾越的阶级分界线的商品。因为支付精英大学学费可能比购买银汤匙更值得称道，而且志向阶级要辛苦挣钱才能支付学费，所以他们相信自己理所应当得到现在的社会地位。而享受这些大学和小提琴学费的幸运儿们也将相信，他们比以前那些世袭精英更有资格获得属于自己的社会地位。他们一生都在学习乐器和第二语言，还要参加各种备考课程，这些付出让其深信自己是通过努力才在社会上赢得一席之地的。或许在某种情况下这一说法也不无道理。但正如可汗在其书中对这群精英中的精英——很多志向阶级也是其中一员——所评价的那样："精英教育制度是一种社会安排：它是一套松散的规则，可以为了掩盖优势而被人修正，始终都是以共同的价值观为基础为其辩护。"[36] 因此，普林斯顿大学学生可能确实有努力工作，但其中很多人从一开始就在经济上和文化上处于精英地位，甚至正是凭借这一优势才被如此久负盛名的大学录取。在这些学生的成长过程中，大多数人早已获得各种知识和文化资本，使其能够轻松融入普林斯顿的学生群体。斯泰西·戴尔（Stacy Dale）和艾伦·克鲁格（Alan Krueger）的研究也表明，精英教育本身并不会自动产生阶层的向上流动性。（事实上，戴尔和克鲁格断言，那些"未被注意到的特性"才能对那些就读精英大学的人所获得的成功给出合理解释，而不是那些大学本身。）[37, 38] 价值观、信息和阶级的融合正变得比以往任何时候更层次分明，几乎到了无法调和的程度。在接下来的两章中，我们将看到，志向阶级的消费模式中常透出一种道德感和理所应当的情绪。而他们对催生了这种消费实践和行为的必要特权则选择了视而不见。

第 4 章

育儿：21世纪的炫耀性休闲

在我去过的公园游乐场里，那些穿着紧身牛仔裤、戴着超大太阳镜的都市妈妈们互相之间都在使用一系列社会地位的象征物……但是原来母乳喂养才是进入俱乐部的真正门票……于是就像之前的许多女性一样，我也觉得自己被困在了装满中产阶级妈妈们含糊不清的不满的监狱中：虽然因此脾气暴躁，但又因为享有优越感而不值得被同情，我一只手要负责哺乳，另一只手则要忙着接电话，同时还要嚷嚷着让我的大孩子们喝下百分百的有机纯果汁——这就是弗里丹（Friedan）所说的“无名的难题”，同时忙几件事的现代妈妈们都要面对的难题。

——汉娜·罗森（Hanna Rosin），“反母乳喂养案例”，

《大西洋月刊》（*Atlantic Monthly*，2009 年 4 月）

对于我们这些以英语为母语的妈妈们而言，我们哺乳的时间——就像华尔街奖金的多少——就是一种绩效评测的指

标……我们都知道，哺乳时间是我们相互竞争的具体方式。

——帕梅拉·德鲁克曼（Pamela Druckerman），

《法国妈妈育儿经》（*Bringing Up Bébé*）

2012 年，美国儿科学会重申其长期坚持的建议，所有孩子从出生到 6 个月都应该完全采取母乳喂养，并且应该坚持母乳喂养到其满 12 个月。[1] 早已有无数研究证明了母乳喂养比使用婴儿配方奶粉更有实质性好处（孩子免疫系统更强，肠胃问题更少，不再频繁耳痛，甚至智商也更高）。最近在英国进行的一项研究则把母乳喂养与向上的社会流动性的增加和向下的社会流动性的减少联系在了一起。该研究表明，母乳中的特定营养成分以及母乳喂养时母子之间肌肤相亲的亲密关系能促进婴儿的神经发育，改善其情绪压力水平，使其茁壮成长，继而提升其社会地位。[2]

很多批评家注意到，有一些女性因为生理上的原因无法母乳喂养或是有泌乳问题，因此，这种建议给这些女性造成了极大压力。然而，我采访的一位泌乳顾问表示，只有不到 1% 的女性有上述问题，一些女性的确因为泌乳问题而完全无法母乳喂养。而且，母乳还是免费的，这是母乳喂养的另一个好处，除此之外，它还可以降低产后臀腰比（通俗而言就是：减轻更多孕后体重），并且比冲泡一瓶配方奶粉操作更简单。乍一看，这似乎很简单（比如说只需要给孩子喂奶），但当你深究下去，就会发现它比看上去复杂得多。

首先，根据美国疾病控制与预防中心的一项调查，只有16.4%的孩子在出生后6个月的时间里完全依靠母乳喂养，出生后12个月里得到母乳喂养（同时搭配其他食物）的孩子只占27%，只有3/4孩子得到过母乳喂养（这可能意味着他们只喝过一次母乳，或只喝过一天，或一周）——距离儿科医生和卫生与公众服务部门提出的目标相去甚远。[3] 区域性研究也表明美国不同地区之间存在着巨大差异：针对宾夕法尼亚州西北部一个小镇的研究显示，只有13%的孩子在出生后6个月内完全进行母乳喂养。[4] 在俄勒冈州和加利福尼亚州，40%的母亲仍在母乳喂养其12个月大的孩子，而这一比例在密西西比州和亚拉巴马州分别只有10%和11%。[5] 在上述那些更加开放的州，女性母乳喂养的压力更大，但同时在文化上也更容易接受母乳喂养。

但影响母乳喂养的最重要的指标是教育水平——17%拥有大学文凭的母亲在孩子出生后6个月内完全母乳喂养，没有大学文凭的母亲中只有9.3%的人做到了这一点。事实上，95%拥有大学本科或以上文凭的女性会进行母乳喂养，而只有83%拥有高中或普通同等学力的女性会进行这一尝试（对应父亲的教育水平，结果几乎一样）。[6,7] 变得富有也有帮助。疾病控制与预防中心针对1999—2006年母乳喂养率的一项调查显示，74%的高收入母亲会进行母乳喂养，而只有57%的低收入母亲进行了这种尝试。家庭收入超过贫困线400%或更多的女性中，几乎有96%进行母乳喂养，而与此相对的是，家庭收入挣扎在贫困线上的女性的母乳喂养率不到83%。[8]

这些数字表面上看似乎毫无意义。虽然主要是由那些同时也能负担得起最好的配方奶粉和受过大学教育的女性来实践母乳喂养这一育儿方式，而且其中很多人有压力巨大的全职工作（尤其是年龄超过30岁的女性，通常都是在完成高等教育、事业小有成就后才选择成为高龄产妇），但母乳喂养是免费的，对孩子和妈妈都更好。实际上，正是几乎所有研究都表明母乳喂养对母亲和孩子都大有好处，美国儿科学会才明确表示："选择母乳喂养应当被看作是一种对孩子短期及长期健康的投资，而不是一种生活方式的选择。"

然而，生活方式——以及社会经济状况——似乎是影响女性选择母乳喂养的重要因素。但表面上看，影响母乳喂养的经济因素无法对统计结果作出解释，反而是社会习俗和个人工作团体对此的接受度影响着母乳喂养率。与育儿的其他方面一样，母乳喂养在21世纪也已经成为有关阶级及其相应配置的问题。

显而易见，育儿已成为加入凡勃伦所说的炫耀性休闲阵营的新渠道。母乳喂养和生育就是最佳例证，正如在凡勃伦的时代是通过运动或学习希腊语来体现一样。与路易威登手袋或豪车不一样，这些社会地位的象征并不只是价值昂贵，还需要投入大量时间，后者在现代社会更为宝贵。与凡勃伦所处时代相同的是，当代很多炫耀性休闲都离不开金钱支撑。育儿的很多方面看起来不花钱——分娩选择，母婴同床，抱孩子，母乳喂养——但女性只有在有宝贵的空闲时间的时候才能进行这些活动，而且要有资格加入鼓励这种育儿形式的文化和社会群体。某些与生育相关的选择体现了对时间和文化资本的双重占有，很多女性都不可能做到这一点。

1957 年，法国符号学家和语言学家罗兰 · 巴特（Roland Barthes）创作了短小精悍的《神话修辞术》（*Mythologies*）。巴特认为，通过社会倡导的主流价值观，我们围绕特定习俗和消费品创造出某种“神话”，成为特定信息或主流信仰体系的“象征”。[9,10] 在该书的“葡萄酒与牛奶”章节中，巴特探讨了红葡萄酒的象征意义和红葡萄酒作为一种平等、健康的物质的系统结构。红葡萄酒的颜色是生命力的象征，被认为是“太阳与大地的结晶”。正如英国皇室喝的茶或产自荷兰的牛奶一样，红葡萄酒是法国文化的“象征”，也是一种“集体道德”的体现，“装点着法式生活的方方面面”。[11] 事实上，红葡萄酒就是法国的同义词，当年时任法兰西第四共和国总统的勒内 · 科蒂（René Coty）拍照时在茶几上放了一瓶啤酒而非红葡萄酒，整个法国都一片哗然。但是，对红葡萄酒的这些描述忽略并掩盖了这种酒的其他负面影响。比如说，醉酒并不是目标，而只是一个结果。（当一个人喝醉后行为不端，更多的是一种肤浅夸张之举，而不是真正的恶行。）[12] 或如巴特所言，红葡萄酒既是法国文化也是法国资本主义的一部分：用来种植葡萄的土地是阿尔及利亚的殖民者们通过巧取豪夺得来的，“他们强迫被剥夺了土地的穆斯林种植葡萄，这是一种对他们而言毫无用处的农作物，他们实际需要的是面包”。[13] 而在“牛排与炸薯条”一章中，巴特又讨论这一国菜的声望，以及一分熟*牛排的半生不熟状态和肉眼可见的血丝所代表的自然力——吃带血的牛排几乎就象征着将这些力量“注入人类的血液中”。[14] 在当代，我们知道牛排同样是工业化食物系统的象征，预示着饱和脂肪所引发的一系列心脏问题。不过，无论是红葡萄酒神话，还是牛排与炸薯条的神话，关键在于社会选择如何阐释其功能。巴特对此评论道：“神话既不是谎言，也不是一种坦白，它是一种变形。”[15] 同样，围绕生儿育女进行的一系列选择被嵌入到由社会精英们决定的价值体系中。母乳喂养也因此成为一种巴特式神话：21 世纪育儿的表率行为。[16] 与巴特的红葡萄酒理论类似，这一符号学象征模糊和扭曲了母乳喂养的难度，以及为何一些妈妈可以选择母乳喂养而另一些妈妈不可以之间的细微差别。事实上，这是受占主导地位的志向阶级的意识形态支持的一种母亲身份的变形。

没人比洛杉矶母乳喂养和婴儿用品精品店“泵站”（The Pump Station）的创始人柯基·哈维（Corky Harvey）更清楚这一点。“泵站”的分店遍布圣莫尼卡、好莱坞和洛杉矶其他地方，哈维的小精品店几乎受到追捧者的顶礼膜拜。她的店提供从高端新生儿连体衣、心肺复苏术课程、母乳喂养课程和咨询，到吸奶器租赁和销售的一系列产品（店名也由此而来）。一个新手妈妈可以在这里找到她的宝宝需要的任何东西。在洛杉矶的普通中上阶层女性怀孕前，她可能完全不知道“泵站”是什

* 此处原文为法文 saignant。

么，而在怀孕后，参加这家店的各种课程和把自己的美德乐牌（Medela）吸奶器送去“保养”几乎成了一种人生进阶仪式。哈维自己就曾说过：“我们绝没有办法在密西西比州或东北部的宾夕法尼亚州立足。”在这些地方开一家母乳喂养精品店将是滑稽古怪的行为。

然而，密西西比州的古怪却是加利福尼亚州的现实。不同社会和经济群体的女性对待母乳喂养的态度不一样，相应做出的选择也不一样，这就可以解释母乳喂养率之间的差异。母乳喂养是免费的，但从某种程度上而言，配方奶粉也是免费的。在美国，美国政府是配方奶粉的最大买主，所购得的奶粉大部分通过联邦援助项目“妇女、婴儿和儿童项目”分发给低收入家庭的孕妇和妈妈们。正如哈维所言：“如果你家境贫困，怎么会不选择免费的东西呢？医学也在其中起到了推波助澜的作用（没有针对妈妈们大力提倡母乳喂养）。举个例子，居住在佐治亚州亚特兰大市的低收入非洲裔美国家庭没有母乳喂养的传统，如果你这么做就会被当成傻瓜……我的儿子是亚特兰大市的一名医生，他曾对我说：‘妈妈，这里的人甚至都不讨论这个问题。’”研究表明，相比于那些被“妇女、婴儿和儿童项目”排除在外的妈妈们，有资格参加这一项目（并从中受益）的妈妈们进行母乳喂养的可能性更低。[17] 不过，2009 年起实施的“妇女、婴儿和儿童项目”有所改进，一些研究表明，参加该项目的妈妈们的单一母乳喂养率明显提高。[18] 另一名在社区诊所工作的儿科医生告诉我，过去在某些地区，女性产后几乎立即被注射长效醋酸甲羟孕酮（一种避孕药）。相比于产后 4—6 周再注射长效醋酸甲羟孕酮，产后立即注射能明显减少泌乳量。这位儿科医生对我说："我以前不得不告诉她们（到其诊所就诊的女性）：'不要让他们给你注射。'"她又继续说道，"幸运的是，现在照顾我们诊所的病人的产科医生们都已受过良好教育，不再按照常规给产后女性即时注射长效醋酸甲羟孕酮。如果一家人来［诊所］就诊，而你发现她们正给出生 3 天或 2 周的孩子喂配方奶粉，就要问问她们原因，大多数妈妈这么做是因为母乳喂养困难重重，而不是她们想给自己的孩子喝配方奶粉。"

不考虑健康因素，在孩子 6—12 个月时进行母乳喂养仍然是一种属于某一特定圈层的育儿方式。它主要流行于一些特定文化和阶级群体中——受过高等教育的女性，她们了解母乳喂养的好处；高收入女性，她们负担得起价格不菲的保险，使其能够在爱婴医院生产，那里有 24 小时服务的护士，提供母乳喂养课程的哺乳顾问，昂贵且高效的吸奶器，以及住院期间无微不至的关怀。另一个影响母乳喂养成功率的重要因素是产假的持续时间：相比产假时长充足的妈妈，那些产假不足 12 周的妈妈们母乳喂养失败的概率高达 4 倍。[19] 在美国，几乎所有女性都很难享受到令人满意的产假，能享受到的基本上都是那些从事高级专业工作的女性。讽刺的是，工作压力较大的女性（经理、律师、首席执行官等）往往正是那些享受到更令人满意的产假的女性，她们也因此更容易成功实践母乳喂养。当然，她们的教育水平以及获取有关母乳喂养好处的知识的能力，与其最终选择(以及在这些重要的专业职位上取得的成就)密切相关。近年来，约 10% 受过高等教育的女性（研究生或更高学历）“主动放弃”工作，专心在家照顾孩子。这些女性往往很富有，配偶也都有工作，[20] 所有这些都有助于提高母乳喂养率。

让我们再来看看大多数妈妈们所处的另一个更现实的世界的情况。“如果你是个出租车司机要怎么吸奶，或者你在工厂上班，环境不支持，也没有工休，虽然有相关法律规定，但没人在乎，你该怎么办？”哈维问道，“你只会被解雇。所以配方奶粉更简单。”社会学家辛西娅·科伦（Cynthia Colen）曾总结道：“在美国，只有 12% 的普通女工和 5% 的低收入女工能够享受带薪产假，大多数女性如果要进行母乳喂养，就会被要求放弃工资。这可能只会让中产阶级女性的生活境况不尽如人意，但对那些早已入不敷出的贫困女性而言则完全无法接受。因此也就不难理解，社会经济地位是决定哪些人开始母乳喂养和哪些人持续母乳喂养的一个最关键因素。”[21] 这一地位差别是雪莉·桑德伯格（Sheryl Sandberg）在母乳喂养两个孩子的同时还能担任脸书（Facebook）高管的原因，也是普通小时工无法做到的原因。[22]

在世界上其他地方（就像在美国一样），令人满意的产假也与较高的持续母乳喂养率密切相关（参见图 4.1）。记者汉娜·罗森曾做过相关统计：“假设一个婴儿白天需要哺乳 7 次，晚上还要继续哺乳几次。再假设一天要哺乳 9 次，每次半小时，加起来的总时长就超过了半个工作日，然后还得按照这样的频率母乳喂养至少 6 个月。这就是为什么当有人说母乳喂养是‘免费’

的时候，我只想拿起一根木棍教训教训他们。只有当一个女人的时间一文不值时，才能称之为免费。”

在世界上其他地方的人看来，《纽约时报》言论版上有关母乳喂养在道德层面上的必要性的论战似乎只是志向阶级的空谈——它反映了一场完全脱离了大多数妈妈实际生活的辩论，事实也的确如此。妈咪战争——是否选择母乳喂养，全职妈妈与上班族妈妈的针锋相对，剖宫产还是家庭式分娩——实际上就是针对享有特权的特定女性群体展开的各种论战。

如果认真讨论育儿的细微差别和不同选择（并非只是变成母亲、照顾孩子那么简单），就不难发现其隐藏的奢侈属性。“我们更多地关注享有特权的女性如何育儿，她们的经历最能体现是否有可能拥有一切，”作家米基·肯德尔（Mikki Kendall）在“沙龙”网站（salon）上写道，“与此同时，那些无法在这类叙事中找到共鸣的妈妈们感觉自己被排除在外了。生儿育女本应该是一种选择行为，但妈妈们做出了什么样的选择？食物、医疗保健、教育，甚至是安全问题并没有成为这些讨论的焦点。这些都是如何育儿所涉及的基本问题，而那些没有太多选择余地（有时候甚至是没有选择）的妈妈们却要去支持她们得不到的东西。”[23] 南希·金（Nancy Chin，音译）是罗切斯特大学公共健康学系的一名教授，出版了多部有关低收入女性母乳喂养情况的研究专著。她表示，贫困女性大部分时间都忙于应对各种风险。“每天你都要面临各种风险——所以，如果到月底你有 100% 的风险没东西可吃，75% 的风险被房东扫地出门，50% 的风险要独力抚养孩子，”金解释道，“那么，因为给孩子喂配方奶粉所要承担的 10% 的耳部感染的风险，看上去就没那么糟糕了。[而且] 如果居住在不安全的街区，低收入女性并不一定觉得在公共场所哺乳足够安全。”

整个社会不断批评较低社会经济群体的育儿方式及其造成的不良后果——这必然会影响这些妈妈们的选择。正如金所说：“如果你是个穷女人，你会感觉自己无时无刻不受人监督。[例如] 另一个干扰因素是中止母乳喂养的妈妈们常常会说：‘我的奶水不足，就是不够喝。’”金继续说道，“而医学家们认为这是一种罕见情况，所以，[如果你奶水不足，那就是因为] 你没有正确进行母乳喂养。”由于母乳喂养需要占用大量资源和时间，而那些穷困潦倒的妈妈们可能并不享有这些资源和时间，所以即使不是出于生理原因，低收入妈妈们的母乳喂养能力也会受到限制。母乳喂养或许是个理想选择，但这些女性往往没机会做出这个选择。金进一步解释道：“试想一下，你是一个低收入妈妈，你正为喂养孩子而发愁，可他们（医生们）却说：‘这都是你的错。’[如果你是这个妈妈] 你会说：‘我们就给孩子喂奶粉好了。’”[24]

然而，如果你认同琼 · 沃尔夫（Joan Wolf）——得克萨斯 A&M 大学教授，曾于 2010 年出版《母乳最好？——母乳喂养专家和高风险新生育》（*Is Breast Best?: Taking on the Breastfeeding Experts and the New High Stakes of Motherhood*）——提出的论点，所有这些争论或许就只是志向阶级的一种自我关注。沃尔

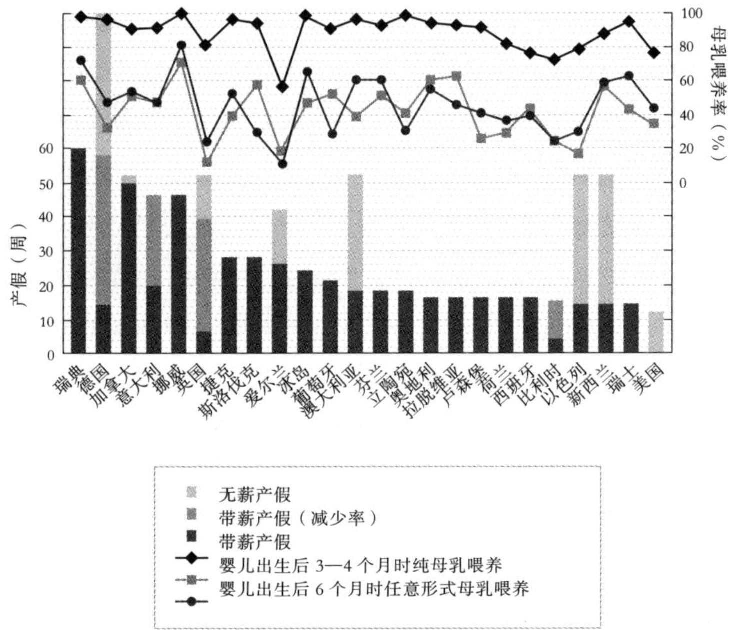

图 4.1 产假和母乳喂养率（BF）（来源：全球母亲状况报告，拯救孩子，2012 年 5 月）

夫提出，我们甚至都还没有任何统计数据来证明母乳喂养真的比配方奶好。[25]2013 年，沃尔夫在一次采访中评论道："当我们谈到对其他方面的影响时——包括智力、肥胖或糖尿病等，不能只看到母乳喂养带来的好处，而忽略与之相关的出于各种原因选择母乳喂养的女性的一般有益健康的行为。"就在同一采访中，沃尔夫还表示，"实践母乳喂养的妈妈们从各个方面改善了孩子的健康状况，对预防肥胖、提高智商、减少感冒等都有积极影响"。[26] 2014 年，研究人员针对"失衡兄弟姐妹"的母乳喂养情况进行了研究——多子女家庭中对一个孩子进行母乳喂养，另一个则没有。该项研究针对 1773 对兄弟姐妹展开，使得研究人员能够进行较广泛的数据分析，观测出母乳喂养（而非其他隐藏变量）对健康、个人成就和衡量成功的其他标准的影响在多大程度上超过只喝配方奶的情况。结果表明——至少根据该项研究——母乳喂养掩饰了一个更基本的解释：社会经济阶层。那些来自富有（且健康）家庭的孩子无论是喝配方奶还是喝母乳，都能茁壮成长。事实上，这也反映了一种因果循环关系：母乳喂养的宝宝往往出生在高收入家庭，拥有受过高等教育的父母，居住在相对更安全的街区。[27] 对此，汉娜·罗森曾在《大西洋月刊》上坦言："有一天，我在我的儿科医生的办公室给孩子喂奶，无意中看到一本翻开的 2001 年的《美国医学会杂志》（*Journal of the American Medical Association*），那页上的文章正好是关于母乳喂养：'结论：母乳喂养、其持续时长与儿童超重风险之间的关联相互矛盾。'相互矛盾？我现在正在公共场所半裸上身，那已经是我当天第 10 次这么做，那个月的第 100 次，我这辈子的第 100 万次——可他们竟说这些关联相互矛盾？"[28]

我能理解这种说法。我在洛杉矶居住的街区里基本都是比较开明的中产阶级，整个街区有很多农夫市集和咖啡馆，大家都痴迷于咖啡制作艺术。除了有很多艺术家住在这里，附近很多普通家庭也被这里的公园游乐场和公共空间吸引而来，而尤为吸引人的是优秀的公立学校。我们的品位或许与那些住在郊区、美国乡村或东海岸的人略有不同，但是就像美国其他地方的家长一样，抚养孩子以及与之相关的价值观是我们生活中最重要的组成部分。

在我的大儿子还只有 1 岁多的时候，一天早晨，我在街上散步时遇见一个在附近见过的女人。我们开始在一个房屋建筑工地对面聊天，工地上正有一辆大型水泥车在工作（对小男孩具有永久的吸引力）。她的儿子比我的儿子大几岁，我们聊天的时候她对我用爱够牌（Ergobaby）婴儿背带来抱已经比较大的孩子发表了一番评论。我坦言自己背痛很严重，想知道怎么才能让他离开婴儿背带，而她推荐了一款为其大孩子买过的婴儿背带给我，说这款背带可以让她“在食品杂货店购物的同时哺乳”。我努力让自己表现得镇定，可我确信她的孩子已经 3 岁多了，于是在有关婴儿背带和在公共场所给一个即将上幼儿园预备班的孩子哺乳等话题方面，这个女人迅速成为谈话焦点所在。我们继续交流，她又提到正在进行中的“夜间哺乳”（大多数妈妈很高兴看到孩子 5 个月后就不再频繁要求夜间哺乳）和母婴同床（她睡在孩子床上，而不是孩子睡在爸妈床上），以及独生子女很特别，多生几个孩子“就不一样了……情况不一定会更糟”（尽管她的音调变化清楚地表明这实际上会更糟糕）。

我自认为是一个以孩子为中心的妈妈。我甚至从来没有上过什么远程“睡眠训练课”（因此我几年来一直在筋疲力尽的边缘挣扎）。我坚持母乳喂养的时间远远超过了推荐时间，国际母乳会都应该为此感到骄傲。但即便如此，我也无法理解这个妈妈的行为。事实是：我已经对志向阶级这套育儿方式说再见了，因此，我无法确定是要因为她是个可能导致孩子长期接受心理治疗的疯子而批评她，还是要为自己无法成为像她一样优秀的妈妈而感到沮丧不安。那时候我跟丈夫正尝试要第二个孩子，而我的脑子里突然冒出一个念头："如果我再生一个孩子，就会成为一个糟糕的妈妈。现在我认为拥有更多孩子就有更多乐趣，人生也会更满足，但是我可能正在做一件截然相反……且更糟糕的事。"无论在圣莫尼卡还是圣路易斯，当妈妈就意味着几乎每天都要面对各种批评。只是与金的妈妈们仅仅担心是否能用母乳喂饱（或用任何食物）孩子不同，中上阶层的妈妈们对母乳喂养的持续时间和桃子是否是有机的等问题都充满发自内心深处的焦虑。这种焦虑看起来很荒谬，如果你不身处其中就无法感同身受。

这种焦虑持续不断。旧金山的一位年轻妈妈曾评论道："在这里，很多孕妇都会报产前瑜伽班、产前辅导课，还会加入金门母亲协会。金门母亲协会是一个针对妈妈们建立的组织，该协会拥有一个活跃的线上论坛，还会组织各种活动、托儿班和聚会……根据个人喜好和需要，旧金山的孕妇可以享受到针灸治疗、脊椎指压治疗、助产士的协助，甚至还可以上催眠分娩课。整个怀孕过程似乎要牵扯进一整个团队的人，而不仅仅是你的伴侣和男人。"

我的一位朋友曾做过乳房植入手术（好吧，就是隆胸），当她在我们街区的公园游乐场打开一瓶配方奶时引来了一片震惊的目光（如果只是鄙视会更容易处理），只要想想对怀孕和幼儿教育的那种微观管理程度，就不会对我的朋友的遭遇感到惊讶了。妈妈们坐在一起比较孩子什么时候说了第一句话（注意，不是迈出第一步），吹嘘自己的孩子吃掉了多少野生三文鱼，当然还少不了夸耀自己的母乳喂养成果，并且要强调自己在公园游乐场、咖啡馆和托儿所可以随时随地哺乳。我深感庆幸。我是那种喜欢有时间可以跟朋友在外面喝杯咖啡的妈妈，而且知道自己可以平静地给孩子喂奶。但是，在这略显肤浅的社会里，在公共场所哺乳是一种奢侈的行为。或者正如那位来自旧金山的妈妈所言："宝宝出生后，我在产前瑜伽班认识的新手妈妈们会给我发短信，邀请我参加产后瑜伽课（与宝宝一起），'寻找适合宝宝的婴儿教育资源'课程。其他妈妈们已经跟我分享了有关亲子音乐课、游泳课（宝宝出生后 2 个月就可以开始！）和语言课的信息。"虽然南希 · 金的低收入妈妈们也希望能为这些操心，但这些问题显然不在她们考虑的范围之内。

母乳喂养作为身份地位的象征还是一个新潮流。过去，家里有一个奶妈才是财富的象征。让我们以法国为例，这个国家在育儿方面至今仍是美国的参考对象，《法国妈妈育儿经》这样的书就展示了法式育儿与美式育儿相比所具有的优点（孩子不那么骄纵，行为举止更得体，妈妈们更苗条，产后 2—3 个月几乎都没有进行母乳喂养）。[29]

我们今天所坚持的价值观大约在 300 年前就已存在。在 18

世纪的法国，上层阶级的规矩是把孩子送给奶妈照顾，奶妈的工作就是母乳喂养其他女人的孩子。直到19世纪后半叶，上层阶级才减少了对奶妈的使用，因为工业革命让那些在工厂工作的女工也能请得起奶妈了（1869年，超过40%的婴儿都是由父母雇人照顾）。不要忘记，那时候还没有发明婴儿配方奶，而对动物乳汁的使用导致婴儿死亡率高达50%，因此，那些无法整日陪伴在孩子身边的女性陷入了困境（对富人来说，这只是个有关是否方便和摆脱育儿责任的问题）。虽然没有人可以肯定地说较低阶层女性雇佣奶妈的行为导致富人减少使用奶妈，但两件大事把普通民众雇佣奶妈潮流的兴起与上层阶级减少对奶妈的使用联系在了一起：第一，法国社会越来越广泛地使用奶妈，促使当时的奶妈局颁布了相关正式政府法规，确保奶妈们能获得劳动收入。然而，法国大革命后，奶妈局的权力明显削弱，无法关押沦为债务人的父母们（那些雇佣了奶妈却不支付报酬的人）。事实上，那些无力支付奶妈费用的父母们因案件被归为慈善案件而免受责罚。与此同时，法国整体经济情况每况愈下，当局被迫于1876年撤销了奶妈局。[30] 与此同时，工厂女工们对奶妈的需求不断增加，一门商业化的私人“生意”随之兴起，由于缺乏监管，其管理十分混乱。虽然奶妈们几乎都能得到较高的工资，但她们受到的监管却比较少：她们没有接受严格的健康检查，也可能是趁在私人工厂工作之余来照顾孩子。监管的缺失导致一系列问题，包括婴儿死亡率的上升和梅毒传染等。[31] 这些健康问题敲响了警钟，在那些有选择能力的人看来，奶妈不再是一个理想选项。

第二，与当时情况密切相关的是，上层阶级的意识开始有所改变。从 18 世纪中期医生们对卢梭的高声疾呼所做出的指责不难看出，人们开始认为由母亲亲自哺乳更符合道德标准。中产阶级和上层阶级兴起“良知革命”，开始思考雇佣奶妈代替母亲行使职责的问题。除非受罕见的物质条件所限，这群经济精英多年来一直这么做，但现在雇佣奶妈却从本质上被认为是一种犯罪。[32] 历史学家乔治 · 萨斯曼（George Sussman）对此评论道：“拿破仑三世时期的巴黎——或许是在整个帝国——出现了非常矛盾的情况：城市规模和城市中的女性劳动人口空前庞大，导致对奶妈的需求也空前庞大，但与此同时，让母亲亲自哺乳的思想和对商业化育儿的厌恶，从社会上层自上而下地传播开来。”[33] 母乳喂养自己的孩子开始成为上流社会的标志。但是情况再次发生改变——配方奶的发明，社会其他阶层也开始采取母乳喂养，劳动力市场不断变化。于是，母亲身份地位的象征也随之改变。

20 世纪早期，英格兰和美国的时尚女性越来越接受用配方奶喂养宝宝。奶妈（在这些国家的流行程度并不如在法国）都是一些工人阶级和农村妇女，因此，女性用母乳还是配方奶喂养自己的孩子（或雇一个奶妈代替自己哺乳）成为一个显而易见的阶级问题——贫困女性自己喂奶，富有女性则不需要这么做。除此之外，富有女性对人造奶粉优于天然母乳的“科学性”和现代优越性深信不疑。[虽然当时的科学研究和伟大的玛格丽特·米德*（Margaret Mead）本人都证明，母乳更有可能让婴儿活下来，并促使其茁壮成长。］母乳喂养还要面对另一种潜在威胁：不愿为母乳喂养的社会局限性所束缚的时尚都市女性可以寻求现代医学的帮助，甚至连大众文学也能助其一臂之力，这类作品通常把上层阶级女性塑造成身体羸弱，“不能”哺乳的一类人。[34] 正如大多数文化领域出现的情况一样，富人的习惯总是被较低阶层的人模仿，配方奶也因为这种模仿而迅速得到普及，母乳喂养率则急速下降。到了 20 世纪中期，美国很多中产阶级家庭都选择给孩子喂配方奶而非母乳，从 1946 年到 1972 年，母乳喂养的普及率降至 22%—25%。与此同时，中上阶层养育孩子的过程变得困难重重，历史学家珍妮特·戈尔登（Janet Golden）将其形容为“母亲身份的文化意义”的不断发展变化：较富有的女性被认为应该对孩子的品格养成负责，而不仅是承担基本的生存和养育责任。[35]20 世纪 70 年代急剧上升的整体母乳喂养率到了 20 世纪 80 年代就呈现出下降趋势。而导致今天低母乳喂养率的原因同样可以用来解释 20 世纪 80 年代的这一下降趋势：贫困，教育缺乏，失业，种族和 WIC 计划†。而公众意识、医学干预和更多人用上更先进的吸奶器则有助于提高整体母乳喂养率，尤其是提高了在社会经济方面处于劣势的女性群体的母乳喂养率。从 20 世纪 80 年代中期到现在母乳喂养率

* 玛格丽特·米德（1901—1978），美国著名人类学家。

† WIC，全称 The Special Supplemental Nutrition Program for Women, Infants, and Children，妇女、婴儿和儿童特别营养补充计划。

的提高，很大程度上要归功于这些弱势群体的贡献（但其母乳喂养率仍然明显低于那些受过高等教育的高收入白人女性群体的母乳喂养率，后者的母乳喂养率从20世纪70年代开始就一直保持稳定）。[36]

美国的这一趋势与法国的情况形成鲜明对比。与美国同胞不同，法国中上阶层女性并没有将母乳喂养当成育儿必不可少的仪式。在今天的法国，女性在生产完的几天后离开医院时，只有不到一半继续母乳喂养，而几个月后还进行母乳喂养则会被视为异类，更不用说在公共场所哺乳或严格遵循美国儿科学会的12个月母乳喂养建议。[37]美国的新手妈妈们通常会穿着像帐篷一样宽松的连衣裙，并且辩解称这是自己全身心投入于母乳喂养和亲密育儿的结果；而在法国女性看来，产后的首要目标是迅速减重，重新变得性感苗条。

在美国，母乳喂养在中上阶层和受过良好教育的非西班牙裔白人群体中的盛行，还深受其他因素影响：回归自然比忠于现代科学更重要成为一种潮流，同时，一些体现这种社会思潮的活动相当耗时，参与这类活动可以体现参与者对时间的自由支配能力。从20世纪60年代开始，受过良好教育的白人女性就逐渐接受自然分娩运动和家庭分娩。[38]显而易见，生养方式的进化部分源于20世纪60年代的文化革命，受过良好教育的传统富有白人女性已经习惯于花数小时给孩子读书，参加产前辅导班，撰写详细的生育计划，总而言之，就是为生孩子做好充分准备。这类女性之间现在经常谈论的一个话题是自然分娩和无痛分娩的区别（至少从理论上来看，这些妈妈们只有在紧急情况下才会选择剖宫产）。这类女性还相信，不借助任何药物的自然分娩所产生的极端疼痛，是一次完整的生育体验的有机组成部分，而其他女性则还在担心无痛分娩时采用的硬膜外麻醉会对婴儿造成伤害（虽然这种担忧并没有得到任何医学证明）。事实上，不借助任何药物的自然分娩几乎被看作是生命诞生的重要仪式，而家庭分娩则如孕育生命一般神圣。这类文化和社会信仰十分强大，直接影响了女性的决定，以至于她们可以不顾自己的生命安危。我们不是没有听说过在家努力挣扎 30 个小时后紧急采取剖宫产的故事。其实还有一些医学专家认为，虽然硬膜外麻醉会延缓分娩，但自然分娩过程中的疼痛和压力也可能对婴儿有害。

新生儿在分娩后的几天里都与妈妈同住，“爱婴医院”持续提供哺乳支持和即时“亲肤”接触。实际上，想要成为一家爱婴医院要承受很大压力，致力于获得这一荣誉的医院往往拒绝在婴儿出生后的最初几天提供任何配方奶，甚至在产妇尚未泌乳、新生儿很可能挨饿的情况下，也不例外。我曾与一名产科医生进行过交流，她告诉我，哪怕婴儿在最初 6 个月里只喝了一滴配方奶，也会被认为没有“完全进行母乳喂养”，而这些医院的统计数据和排名就会因此受影响。妈妈们则被这个无配方奶紧箍咒牢牢控制。另一名曾与我交流过的医生则表示：“如果宝宝生下来血糖偏低，我们就会喂他喝糖水。这时妈妈可能会十分生气，跟我们说她的孩子是要接受纯母乳喂养的，完全忽视医生为了孩子的健康才给他喂糖水的医学必要性。”

所有这些育儿新标准都更看重自然天性，而非科学医学，这与20世纪中期女性的育儿追求相去甚远。有能力自由支配时间使得这些妈妈有时间获得相关育儿信息并加以实践。如前所述，频繁哺乳、家庭分娩和参加产前辅导课都要耗费大量时间、知识和金钱（或是用钱换时间的能力）。以母乳喂养为例，想要在不补充任何配方奶的情况下实现有效哺乳，就要不断练习，需要在产前参加一系列相关课程，对一些女性而言，可能还需要哺乳专家的鼓励。自然分娩也并不意味着产妇到医院后就把一切都交给医生那么简单，生产前产妇也要参加一系列有关呼吸和放松肌肉的课程。自然分娩本身也要耗费大量时间（要等待产妇进入分娩状态，等待子宫口张开，等待婴儿出来）。而那些拒绝借助药物力量诱导或加速分娩的产妇甚至要花更多时间完成自然分娩。虽然美国全国的剖宫产率高于30%，但非西班牙裔白人女性和亚裔女性——尤其是受过良好教育的非西班牙裔白人女性——最不可能接受剖宫产，相关领域的主要研究人员表示，在不考虑急诊的情况下，剖宫产往往与低医疗服务水平紧密联系在一起。[39]然而就在25年前，《新英格兰医学杂志》（*The New England Journal of Medicine*）发表过截然相反的医学发现：选择剖宫产的大多为富有的白人女性。这表明，较高的社会经济地位才是促成这一生育选择的原因，而不是医学指征。[40]

今天，美国富有女性首选的生育方式是家庭分娩，再次体现了在整个分娩和育儿的过程中身份地位和价值观的变化。在受过良好教育的非西班牙裔白人女性中有超过 2%（即每 49 个里面就有 1 个）的人选择有计划的家庭分娩。过去十年间，这一数字还在持续增加，并且丝毫没有放缓的趋势。等到《纽约时报》杂志都发表了介绍助产士伊娜 · 梅 · 加斯金（Ina May Gaskin）和家庭分娩运动的专题文章，就清楚表明，家庭分娩运动或许（还）没有成为受过良好教育的富人的主要生育方式，但作为一种文化兴趣和真实的替代选项，它已经成为一种理想的生育方式。家庭分娩至少已经成为那些有能力选择这种生育方式的人口中有价值的谈资。[41] 家庭分娩实际上是那些有能力负担得起的人才享有的一种特权（保险并不涵盖此项费用）。[42]

对不同地区和不同社会群体进行检视后才明白，哪怕我们自以为只是在做临床或医学决定，我们的社会和文化背景也会对其产生重要影响。20 世纪初，当美国的富有女性正在考虑应该自然分娩还是家庭分娩的时候，南美洲的女性却正在为自己选择了剖宫产而沾沾自喜，因为这样能避免阴道拉伸，可以自行安排分娩时间，有效地控制自己的生活。巴西私立医院实施的分娩手术中有 80%—90% 都是剖宫产，有的医院这一比例甚至高达 99%。而世界卫生组织认为，女性剖宫产率超过 15% 就过高了。美国国家公共广播电台曾就巴西的这种情况做过简单报道："剖宫产是巴西富有女性的标志……对身份地位的强调从分娩时就已开始——剖宫产手术就是孕产界的路易威登。"[43]

志向阶级的炫耀性休闲实践远不止分娩和母乳喂养。育儿方式也已成为社会经济地位象征。以亲密育儿为例：西尔斯博士（Dr. Sears）积极提倡的这种育儿方式要求妈妈时刻陪伴在孩子身边，在孩子 1 岁之后还要继续根据其需要进行母乳喂养，孩子 5 岁之前都要母婴同床（或者直到孩子做好准备离开父母的床），一天之中的大多数时间还要把孩子“穿”在身上。这是一种略显极端的育儿方式，虽然它自有其人类学优点：西尔斯发现，那些随时能得到妈妈安抚的欠发达国家的孩子们不太会哭闹，长远来看也更有安全感。地理学家贾雷德·戴蒙德（Jared Diamond）也通过对更为原始的社会的育儿方式的观察得出了相似结论，在那些社会里，母婴同床，长时间按需进行的母乳喂养，母婴之间的肌肤相亲会一直持续到孩子幼儿期。孩子们的生长发育情况普遍较好（也不太可能出现反社会型人）。戴蒙德表示，西方社会时间紧缩和上班族妈妈现象，创造出了与现代育儿密切相关的定时睡眠和哺乳的社会模式。[44]

即使不考虑经济条件，中上阶层的育儿实践本身就散发着精英主义和排他主义气息，它们有赖于文化象征资本和大量可支配时间，而后者正是大多数家庭的日常交流和生活中所缺乏的。然而，通过参与这些育儿活动，中上阶层父母最终找到了展现其炫耀性育儿的物质手段，同时也凸显了他们与其孩子的社会地位。类似“喝奶宝贝”设计品牌哺乳巾、爱够和宝贝熊牌婴儿背带、布制或可降解尿布这些日常用品，都有效地发挥了信号作用，凸显了这种特殊的母亲身份。哺乳巾本身并不贵或过于炫耀，它只是一种体现昂贵、费时的育儿方式的物质象征。因此，亲密育儿、家庭分娩和母乳喂养的日趋盛行反映的是一种精英立场，与大多数美国妈妈们的立场相对，由于受到时间和金钱的限制，普通妈妈们基本上无法参与上述实践。我并不是在暗示参与这些育儿实践的女性都是为了展示其社会地位，只不过是想起了剖析这些现象时的一些个人经验。

我在三十出头的时候当了妈妈，在生第一个儿子前，我人生中当保姆的时间不超过 10 小时。当我发现自己怀孕的时候，对于母乳喂养的好处只有极为模糊的一点认知，然而无须太多提醒，我就报名参加了母乳喂养课程，学习了婴儿心肺复苏法，大量阅读育儿书和相关文章。因此，当我写作有关如何育儿的东西时，突然意识到我就是自己笔下描述的那类女性。

我一边写一边不停地问自己，我的选择在多大程度上是出于自觉，如果是有意为之，那动机又是什么？我显然不是为了凸显身份地位才这么做（有更轻松、耗时更少的方法获得社会地位），也不是为了检验医学研究成果（我在这方面只是个外行）。我更多的是被一种超越经验的东西所驱动：我的朋友们和所有那些参加“妈妈 & 我”亲子班以及在公园游乐场——基本上就是我每天生活的环境——遇见的妈妈们。但我其实并没有有意识地吸收这些经验。在我的习惯认知里，这只是我们做事的一贯方法，它是如空气般自然的存在。它是无意识的本能行为，就像人与生俱来的道德感或饿了就想吃东西一样。虽然全美统计数据告诉我，我的育儿决定绝非无意识行为。我的选择一直受到我的生活环境、经济状况和身边能获得的资源的影响，那些做出同样选择的妈妈们也肯定了我的选择：生活在加利福尼亚，享受带薪产假，可以买得起吸奶器，知道哺乳顾问的存在（更不用说咨询过其中一位），参加支持这些育儿实践的育儿课程，可以与我的产科医生和儿科医生通过邮件交流，不论白天还是晚上，他们会随时回答我的任何问题。用马克斯·韦伯的话说，[45]这种育儿方式和其他生活方式一样，从本质上或表面上来看或许都不是有意识的行为，但它所蕴含的意义和产生的影响却与那些划分种族与阶级界限的更物质化的消费对象一样明确和广泛。社会学家安妮特·拉鲁（Annette Lareau）在其著作《不平等的童年——阶级、种族与家庭生活》（*Unequal Childhoods: Class, Race and Family Life*）中曾这样写道："每个人都是在特定的社会结构中完成其生活。"

有人会问：为什么有的妈妈（更常见的是父母双方）要选择做这些耗费时间又苦难重重，有时候甚至还很痛苦的事情，而不是把同样的时间用于休闲娱乐呢？在凡勃伦的时代，人们是不会在休闲时间做这么辛苦的事情的。凡勃伦将炫耀性休闲定义为对时间的"非生产性"使用，时间没有发挥任何更有价值的作用。简而言之，休闲就是休闲：观看体育比赛，为了学习本身（而非实用）而去大学学习有关古希腊和古罗马的"古典学"，休长假，无所事事地生活。[46]但是，并非只有妈妈们把钱和时间用在与休闲娱乐毫不相关的事情上。2008年的一份分析报告显示，所有父母在收入和教育程度得到提高的情况下，用于休闲和家务的时间就相应地减少，但与此同时，陪伴孩子的时间则会随之增加。布鲁金斯学会的学者加里·兰尼（Garey Ramney）和瓦莱丽·兰尼（Valerie Ramney）发现这一趋势从20世纪90年代中期就已开始。社会经济地位较高的女性陪伴其学龄前孩子的时间是那些社会经济地位较低群体的女性的2—3倍。[47]

为什么这些家长明知道自己的时间所具有的经济价值越来越大，却还要“免费”赠送出去（比方说花时间陪伴孩子）？加里和瓦莱丽提出了这样的疑问。而这些学者认为“同生群拥挤”就是答案所在——现在想进入一所精英大学更加困难，精英家长们因此需要花更多时间来帮助自己的孩子们做好准备。或者用这些经济学家的话说就是：“我们认为，大学入学竞争愈演愈烈，或许是引发这些趋势的重要原因。近年来，上大学的学生人数激增，正好与家长花在教育上的时间增加的趋势相呼应。由此产生的‘同生群拥挤’现象使得家长在大学入学准备方面耗费更多时间，为了争取大学入学名额展开更激烈的竞争。”[48]《人口统计学》杂志发表的一份研究报告表明，受过良好教育的富有家长不仅花更多时间陪伴孩子，还把更多金钱投资在孩子身上。这些家长一直以来都在孩子青少年时期投入不菲，但在20世纪90年代以后，富有家庭大多数的财富资源都投入到了不到6岁的幼儿和20多岁的成年孩子身上。[49]简而言之，费劲地让孩子去上幼儿园预备班周六早晨的小提琴课，或许真能为其以后上普林斯顿大学铺平道路。

这些育儿实践符合安妮特·拉鲁所谓的“协作培养”的观点。无论是希望通过母乳喂养来提高孩子的智商，还是送3岁的孩子去上美术班，或是让孩子在高中学习曲棍球，志向阶级家长们都把自己的孩子看作是一项发展计划，精心组织培养，尽最大可能保证孩子未来的成功。拉鲁曾在《不平等的童年——阶级、种族与家庭生活》中评论道，这些育儿选择既体现了家长们当时的社会地位，也将影响其未来的社会地位、教育水平和工作成就。除了从出生到高中的一系列有计划的培养，中上阶层的孩子们还会被鼓励勇敢质疑权威，经常与家长展开讨论，同时还参加其他各种活动，变得十分擅长社交。这种育儿方式与“顺其自然”的育儿方式形成鲜明对比，在拉鲁看来，后一种育儿方式是贫困家庭和工人阶级家庭的主要选择。这种顺其自然的育儿方式强调尊重权威,更多地服从父母的指令（比如听话地“去洗手”，而不是就微生物理论的起源展开广泛讨论），以及较少的计划性活动（比如没有那么多音乐课、玩耍聚会和体育活动）。志向阶级的孩子们在成长过程中会感到充满力量，往往拥有更多词汇量和更强大的社交能力（但却会被批评为承袭特权），而工人阶级的孩子通常更独立，掌握更多服从命令的技巧，因为在其未来更有可能从事的机械性工作中，服从十分重要（但也限制了其阶层向上流动的可能性）。

那些有能力参加能极大提升其修养的休闲活动的中上阶层的孩子们，都具备一定的地理、文化和经济条件。志向阶级父母们（甚至是那些工作过度的父母们）利用其宝贵的空闲时间来培养孩子们的知识结构：他们让孩子参加课外科学课、美国青少年足球组织的足球队、艺术课和SAT预备班，他们还围绕各种孩子希望了解的话题与其展开广泛讨论。这种育儿方式表现出强烈的同伴效应，这一社会阶层的父母既相互分享信息和建议，也在公园游乐场、育儿社群、学校活动等各方面展开竞争，而低收入父母既没有获得相关信息的渠道，也没有时间或资本参与其中。正如拉鲁所言：“孩子们在一个高度分层的广阔社会体系中成长。”

志向阶级的生产性休闲

21世纪志向阶级的炫耀性休闲自相矛盾之处在于，无论是育儿还是健身，他们的休闲活动实际上都产能巨大。之所以会自相矛盾是因为今天的“有闲阶级”并非真的有闲。炫耀性休闲仍然存在，但是已在两个方面发生重要改变。首先，今天的志向阶级大多通过勤奋工作获得现有身份地位，他们的休闲时间甚至都被赋予一定生产力和价值。其次，凡勃伦时代的主要炫耀性休闲活动——上大学、参加体育运动——现在已成为提升阶级地位的基本要求。

除了那些极为罕见的依靠家族信托基金生活的孩子和寡头们的孩子，大多数人都要自食其力，而那些挣钱最多的人往往也是工作最努力的人。经济学家罗伯特·弗兰克就曾指出，这些劳动力市场的精英们实际上正在经历“休闲不平等”（当然是自食其果）。从绝对价值角度看，受教育程度最高和最富有的人的空闲时间比没那么富有的人少。他们习惯于在工作中创造过剩生产力，并且把这种生产力融入休闲时间，包括对育儿强烈积极的关注。对孩子的这种奉献自然是出于爱，但同样也是源于一种做父母的信念，那就是相信这些努力有利于后代的幸福和未来的成功。后一种观念不仅促使育儿成为通过炫耀性休闲来展示社会地位的一种方式，事实上也使其成为复制阶级和社会经济地位的途径。额外花时间给孩子阅读，陪孩子在地板上玩，投入时间、耐心和金钱让其参加体育活动和考前辅导班，现在参与这些活动要花很多时间，但同时也能为孩子创造一个美好、成功的未来。

无论是照顾孩子还是接送孩子去上曲棍球课，都会持续给工作和生活带来压力，让人无时无刻不保持生产力，这种情况不仅限于育儿。经济学家斯塔凡·林德（Staffan Linder）用“被掠夺的有闲阶级”来解释这种多劳多花的循环现象，并将这种循环称为“富有的悖论”。[50] 依照当前资本经济运作方式，一个人想要积累资本，就必须牺牲时间，而时间当然无法储存使用。因此，越是想要赚钱买更多东西，就越没有时间享受简单的生活乐趣。针对这些社会经济情况的认识来自一对现代工业化和后工业化社会的长期观察。许多志向阶级成员都是通过努力工作获得成功，通俗地说，这种“新教徒职业精神”影响到其生活的方方面面。这种严于律己和只有工作没有娱乐的思想自然可以溯源至清教主义，但真正的起源在于工业革命，工业革命让全新的工人阶级可以通过努力工作获得资本和社会流动性，不再只局限于通过贵族出身和血统获得这些东西。生产力受到高度重视，并且通过经济上的成功获得回报，进而取得相应的社会身份地位。除非你是比尔·盖茨（至少也是从哈佛退学），不然没有大学文凭就很难提升社会地位，更不用说真正变得富有。在凡勃伦看来，大学是名副其实的炫耀性休闲机构，而读大学是资本主义社会任何成员的必要条件。在学生们一心追求商学、金融学和经济学学位的时代，那些非常“无聊的”课程——古典文学、人文学科和诗学——就日渐式微。[51]前一种课程选择更是与凡勃伦的休闲概念背道而驰——学习不再只是与良好的教养或学识渊博相关，而是要通过学习将知识转化为生产力。参加体育活动和学习小提琴——又是凡勃伦时代的炫耀性休闲活动——现在已成为令一个人看起来符合大学录取要求的积极有效的方法。这些活动已成为考取大学的手段。不论是踢足球或跑步，还是学习三种乐器或四种语言，都只是为进入常春藤盟校提供了一次竞争机会。体育已成为获得奖学金的途径，参加体育活动体现了申请人的差异性和全面发展。在英国，学生们从高中毕业到正式上大学之前拥有 1 年被称为“间隔年”（gap year）的非强制性时间，他们可以利用这段时间出国旅行，从事令人向往的实习工作或去发展中国家工作。所有这些活动都值得称道，但同时这也是为上大学做准备，让自己对招生委员会更有吸引力。

这些转变促使 21 世纪的精英们通过新的炫耀性休闲方式来

展示社会地位。今天，炫耀性休闲早已不再是最初那种闲适又无生产力的行为，它使得志向阶级可以对自己的行为（及其他方面）做出道德判断。在下面的章节中，我们就能看到他们已找到新的物质方法展示其身份地位。

露露乐檬（Lululemon）瑜伽裤和生产性炫耀性休闲

20 世纪 50 年代，居住在伦敦的前芭蕾舞演员洛特 · 伯克（Lotte Berk）正为账单发愁。在一位整骨医生的帮助下（正帮助她治疗跳芭蕾带来的伤痛），她发明了一种在锻炼方法和结果上都与普拉提和瑜伽类似的健身法，而且其最终锻炼效果甚至比后两者更佳。伯克健身法的重点在于核心稳定性训练和细致入微的塑身动作，训练难度超乎寻常，她还给一些健身动作取了诸如“妓女”“法国厕所”这样形象幽默的代称，这或许是因为在训练过程中要反复活动骨盆。后来，这位被形容为“有惊无险地逃脱纳粹魔掌的生气勃勃的德国犹太人”创办了“曼彻斯特街工作室”，地点就在她的朋友维达 · 沙宣 *（Vidal Sassoon）位于伦敦西区的美发店的地下室。房间里铺着地毯，通风良好，只是光线有点昏暗。[52] 在魅力四射的“摇摆伦敦”时代，这两位好朋友的店各自吸引了一批忠实顾客。沙宣为女士们设计发型，

* 维达 · 沙宣（1928—2012），全球知名发型设计师。

伯克则为包括琼·柯林斯*（Joan Collins）和芭芭拉·史翠珊†（Barbra Streisand）在内的明星客户塑身。《纽约观察家报》（*The New York Observer*）曾发表评论称这种健身方法"与众不同，独领风骚——能有效收缩并提高臀部，让它不那么平坦。在踏板操、动感单车、普拉提、跆搏健身操和纽约体育俱乐部或瑜伽中心遍布大街小巷之前，伯克的健身法就已风靡一时"。[53]

20 世纪 60 年代，来自美国中西部的年轻女人莉迪娅·巴赫（Lydia Bach）出现在曼彻斯特街工作室，她为这种健身法的革命性效果和伯克的信徒数量之庞大感到欣喜若狂。她很快与伯克达成协议（对伯克来说，谈不上有利可图），带着这种健身法远渡重洋。1970 年，巴赫在纽约上东区中心地带第 67 街开设了洛特·伯克健身工作室，随后又在汉普顿地区布里奇汉普顿社区黄油巷的一个旧土豆仓库开设了另一家工作室，这样客户们在夏季度假时仍然可以上课。美国盎格鲁-撒克逊裔白人新教徒上层阶级、明星和纽约社交名流对此趋之若鹜——正是被汤姆·沃尔夫称为"社交 X 射线"‡的那些人（他本人也是巴赫的客户）。巴赫自己曾说过："我的一堂课曾经汇集了肯尼迪一家三代。"《纽约观察家报》曾表示，许多年来，这两家工作室一

* 琼·柯林斯，英国著名女演员，曾获得金球奖最佳女主角奖。

† 芭芭拉·史翠珊，美国著名女演员、歌手，曾获得奥斯卡奖、金球奖、托尼奖等多项大奖。

‡ 源自美国作家汤姆·沃尔夫代表作《虚荣的篝火》（*The Bonfire of the Vanities*），用来指代纽约上东区体态纤瘦、极其富有的女社交名流。

直是“纽约上层阶级秘而不宣的昂贵秘密”，而且巴赫拒绝开特许经营的连锁店，或与人合伙在纽约或其他城市开设更多工作室（巴赫曾在洛杉矶短暂开过一家工作室）。只有富人才能在20世纪70年代花30美元上一次健身课（相当于2015年的183.87美元）。但是它的成功和追捧者的狂热程度引得其他人纷纷效仿。而且这些锻炼确实有效。因为它针对具体肌群进行分离锻炼，练习者的身体确实看起来不一样了——那种紧实效果是普通的跑步、网球或健身房运动所无法给予的。在短短十几年的时间里，类似健身法先是在纽约出现，随后遍及全美主要大城市。伯尔·伦纳德（Burr Leonard）和后来成为其丈夫的卡尔·迪尔（Carl Diehl）一起见过伯克，她还在洛特·伯克健身工作室学习过。1992年，两人就在康涅狄格州的格林尼治开办了第一个扶手杠健身工作室。1999年，他们又在康涅狄格州的达里恩、韦斯特波特和新迦南开设了三个工作室。从社会经济学和人口统计学的角度来看，他们在康涅狄格州的店基本上就是纽约上东区的城郊复制版。几年后，又有两个明星学员离开洛特·伯克健身工作室，在纽约市豪华的“呼吸”水疗中心开设了“核心融合”课程。弗雷德·德维托（Fred DeVito）和伊丽莎白·哈弗帕普（Elisabeth Halfpapp）不仅导致巴赫的大批教练离开，由于“核心融合”的新家背景雄厚（还有水疗福利），很多客户也抛弃了巴赫的工作室。巴赫的健身法追求简单实用，缺乏新意，开设在褐砂石老房子里的工作室也愈加破旧，一位客户甚至称其为“垃圾场”，并且评论道：“它让我想起了祖母家的厕所。”[54]

在这些早期健身工作室的带动下，各种不同的源于芭蕾的健身工作室开遍了全美——“流行体格”（洛杉矶、纽约和旧金山），“扶手杠健身”（在康涅狄格州开了几家后，又在美国许多地方开设了分店），还有或许是最有名的“健身 57”（纽约、汉普顿地区——就在老洛特·伯克工作室原址和比弗利山庄）。每一家都强调不同的瑜伽、普拉提和芭蕾训练，使用各种各样的哑铃和芭蕾扶手杠。

不论走到哪里，这种源于芭蕾的健身课程都是 21 世纪炫耀性休闲的最佳代表。每家健身工作室的客户当然有所区别，同一阶层的人自然会选择相同的炫耀性休闲方式和穿衣风格，但效果却一样：参加这些健身课程代表这些人有稳定的财务基础和自由休闲时间。这种炫耀性休闲在很多层面上都发挥着作用。从严格的经济角度来看，无论以哪种全球标准衡量，每个健身课程的课时费都很贵（一次课的课时费从 10 美元到 40 美元不等），而为了达到理想效果，一个人每周必须上 2—4 次课。即使每次课的费用并没有变成 183.87 美元，但累计费用的增长也相当迅速。

参加这种源于芭蕾的健身课程还有更深刻的社会文化意义。由于炫耀性休闲体现了可自由支配时间的奢侈属性，因此，1 小时一次的健身课本身就代表了一个人有能力来上这种课，完善自己的形体。那些报名上周一上午 11 点课的人（或在某个工作日中途上课）正在向班里的其他所有人展示自己的炫耀性休闲。这种行为本身就暗示了一个人工作的灵活性或收入的丰厚，或者两者兼而有之，对一些人而言，更是展示了根本不用工作的奢侈背景。正如“流行体格”的创始人德里克·威廉姆斯（Deric Williams）所言：“肯塔基州的单亲妈妈就不能来上课……我们曾（在工作室）开展育儿服务，但后来放弃了，因为大多数来上课的人都有临时保姆和住家保姆。”

其次，参加这些健身课程的人通常都会穿特殊的衣服运动和工作。詹妮弗·威廉姆斯（Jennifer Williams）以前是一名芭蕾舞演员，现在则是“流行体格”的联合创始人，她曾回忆自己在“扶手杠健身”当教练的情形。一开始她就着穿普通的运动服，但到了21世纪初，当她在旧金山教授芭蕾健身课时注意到：“班上的所有女人都穿着印有相同商标的裤子。我意识到‘我必须也有那种裤子’。”这种裤子就是露露乐檬健身裤，是这家公司的标志性产品，也是都市炫耀性消费的新物质化象征。这种裤子非常讨人喜欢（黑色的喇叭裤风格，材质是较厚氨纶混合物，超级吸汗）。而且，一个人也只有努力健身，穿上露露乐檬健身裤才好看，同时也需要具备一定的经济实力才能买一条这种裤子。（每条裤子售价100美元，一个人如果每周健身多次，可能就不只需要一条裤子。）因此，身着这种健身裤的人轻而易举地就充分展现了自己的炫耀性消费。每家健身工作室还会生产专属系列服装，包括T恤、紧身弹力裤和芭蕾健身课“必备”的标准防滑袜（袜底通常有防滑设计，图案通常是工作室标志或名称，防止脚踩在扶手杆上或工作室的硬木地板上时打滑）。最近几年，出现了很多露露乐檬健身裤的同类产品，包括卡普里瑜伽裤，这是一种采用网格剪裁，印有大量几何图案的紧身裤；还有巴尼斯纽约精品店（Barneys New York）销售的阿迪达斯的斯特拉·麦卡特尼（Stella McCartney）运动系列。即使是那些没有积极报班健身的人，也能在衣柜里常备一套阿斯莱提卡（Athletica）或露露乐檬的休闲运动装，以此体现其炫耀性休闲方式。设计师品牌运动服已经成为志向阶级的阶级神话必不可少的组成要素。

最后，也是最重要的一点是，如果一个人有钱又有闲，每周还去上几次有氧芭蕾健身课，效果确实立竿见影。《纽约观察家报》就曾直截了当地指出，参加这种特别健身课的女性的身材看起来的确与那些参加其他健身课的女性不一样。因此，那些在“流行体格”“健身 57”“扶手杠健身”或其他任何有氧芭蕾健身班上过课的女性，哪怕只是在日常生活中喝杯咖啡，去食品杂货店买东西，或出门用餐，就能自然而然地展示其炫耀性休闲成果。如果有人担心这个世界没有看出自己辛苦付出的炫耀性消费的成果，别忘了还有“健康自拍”——拍下自己健身后的照片并立即上传到脸书、Instagram 或自己的博客上。

这种潮流也能通过其他类型的炫耀性休闲体现，很多志向阶级成员通过衣服，随身携带的饮用水，运动后饮用的绿色的鲜榨果汁，或者是高级健身工作室的会员或常客身份等物质手段，就能展示其身份地位。社会学家詹妮弗·马奎尔（Jennifer Maguire）在《健身消费》（*Fit for Consumption*）一书中以更广阔的视角探讨了利用空闲时间健身这一问题，将其视为创造生产力和实现个人发展的活动。马奎尔认为，能够分配适当的时间健身本身就是社会地位和奢侈的象征，健身工作室和健身房不停地改头换面，健身法也总是迅速升级换代。马奎尔发现："运动的未来正在经历重塑。俱乐部将健身作为一种休闲生活方式进行推销……健身俱乐部会员资格和体态成为整体生活方式中相互关联的身份地位象征。""昼夜平分点"和"核心融合"这类健身机构一开始只专注于健身，后来也引入奢侈设施，提供相应的奢侈服务，因此，频繁使用这些设施本身就体现了一定的社会地位。《n+1》杂志联合创办人马克·格雷夫（Mark Greif）曾评论道："现代健身让你意识到身体内部机能运动的重要性。除了现代健身房，没有什么能让我们相信自己对工厂工作抱有怀旧之情。"[55] 因此，休闲总是能创造生产力，与其相关的商品和服务——当然也是一种炫耀性消费——是向全世界展示你利用休闲时间保持身材和雕塑腹肌的有效途径。《经济学人》（*The Economist*）杂志最近一篇文章指出，虽然 2007 年开始的经济大衰退让很多行业遭受重创，健身行业（健身房、俱乐部、健身课程等形式）仍然生机勃勃，并且实现了行业增长。从某种意义上说，正是精英阶层健身投入的增加造就了健身行业的健康成长。那些位于收入顶层 20% 的群体每周的健身时间是位于收入底层 20% 群体的 6 倍多。正如该杂志所言："有目的地出汗正成为一个精英现象……'繁荣'曾经是超重的同义词，而现在健美（以及瘦）则成为身份地位的象征。"[56] 社会学家哈维·莫罗奇（Harvey Molotch）也曾评论道："休闲的目标曾经是白净无瑕、柔弱无力。而现在你需要一些财富来拥有肌肉。工人阶级以前是唯一拥有肱二头肌的人，只知道吃快餐可不会让你拥有肱二头肌。”

这些例子与享有特权的现代育儿所遵循的社会习俗没什么区别。记者帕梅拉·德鲁克曼曾表示：“母乳喂养实际上很考验耐性，会造成不便，有时候还会给人带来身体上的痛苦，但这些反而成为提升其地位的特质。”[57] 那些休产假的女性没法每天去美甲。相反，她们的时间都用来哺乳，与孩子亲密接触，努力让孩子在语言学习上领先一步。所有这些行为都能创造生产力，但同时也体现了这些妈妈拥有大多数其他妈妈所缺乏的大量的奢侈的空闲时间。

志向阶级的这种休闲生产力渗透到生活的方方面面。一些志向阶级成员永远无法放松休息。即使是看电视——《广告狂人》（*Mad Men*）、《绝命毒师》（*Breaking Bad*）、《权力的游戏》（*Game of Thrones*）或 HBO 频道的最新剧集——也是为了跟上时代文化思潮。如果一个人不利用空闲时间做些什么让自己看起来聪明、有文化，怎么能在宴会上显得见多识广呢（以及智力超群）？如果志向阶级成员没有时间看电视或看书，推特、“每日野兽”（The Daily Beast）网站等媒体也能让这些过劳人群关注或追踪到最新文化事件、电视节目或图书信息，这样，与那些真正花时间看报纸和《纽约客》的人相比，他们看上去似乎花了更多时间做这些事。卡尔·塔罗·格林菲尔德（Karl Taro Greenfield）曾在《纽约时报》上写道：“随时都要掌握足够多的信息，以免暴露文化上的不足，是我们现在持续面临的压力。似乎只有这样，我们才能在电梯闲谈、商务会议、办公室茶水间、鸡尾酒会等场合如鱼得水，只有这样我们才能发帖、发推、网聊、评论、发文，让自己看上去像是亲眼见过、读过、看过或听过相关事情。我们并不是真的要直接使用这些看上去对我们很重要的海量信息，而是只需要知道其存在——并且对其有一定看法，能够参与与之相关的谈话即可。我们越来越倾向于伪装成知识渊博……当一个同事在鸡尾酒会或聚会喝酒时提到一部电影或一本书，我们明明没看过或读过，甚至连相关评论都没看过，却还是会意地点点头，这并不能称为说谎。因为话题发起者本人很有可能只是在重复其在社交媒体动态或新闻推送中看到的辛辣评论。”[58]

当志向阶级高效利用有限的休闲时间的时候，他们忽略了以这种方式消磨时间是多么奢侈的一件事。他们忙于证明和强调其利用时间的方式是如此独一无二，使其从根本上与其他人区别开来。经济学家罗伯特·弗兰克就指出：“正如他们希望从投资和慈善事业中获得回报一样，富人现在希望从休闲时间获得回报。”因此，其中一部分时间也会用来评判那些不花时间做这些事的人：给孩子喝配方奶而不是母乳？简直是毒害儿童！花时间看低俗情景喜剧的文盲？真可耻！换句话说，部分现代炫耀性休闲可以看作是针对不参与这些活动的人所表现出的一种文化和道德优越感，同时也体现了进行这些炫耀性休闲活动者的一种假设思维，那就是不参与这些活动一直是个人选择的结果。

然而事实远没有这么简单。这些行为似乎如此自然，很多志向阶级成员认为所有人都应该这么做，受过良好教育的精英及其社交群体将其视为社会规范。母乳喂养和顺产是“直觉”或“本能”选择，大家都应该如此。即使它们令人疲惫不堪，感觉像在工作，也是一种奢侈的享受，这一点毫无疑问。但从这些行为给人的直观感受来看，它们对于中下阶级而言并不是显而易见或轻松的选择。在这个问题上，有必要提及 20 世纪最伟大的思想家之一丹尼尔·贝尔（Daniel Bell）。贝尔在 1976 年出版了《资本主义的文化矛盾》（*The Cultural Contradictions of Capitalism*），这本书至今仍是对现代社会最有力的批评作品之一。贝尔指出，社会利用资本主义及其职业道德所提供的经济优势，在我们的社会行为和文化风格中创造新的感受力和巨大自由。那些曾经转向体现新教徒工作价值体系所提倡的节衣缩食的生活方式的人（想想威廉·怀特的《组织人》)，现在正在拥抱先锋派（它还存在吗？）和波希米亚主义这类文化行为新形式。我们的经济生产力给我们提供了享受文化自由或成为“文化杂食动物”的机会，后者是社会学家对新精英社会这一特殊精神支柱的形象比喻。我们仍然具有旺盛的生产力，这一特质定义了志向阶级，也决定了其如何获得相应的身份地位。但能体现生产力所创造的成功的外在身份地位象征却隐藏在随之而来的生活方式和消费选择中。[59] 贝尔在这方面的巨大贡献在于，指出了整个社会在文化上已有所改变，因此，不再过分追求物质享受的生活方式（甚至波希米亚主义）已经成为更高经济地位的象征。或如大卫·布鲁克斯所言，布波族竭尽全力将消费选择变成神圣的道德决定（净水器、私教冥想课、哺乳顾问和石材打造的禅修风格浴室）。这些消费看上去像是出于本能所做出的选择，或是对更自然的生活方式的回归，但实际上却体现了我们在资本的帮助下获得选择这种生活的自由。“正念”冥想可以看作是对前数字时代的一种道德回归，透露出反资本主义的情绪，但却需要花时间和金钱去学习和练习。铜制炊具比特氟龙（Teflon）炊具更环保（由于使用了自然元素制造，当然也更接近自然），但前者一套要花费 1500 美元，后者则只需 50 美元。我们或许可以再次借用历史学家弗兰克·特伦特曼的话："道德深深地融入了我们物质生活的肌理中。"[60]

我们做出这些能够显示身份地位的决定，究竟是反映了我们渴望向全世界炫耀的心情，还是折射出我们希望被他人接纳的人类基本诉求，实在难以分辨清楚。我们不会同情那些通过购买爱马仕铂金包来努力获得认同感的女性［也可以参考《我是个妈妈，我需要铂金包》（*Primates of Park Avenue*）一书］，而那些选择母乳喂养，家庭分娩，花更多时间陪伴孩子，为了健康更加勤奋锻炼的女性看起来似乎更真实、更深刻，或者说她们至少是在追求更美好的意义——可恰恰是相同的社会经济阶级属性和文化资本积累赋予了后者做出看似完全不同的选择的能力。

因此，美国新型炫耀性休闲同时具备一个明显的反作用力——它制造的社会分层和不平等甚至超过了任何形式设计师手袋制造的同类效果。至少以手袋为例，有钱自然就能买到奢华版。而在进行炫耀性休闲的时候，如果某人没有选择做某事，我们会将其看成是某种道德选择。我们忽略了人们做决定时的社会经济局限性（或者对志向阶级中的富有成员来说应该是社会经济赋予的自由选择权）。为什么那个人会超重或这个人的文化意识如此薄弱？或许是因为他们的工作是按小时结算工资，因此没有钱购买昂贵的新鲜水果，也没有“能创造生产力的休闲时间”去上晚间普拉提课或阅读《纽约客》。而在生儿育女方面，如果女性用配方奶喂孩子或是采取剖宫产，志向阶级群体会让她们感觉罪不可恕。同时，妈妈们虽然反对使用安抚奶嘴，却又会把自己的手指放进孩子嘴里进行安抚。

在志向阶级家长看来，加糖饮料和多力多滋（Doritos）就是儿童世界的香烟。社会学家凯特琳·丹尼尔（Caitlin Daniel）最近的一项研究表明，低收入家长并非没有意识到孩子吃蔬菜和“健康食品”的好处，只是他们无力负担孩子拒绝吃这些食物或将其扔到地上所造成的浪费。如果不考虑肥胖因素，在大多数孩子眼中，炸鸡块和薯条才是美食，所以，通常要尝试吃8—12次西蓝花、三文鱼或其他更有利于健康的食物，孩子才有可能适当地吃一些这类食物。因此，每当一个贫困妈妈用微薄的工资买回来的抱子甘蓝最后被扔在了地上，她不仅浪费了不能浪费的钱，还失去了给孩子买真正需要的东西的机会。丹尼尔对此评论道：“贫困家长不仅要计算购买食物的花销，还必须考虑如果没人吃该怎么办。”丹尼尔还针对富有家庭进行了研究。当其中一个妈妈被问到如何看待因为孩子的拒绝而导致的食物和金钱的浪费时，她答道："坦白说，我从没想过这个问题。"[61] 当这样一个志向阶级妈妈看到另一个妈妈给孩子买麦当劳开心乐园餐当午餐时会大吃一惊，并且坚信自己给孩子准备的烤鸡和彩虹色蔬菜便当才是安心之选。尽管这个志向阶级妈妈为孩子提供健康食物完全是出于善意，可是她忘记了另一个妈妈几乎从来就没有做出这种选择的机会。

看看志向阶级育儿所面临的巨大挑战：精英私立幼儿园。一年的学费从 10000 美元到 40000 美元不等，甚至在孩子出生前就要想办法挤进候选名单。45 岁的老爸们要在下午 5 点前下班去接孩子（只能在孩子睡觉后工作到凌晨）。一些爸爸们属于广义范围的"创意阶层"，因此灵活的工作时间允许他们与孩子一起吃午餐。全职妈妈中不乏毕业于常春藤盟校的研究生，她们则忙于趁孩子上学的时候采购有机蔬菜，规划出游行程和孩子上音乐课的时间。这些家长都专注于社会学家拉鲁所说的协作培养，大部分空闲时间都在思考如何让孩子的人生更美好。然而，她们中的很多人在做决定的时候通常会下意识地评判那些做出不同决定的人，完全忽视了每个决定最终取决于一位母亲是否享有经济和社会自由，以及这种自由几乎已经被其在资本主义社会所处的社会地位完全剥夺。

并不是所有炫耀性休闲都与身份地位相关，也并不是所有采取母乳喂养的强势妈妈都看不起其他妈妈。很多志向阶级成员积极健身、精细育儿和努力获取文化知识的初衷其实都很美好。但围绕着21世纪炫耀性休闲神话的关键在于占统治地位的社会阶层，他们才有足够的时间和知识参与其中。在下一个章节中，我们将看到这种宝贵的财富和信息能引发非常重要的社会运动和抵制浪潮，这种抵制不仅针对炫耀性消费，还针对最初改变了资本、消费和身份地位的生产资料。

第 5 章

炫耀性生产

对大多数人来说，全食超市出售的“地球农场”有机芝麻菜并不具备瓦解现代世界基础的能量，它只是一种沙拉食材。淋上一点托斯卡纳特级初榨橄榄油，滴几滴雪莉醋，再撒上一点帕马森干酪和产自卡马格地区的海盐，就是一碟美味的开胃菜。如果你坚持认为我们消费的并不仅仅是沙拉，而是一种社会愿景，也并没有错，毕竟大多数人可能既没有能力消费这种沙拉，也不愿意嚼这种菜叶。

——史蒂文 · 夏平（Steven Shapin），

“被出售的天堂”（Paradise Sold），《纽约客》，

2006 年 5 月 15 日

洛杉矶市中心修葺一新的工业区外不远处是回声公园，穿过这个日益中产阶级化的公园区和已然一派时髦景象的银湖街区，就到了格拉塞尔公园街区。洛杉矶东部大部分地区都走向了与银湖和卢斯费利斯类似的发展道路，然而在城市中产阶级化改造的讨论中，人们却很少提及格拉塞尔公园街区。这与该地区持续不断的黑帮活动和长期积累的犯罪名声（不论准确与否）不无关系。这一区域还缺少公园、咖啡店、书店和其他颇受年轻都市创意人才青睐的便利设施。具体而言，它既没有市中心那样有趣的建筑，也缺乏西区海滨的自然美景，更缺少东区的山丘和波希米亚艺术景观。与洛杉矶大部分地区不同，这里只有空旷的土地，而且看起来还不少。圣费尔南多路一带的工业走廊仍然十分活跃。路边的仓库和工厂外停着一辆辆大型卡车，这些车随后将沿着这条路一直开向 5 号州际公路。洛杉矶既有好莱坞山这样的街区，散发着仿佛来自雷蒙德 · 钱德勒（Raymond Chandler）小说的迷人黑色魅力，又有格拉塞尔公园这样的街区，它的黑色魅力则更接近于电影《逃出洛杉矶》（*Escape from L.A.*）中的场景，影片中库尔特 · 拉塞尔（Kurt Russell）在燃烧的城市荒地上肆意宣泄着怒火。

但是，格拉塞尔公园街区的缺点反而令其引领了美国工业运动的下一个巨大潮流。格拉塞尔公园街区内有很多老旧的大型仓库，它们正发挥着本职作用——没有变身夜店、艺术工作室或大型画廊（虽然的确有几处成了画廊）——用来从事生产。这些仓库不在明尼苏达州中部，而是身处美国主要大都会区的中心地带。此刻这里发生的事情对美国来说既是新鲜事，也可以说是回到过去，这里的产品几乎都是按以前工业革命时代的方式进行小批量生产，纯手工制作，完全依靠人工包装，销售范围也仅限于美国本土，从创意、生产到消费全都有迹可循。就在格拉塞尔公园地区，我亲眼见证了这一切的发生，及其将如何从根本上改变美国。在凡勃伦所处的时代，身份地位是产品自带的一个属性，而在21世纪，身份地位则源于产品以何种方式生产及其来源。今天很多商品是因其源于炫耀性生产而获得一定身份地位，而非通过炫耀性消费。

这个特别的故事要从“知识分子”咖啡店（Intelligentsia）说起。20世纪90年代末，知识分子咖啡店诞生于芝加哥，创造了后星巴克（Starbucks）时代的一个成功传奇。与在全美有13000家分店的星巴克不同，“知识分子”只有9家店——芝加哥有几家，旧金山一家，洛杉矶两家，曼哈顿最新开了一家分店，就在切尔西地区的高线公园附近。当你想跟知识分子咖啡店的员工聊天时，必须牢记它与星巴克不一样，不要想着其实这两家公司都成功地让消费者花5美元买了一杯咖啡。只是，星巴克还在咖啡里加了一块焦糖和一点牛奶，让这杯咖啡看起来物有所值，虽然它本质上只是创造了一种液体甜点，而“知识分子”却能让消费者心甘情愿地花同样的钱买一杯普通咖啡，没有牛奶，也没有糖浆。事实上，在其银湖分店门口排队的顾客主要都是在等待慢煮咖啡，制作咖啡的原材料均来自遥远的异国他乡，他们才不是为卡布奇诺而来，当然更不是为了热量高达510

卡的南瓜拿铁，如果你不小心在店里点了这种咖啡，会被人一路笑到日落大道。星巴克通过把奢侈品大众化创造财富，“知识分子”则凭借物以稀为贵创造属于自己的（较小的）财富。

知识分子咖啡店属于新兴公司，这类公司更关注“精品咖啡”。在大多数人眼中，星巴克就已经是这种类型的咖啡店。然而，相较于麦斯威尔（Maxwell House）和雀巢咖啡（Nescafe），星巴克可以称得上是一大进步，但它主要还是一个制造具有咖啡效果的饮品的公司，咖啡并不一定是重点。如果你知道星巴克是美国最大的乳制品购买商，或许就能正确地看待它。精品咖啡公司则完全不同。知识分子咖啡店正是因为对咖啡豆的专注而声名鹊起——如何烘焙咖啡豆，如何煮咖啡，或许最重要的是咖啡豆产自何处。

一个周三的早晨，我来到知识分子咖啡店设在格拉塞尔公园仓库里的烘焙工厂，银湖分店经理马克·赞比托（Mark Zambito）接待了我。马克和我几周前刚见过面，我们从消费品的角度对知识分子咖啡店展开了讨论，我还听他讲述了有关“匠人精神”“选择性采摘”“绿色买手”，以及内部“教师”如何培训咖啡调配师（几乎每天进行）煮特定咖啡豆等问题，制作一杯咖啡显然没有想象中那么简单。我们大多数人从十几岁开始就煮过各种不同的咖啡，但精品咖啡更像葡萄酒，而不是茶或可口可乐，光是获得咖啡豆和烘焙的过程（更别提真正煮一杯咖啡了）就要耗费大量时间和资源，得知这些后我十分惊讶，一杯知识分子咖啡竟然没有标更高的价格。

赞比托是银湖地区、威廉斯堡市或任何其他潮流飞地常见的那类人。他身材瘦小，系领带，穿西装马甲，声音柔和，可当他一开口，你就知道他对于咖啡几乎无所不知，而且充满激情（或者更甚）。赞比托并没有花太多时间描述“知识分子”的咖啡味道有多好，谈话的重点其实在于好咖啡的制作过程，他从公司如何获得咖啡豆开始讲述这一过程。据他说，同一束枝条上的咖啡果（这就是它们被采摘和烘焙成咖啡豆之前的名字）并不会同时成熟。因此，为确保获得成熟的咖啡果，先要人工采摘，然后把它们浸泡在水里，看哪些果子沉下去，哪些浮在水面，接着再把浮起的成熟果子挑选出来，加工制作成咖啡豆。像星巴克这样拥有 13000 家门店的公司，光是人工采摘的成本就会令人望而却步，可是对于“知识分子”这样的咖啡店来说，这笔费用却可以接受。

不过，为了实现大规模人工采摘成熟的咖啡果，供美国几个主要大都会区使用，知识分子咖啡店仍然需要拥有更大规模的运营结构，以及与咖啡种植户之间保持良好的信任关系，其中大多数都在东非和中美洲。“知识分子”单纯通过多付工钱来要求种植户严格采摘成熟度恰到好处的咖啡果。而星巴克推崇的“公平贸易”（虽然已经被指责有点名不副实）自然无法与这种“直接贸易”相提并论，“知识分子”正是以这种形式直接与咖啡种植户合作，去掉了中间商环节。[1] 我从与“知识分子”的工作人员的谈话中了解到，咖啡种植户从这种贸易形式中获得的收入比公平贸易中的所得多 25%，而且“知识分子”不仅能监督整个采摘过程，还能加强公平劳动和环境的可持续发展，后者是公司政策的重要组成部分。“知识分子”把员工送到遥远的世界另一端，与咖啡种植户建立联系和信任关系，然后监督农场和采摘过程。公司的这部分工作完全独立于咖啡烘焙、烹煮和销售业务。

这部分业务由杰夫·沃茨（Geoff Watts）负责，他是“知识分子”的所有者之一，也是公司的绿色咖啡买手。他负责采购未经烘焙的、不成熟的绿色咖啡豆，基本上就是整个制作流程的开始阶段。沃茨与赞比托完全不一样——他看起来一点也不像手下那些银湖人和光顾“知识分子”的客人。我跟他见面那天，他穿着一件法兰绒格子衬衫，搭配得宜。他的头发很好，浓密松软，看起来更应该待在洪堡县而不是洛杉矶市中心。沃茨的商业触觉和表达能力令人印象深刻，于是我不禁问他在哪里获得的 MBA 学位，而他则说自己只有哲学学士学位，主要是在工作中学习了这些知识。沃茨之前负责所有咖啡采购工作，但随着“知识分子”的不断发展，需要更多买手，现在他只负责 20% 的采购任务。但这 20% 的采购却需要事无巨细的投入和广泛的调查研究。“我们把咖啡种植户当成我们的合作伙伴，我们需要这样的团队。我们可以投资购买烘焙机和培训咖啡调配师，但咖啡的种植占到了咖啡投入的 60%—80%，所以我们需要他们做好工作。我们去到那里（中美洲），亲眼看到他们（种植户）是多么穷困，他们生产糟糕的咖啡并不是因为他们不能生产更好的，而是因为他们没有资源。”

沃茨继续发表意见，并且用手势强调重点："你需要种植适合的咖啡，有选择的采摘。我们付钱让他们只采摘成熟的浆果，并把它们放进完全密封的袋子里加以保护。如果他们能做到这一点，我们就将以非常好的价格采购。而且我们还以实际生产成本购买，而不是按期货市场价格（像其他咖啡买家那样）。我们在这些种植户身上投入了很多，这样他们才能获得相应的资金、资源和知识。我们让他们来我们的咖啡店，让他们见其他种植户，我们还找来了咖啡质量研究领域最前沿的科学家，这样他们就能互相学习。来自肯尼亚的咖啡种植户可以与萨尔瓦多的种植户互相交流技术。"

"知识分子"在洛杉矶和芝加哥都有烘焙机器，可以烘焙自己的咖啡豆，主要在各分店销售，但也会卖给其他精品咖啡店，最近还开始在全食超市和其他高档食品杂货店销售。这是其生产过程中另一个有趣的方面。"知识分子"设法购买到了最后一批戈多特埋想型快速烘焙机，这是20世纪四五十年代最流行的机型，但早已停产。斯顿普敦（Stumptown）精品咖啡店在全美有8家分店，它们也使用20世纪50年代流行的普罗巴特（Probat）牌烘焙机（该公司收购了戈多特），而这也是其卖点之一。我有幸站在这样一台机器旁，咖啡豆正在里面有条不紊地缓慢搅动，我问烘焙师，为什么这种机器比其他更先进的机器好。他解释道，这种机器的烘焙热源从上而来，而不是在烤罐底部，使得烘焙更柔和、更精确。虽然我不明白普罗巴特公司为什么不生产更多这种机器，但毋庸置疑的是，这种稀缺性和对往日时光的回归也正是这些咖啡店吸引人之处（伴随着咖啡豆的独特味道）。整个咖啡生产过程都是透明的。当你从“知识分子”购买一磅咖啡，你能看到种植园、原产国和烘焙信息——所有这些都标示在包装袋上。

经过这番严格调查，很难再说“知识分子”5 美元一杯的咖啡忽悠了任何人。这家公司确实花了惊人的时间把一切做好，他们的确重视这一点。无论是最初的绿色咖啡果，还是位于切尔西高线酒店的分店——酒店位于一座旧神学院内——卖出的一小杯咖啡，都凝聚了他们的惊人付出。而且无论是咖啡调配师，还是公司创始人，“知识分子”的员工对整个生产流程都了如指掌，并且具体参与到生产的每个环节，而这一生产过程与公司的形象及其独一无二的卖点和实际产品密不可分。所有这些因素综合起来，才使得这杯咖啡在实际口感和形而上的精神两方面都韵味无穷。“知识分子”能够吸引沃茨和赞比托这样的员工，但如果没有注重相同事物的消费者，它在洛杉矶和曼哈顿中心区域的分店就不可能大排长龙，成功维持运营。消费者对这些不那么招摇的消费形式的渴望正是炫耀性生产成功的关键。

我到达“知识分子”烘焙工厂的那天早上，正好赶上了被精品咖啡烹煮师、买手和调配师称为“杯测”的流程，具体而言就是品尝不同条件下烘焙的咖啡豆，确定研磨时水的精确比例、烹煮方法和产生最佳风味的时间。咖啡豆经过研磨和 15 分钟的萃取后才能开始杯测——用热水冲泡经过粗研磨的咖啡豆，粗研粉末会浮在水面上。15 分钟后，品鉴师“破壳”将表层的粗末舀走。然后将每种烘焙程度不同的咖啡豆冲泡出两杯咖啡（确保质量控制），再经过三轮“通关测试”才算完成整个流程，全程耗时约45分钟。与宗教仪式类似，杯测几乎全程无声，品鉴师围着桌子评测不同温度下烹煮出来的咖啡，期间禁止啜饮，也不允许吐出咖啡时发出声音。对于每一杯测试的咖啡，品鉴师都会记下各种笔记，为咖啡的酸度、甜度和新混合物的添加——无论是巧克力、太妃糖还是浆果——一一打分，总分为100分。第一轮主要评估咖啡的甜度和酸度，第二轮主要品尝味道和回味,第三轮则是对前两轮评测稍作调整。沃茨对此解释道：“比如，你以为尝到的是黑莓，但实际上却是覆盆子。”只有在每位品鉴师给每杯咖啡打分，并就具体评价和评分展开讨论后，才会揭晓每杯咖啡的种植园、咖啡豆品种、原产国和烘焙情况。

在这个特殊的杯测过程中，四位品鉴师品尝了13种不同咖啡，尽管这一评测形式看上去比较主观（“这个味道让我想起了焦糖苹果，”一位品鉴师曾如此评价。“我那杯放了黑莓，喝的时候还有点烫”，“我试着说是‘黑巧克力’，但其实味道有点像霉菌”，一个年轻女人这么说），他们还是得出了基本相同的结论，一款在波特兰烘焙的肯尼亚咖啡豆获得了最高分（90/100）。

精品咖啡的评测过程与品鉴当年度波尔多葡萄酒不相上下，咖啡品鉴师或许不如侍酒师技艺娴熟，但他们是在相同的背景下进行品评。咖啡品鉴师在评测精品咖啡的过程中要品尝不同阶段和不同温度的咖啡，给一个看似主观、味道驱动的产品量化评分。而如何以及何时采摘咖啡果和天气的季节性波动也将影响最终评分，这与酿酒葡萄的种植情况几乎完全一样。这就是“知识分子”和星巴克的关键区别所在，它超越了单纯的味道评价。当然，让“知识分子”从根本上区别于星巴克的是它的创始人、制作人和顾客，他们全都真正关注咖啡从何而来。星巴克或许能为其咖啡贴上“公平贸易”的标签,但“知识分子”的买手们却与咖啡种植户变成了朋友，还会出钱让他们飞到洛杉矶与其他员工（以及一些顾客）见面。

炫耀性生产的兴起

后一点不仅是理解“知识分子”的关键，也是理解西方世界新兴的一种社会经济意识和认知，以及随之产生的后稀缺性文化商品的关键所在。精品咖啡店的兴起实际上代表着炫耀性生产的兴起，在全世界的食品杂货店、服装精品店、农夫市集和餐馆都能看到它的身影。炫耀性生产商品是志向阶级的关键消费类型。在志向阶级眼中，吃什么、喝什么，以及更普遍地消费了什么就体现了我们是谁，这就是为什么有些商品原本不透明的生产过程已经变得“步步透明”。这种透明化不仅仅只是增加了文化商品的价值——它本身就是价值。我们之所以会吃农夫市集贩卖的看上去更小更糟的苹果，是因为我们见到了那个农民，了解到他没有在水果上使用任何恶心的化学制品。我们愿意花三倍的价钱买一件亚麻衬衫，因为我们见到了店主，知道他不仅亲自远赴阿马尔菲海岸的一家小店挑选了这件衣服，而且还与它的裁缝（和他的孩子）见了面。我们大量使用有机椰子油而不是维 A 酸，并在餐馆花 20 美元吃芝士通心粉，因为他们会在餐馆门口简单的招牌上用粉笔标明提供乳品的原始奶牛场。马克·格雷夫就曾在其散文集《反对一切》（*Against Everything: Essays*）中写道："当你吃到那些在超市买的味道糟糕的番茄，那就是'糟糕'；而当你咬到那些碰巧无味且多汁的传统品种番茄，你就改口说吃起来很'真实'。"[2] 这时候，生产取代消费本身成为新经济和文化体系中展示身份地位的关键象征，这也是我们为什么会把同一家咖啡店里的失业的潮流人士当成是成功的好莱坞编剧。最后，经过几个世纪的针锋相对，这两个群体联合起来成为志向阶级，他们渴望拥有和珍视的东西完全一致。[3]

三个关键力量促成了 21 世纪炫耀性生产的兴起：对全球化的强烈反对，信息革命和对透明信息的重视，以及后匮乏、后现代化社会及其价值观导致的对这些事物的奢侈关注。我们去哪里买食品杂货，经常光顾哪家餐馆，穿什么衣服，甚至连用什么牙膏都折射出这种转变。在资本主义作用下，资本家和无产阶级一直泾渭分明，但现在这种资本主义被彻底颠覆了。

芝麻菜没那么简单：炫耀性生产背景下的食品

我们或许会感谢星巴克让我们花 5 美元就喝到了体现公平贸易的肯尼亚咖啡，但全食超市才是炫耀性生产运动的中坚力量。在打破传统的乔氏超市（Trader Joe's）和颇具环保意识的伯克利碗（Berkeley Bowl）食品杂货店，以及售卖5美元一份的芝麻菜和甜菜的路边摊的影响下，第一家全食超市在1980年成立了。全食超市创始人约翰·麦基（John Mackey）当年在奥斯汀的公寓做出开店决定，而在过去几十年里，他已将这家天然食品商店发展成价值90多亿美元的企业，分店数量已超过300家。

在全食超市购物的人并非没有注意到它的资本主义矛盾。这家被亲切地戏称为“高额支票”的食品杂货店散发着纯净、善意和回归自然的光芒——但其令人震惊的标价却让大多数人无力负担。全食超市的顾客知道自己花一半的钱就能在乔氏超市买到有机番茄，甚至在当地连锁店也能买到，但全食超市却创造了一套完整的购物体验，让很多人认为值得付出这么高的代价。甚至连那些可能无力负担这些奢侈食品的人（那些失业的剧作家和艺术家同样花5美元买一杯咖啡），也会到超市的熟食店购买每磅售价11.99美元的夏季羽衣甘蓝甜沙拉。由于区域性商店有相当大的自主性，本地特色就得以凸显。全食超市位于纽约哥伦布圆环的分店会播放轻柔的爵士乐，而包括佛罗里达州奥兰多分店在内的其他店则会提供按摩服务。加利福尼亚州格兰岱尔市的全食超市不提供按摩服务，但会播放独立音乐，超市入口处还有一个鲜榨果汁和咖啡吧。尽管商品价格比乔氏超市（销售类似食品）、艾伯森（Albertsons）或霸级超市（Giant，销售更大众化品牌的食品）高很多，每周仍然有很多人长途跋涉到全食超市购物，他们告诉自己那里的食品比其他更近更便利的食品杂货店的好。

也许，消费者只会选择听那些自己愿意相信的话。我不是个美食家，因此尝不出味道上的细微差别，但是我最终也去全食超市购物。坦白说，和其他在食品杂货店购物的人一样，我之所以去全食超市主要是因为其营造的购物体验。全食的店面相对来说都比较大，不会很拥挤（即使是在曼哈顿中心区的分店也有非常高效的收银通道），店里会播放相当不错的音乐，设有咖啡、果汁吧，购物时还能享受到各种各样的便利。而且店里会销售有人道认证的鸡肉，没有施用过杀虫剂的草莓和各种颜色奇怪的蔬菜，让消费者感觉良好，抵消了或许同样堆在其购物车里的巧克力棒和咖啡蛋糕带来的不安感。所有这些商品都有一个关于其诞生地和创始人的品牌故事。“禅松饼”起源于洛杉矶的一个小街区，全脂牛奶都配有一张牧场的小照片，照片中奶牛们正在自由快乐地散步，来自加利福尼亚州圣华金河谷“玛丽自由放牧传统农场”的火鸡，当然也少不了“知识分子”咖啡。这种叙事销售法非常有效，连巧克力和咖啡蛋糕看起来都没有那么邪恶了，甚至与其他食品杂货店销售的类似商品相比，它们或许还对你大有益处——尽管事实并非如此。

全食超市让你相信只要在这里购物，你就是一个更好的全球公民和更健康的人，哪怕食品的热量、真实营养价值和价签一直坚持用数字告诉你情况并非如此。斯坦福大学曾发起一个大型研究项目，主要是对比研究有机食品与传统水果和蔬菜的重要性，该项研究表明，前者实质上并没有对我们更有益处。

或者我们可以换一种更明白的说法，当我与儿子的儿科医生就紫李超市（Plum）的婴儿有机桃泥展开讨论时，他会略带倦意地问道："你小时候吃有机食品吗？我不吃。我们都很好，不是吗？"

然而，全食超市的成功并不在于有机产品或更美味的食品。全食超市成功的秘密在于有效地创造了一种令人信服的身份和故事。理解全食超市和整个炫耀性生产运动的关键在于认识到它与产品的生产过程及其蕴含的意义相关，而不是产品本身：在全食超市购物代表你有一种消费者意识，认同动物权利，具有环保意识，从更广泛的——或许也是最有意义的——角度而言，这代表着你是一个见多识广、有责任感的社会成员，就像知识分子咖啡店员工的所作所为一样，只不过他们的规模更小。在当地的西夫韦（Safeway）或霸级超市购物并不会让你获得任何类似身份感，公平地说，对大多数人来说，这些超市提供了一种不偏不倚的购物体验。

当被问到全食超市如何挑选店址时，麦基本人解释说："没有什么决定比选址更重要。如果我们决定在某地开一家新店，根据店面规模大小，会投入 800 万—2000 万美元，通常会签 20 年或更长时间的租约，我们是在做一项长期投资，并且投入大量资金。"麦基还表示：

> 所以，我们会花大量时间和精力做调研。我们会做场地分析。我们会分析该地区的竞争对手。我们还会调查该

> 地区的居民情况。他们的教育程度和收入水平都在考察范围内。虽然其中涉及很多变量，但我认为目前为止最重要的变量是16分钟车程范围内的大学毕业生人数……我可以告诉你，我们80%的顾客都有大学文凭。我推测我们的顾客的平均受教育程度更高，知识更丰富。虽然不是最完美的统计目标，但大学本科毕业生人数是我们能获得的最好的人口数据资料。如果人们要改变饮食习惯，变得更具健康意识，通常都需要有人更好地向其传达相关信息。[4]

麦基说得很对。教育程度往往与知识和收入水平，以及对动物福利、公平贸易和环境保护的关注成正比关系。我们更有可能在都市精英中发现动物权利保护主义者，而不是在美国全国步枪协会统治的枪支泛滥的宾夕法尼亚州乡村地区，这也是全食超市主要在市区及其邻近腹地开店的原因。但更重要的是，全食超市标榜的企业价值正是志向阶级所信奉和追求的。仅仅是走进这家超市就代表了一个人的价值观是正确的，或是必将在购物过程中被导向正轨。哪怕一个人每周去一次全食超市，对其而言，还是存在一个遥不可及的社会、政治和精神之地，而超市的鲜榨果汁或许能令其到达那里。当我出现在全食超市收银台却没有自带环保袋时，会觉得自己像个浑蛋；而当我买了来自四级认证农场、每磅售价15.99美元的人道主义牛肉时，又瞬间变身更好的人。全食超市允许我们以特定类型的角色进行消费，而超市的环保袋、每日特惠产品和本地有机红甜菜都是塑造这一角色的炫耀性商品。因此，“地球农场”的芝麻菜的确不仅仅是沙拉食材。[5]

全食超市以一种高度商品化的精致的方式向数以百万计的顾客兜售炫耀性生产故事。然而，农夫市集、精心设计的服装精品店和富裕小镇与西方世界主要地铁站涌现的农场直供餐馆都或多或少地利用了相同理念。通过在报纸旅游板块中提倡所谓“本地主义”和对翁布里亚（Umbria）奶酪这类商品进行特别报道，创业型企业让消费者相信购买这些商品不仅是为了他们自己，也是在支持小镇企业主。一般而言，本地主义通常用来描绘一类商品的生产过程——尤其是艺术创作、手工制作和烹饪——其制作材料和技艺通常来自当地某个地区，并且就在当地市场销售。这些商品让消费者仿若回到了前工业时代的贸易与农业社会。过去，买一双意大利鞋或一瓶法国香水就已足够纯正。[6]而今天，消费者们要求更高：产品源自哪里，如何制作而成，生产过程是否体现公平原则、没有剥削，并且有环保意识，这些都成为影响消费的重要因素。这些数据资料既证明了产品的合理性，也证明了身为消费者的我们购买选择的正确性。

农夫市集或许最能体现本地主义和炫耀性生产的有机融合，并且成功地在美国的典型非农业城市的中心区域获得一席之地。无论是在洛杉矶、纽约，还是旧金山或诺丁山，任何一个周末的下午都有至少六场这样的农场新鲜农产品市集，产品都来自位于城市腹地的草场和田野。农夫市集让农民们可以直接把产品卖给消费者，从本质上颠覆了卡尔·马克思（Karl Marx）的异化劳动理论。在洛杉矶郊区经营着阿尔塔迪纳农夫市集的伊丽莎白·鲍曼（Elizabeth Bowman）曾解释说："农夫市集就是要恢复生产者和消费者之间的信任，令他们之间形成一种良好的关系，[并使其成为]一种直接关系……[但是]如果考虑一下付出的时间和回报、住宿、保险费用、来回奔波的路程，要找到一个坚定地去农夫市集买东西的人其实比想象中难得多。[考虑到以上变量因素]从食品公平角度看，你的出价实际上低于其市场价值。"事实上，从规模经济或范围经济的角度来看，农夫市集的存在毫无意义——农民并不能从中获得明显好处，而消费者则可以选择全食超市，以避免排长队和不方便停车的问题。人们不去农夫市集买东西——大部分水果和蔬菜的价格和高级食品杂货店一样——还因为那里的食品种类并不丰富。毕竟，农民们只售卖当季食材，而普通超市则会在隆冬时节销售充满异国情调的反季节水果。

但是，虽然盈利困难，还有其他种种限制因素，农夫市集正在大步向前发展：根据美国农业部的统计数据，过去5年，美国的农夫市集数量几乎翻了一倍，全国范围内的市集数从4685家增长到8000多家。与1994年相比（最早出现有关农夫市集的数据记录），这一数字几乎增长了500%。[7] 与此同时，全食超市的规模（当然盈利丰厚，但也是以相同理念经营）在过去15年里增长了350%，门店数达到365家，主要集中在美国本土。除此之外，另一个令人惊讶的发展趋势也在支持着传统品种番茄和不使用杀虫剂的草莓等食品的销售："二战"以来，美国的农业农场数量第一次出现增长。[8]而在英国，从2002年到2011年，农夫市集的收益额增长了32%。[9]

这些统计只是食品行业一些未预料到的发展趋势的一部分。更多人开始关注有关农民的杂志（甚至现在还有新刊出版），农场直供餐馆变得越来越普遍，社区城市农场成为布鲁克林、米申、圣莫尼卡等地方的标配。引领这些变革风潮的最著名人物或许是艾丽丝·沃特斯（Alice Waters），她被誉为慢食运动教母，也是著名的潘尼斯之家（Chez Panisse Café）餐馆的创始人，这是世界上最难订位的餐馆之一。潘尼斯餐馆于1971年开业，主要提供全有机、本地化和保护生物多样性的美味佳肴。潘尼斯之家的菜肴价格昂贵，且别无分店（沃特斯本意不一定如此，但餐馆所在的加利福尼亚州伯克利市民众对慢食持续不断的需求无疑促成了这一结果）。慢食运动注重维持当地生态系统，因此餐馆菜肴极具当地特色，且有赖于当地季节性食材的生产和消费。近年来，其他地方的餐馆和餐饮企业纷纷效仿沃特斯的餐馆，把来自农夫市集的农产品端到食客面前。洛杉矶一家名为"觅食"（Forage）的农场直供餐馆直接与城市家庭种植户合作（这些人并不是大量种植水果蔬菜的农民，而是在自家后院少量种植蔬菜水果的城市居民）。"觅食"的网站展示了农民及其向餐馆提供的特别农产品——帕萨迪纳的玛莉卡种植的无花果，来自圣莫尼卡的刘易斯家后院的杏，诸如此类。在"觅食"的网站上还能看到这些家庭种植户的博客，他们会讲述种植农产品的故事和自己的日常生活。[“觅食”的主厨杰森·金（Jason Kim）之前是获奖餐馆吕克斯（Lucques）的副主厨，她本人就是沃特斯的忠实信徒。]“觅食”的公关经理尤金 · 安（Eugene Ahn）就曾表示：“杰森完全沉浸在［沃特斯］的价值观中……在餐饮业，如果你想保持正宗，这一点十分重要，要能够与他人分享你的价值观，让其他人群起效仿。”但是金想做一些沃特斯没有做到的事。虽然“觅食”基本上按照潘尼斯之家的理念运营，但前者更加具有平等主义精神。“对于美食，[杰森拥有]纯粹但平易近人的价值观。他希望食客能享受到价值 50 美元的用餐体验，实际却只需花 15 美元——是你每天享受得起的体验。”

这就是“觅食”这家隐匿于熙熙攘攘、车水马龙的日落大道上的不起眼的小餐馆的经验。然而光顾这家小餐馆的既有具有波希米亚精神的当地人，意想不到的潮流人士、编剧，也有带着孩子来吃午餐的受过良好教育的富有的全职妈妈。从香港到伦敦，世界各地的报纸都在宣传它的故事和美食。这家餐馆的食物的确十分美味，我不明白它与“知识分子”这样的店是如何取得成功的，他们的付出如此巨大，为何还能定这么低的价？“纯粹汉堡”和“奶昔小站”的情况也是如此：前者是在洛杉矶和纽约都有分店的连锁汉堡店，全部使用有机肉类，而肉类食材都来自牧场自然喂养的畜类；后者则是一家全国性的快餐连锁店，主要供应不含激素和抗生素的热狗、汉堡和散养鸡肉类产品。这两家连锁餐馆都以比较实惠的价格销售其极具环保意识的食物。炫耀性生产商的生产动力源于对价值的关注而非利润。他们可以通过提高价格或降低品质来实现盈利，但这些行为将挑战其对于应该如何生产和销售商品的基本认知。

从各个方面来看，慢食有机农夫食物运动都是21世纪炫耀性生产的组成部分。它之所以会如此普及和流行，是因为其具有将处于资本主义体系中截然相反两端的人聚集起来的能力。或如一位旁观者针对《现代农民》(*Modern Farmer*)杂志读者情况所做出的评论："这意味着这本杂志的读者群包括向全食超市供应蔬菜的门诺派农民，在布鲁克林区的屋顶种植羽衣甘蓝和西蓝花的农民，以及大量回归土地的年轻农民。"[10]

全食超市和其他农夫市集所传递的环保和社会意识鼓舞了很多忠实顾客。社会学家乔西·约翰斯顿(Josee Johnston)所说的道德消费的"公民-消费者混合"，就是指我们将消费者的选择作为社会实践的一种形式。在全食超市购物的顾客们就是在"用他们的美元投票"，展示其在动物权利、可持续发展农业和公平贸易方面所坚持的信念，从本质上政治化其食品杂货店购物经历——不然为什么在明显可以少花钱买到相同食物的情况下，还有人要花那么多钱去买那些面包、牛肉和蔬菜？艾莉森·阿尔康(Alison Alkon)针对农夫市集的研究表明，农民和消费者都十分愿意为其认为更合乎道德的可持续发展食物系统做出牺牲。消费者们知道自己为农夫市集售卖的食物支付了高溢价，但他们将其视为支持当地合乎道德的食物实践所需付出的"代价"，而农民们则牺牲更多盈利机会，成为更宏观的社会公益的一部分。[11]

但是，约翰斯顿则认为这其实十分天真和自私，尤其是从消费者的角度来看。她指出，赋予全食超市（和农夫市集）食物成本溢价的环保意识和社会意识实际上只是为了满足有关身份地位的个人欲望，而非促成解决更大社会问题所必需的集体行动。约翰斯顿认为，全食超市为消费者提供了众多消费选择，并且用爵士乐、卡布奇诺和按摩创造了轻松的购物环境（完全不同于当和平队志愿者的体验），这一切让置身其中的消费者很容易就产生自己是一个有道德的“好公民”的感觉。[12]根据约翰斯顿的观察，在全食超市购物让消费者自我感觉良好，但却并不会真正让世界变得更好。对农夫市集和本地食物运动田园诗般的整体描述也基本符合学者们所说的“白人农场幻想”，这是对白人农场和商贩的一种过度标榜，而这些人实际上把被忽视的真正辛勤劳作的少数族裔藏于身后。农夫市集的赞助人自诩为当地家庭农民的道德支持者，于是这一支持行为本身就成了一种身份地位的象征。对农夫市集的“社区化幻想”（提着菜篮去拜访附近农场来的小贩）让这些顾客在没有与少数族裔或贫穷阶级进行有意义的接触的情况下也能自我感觉良好，后者仍然被排除在主流白人特权生活体验之外。在这些批评家看来，全食超市和农夫市集就像是富有白人的飞地，让他们在其杂食文化品位中自我感觉强大，同时在并没有真正帮助这个世界的情况下还能找到同类。[13]《n+1》杂志作者马克·格雷夫曾针对迈克尔·波伦（Michael Pollan）的《杂食者的两难——食物的自然史》（*The Omnivore's Dilemma: A Natural History of Four Meals*）发表评论，他认为这种“奢侈的食物贸易”既从本质上满足了精英们的欲望，同时又令其看上去更有思想深度，从而使得他们对健康和环保的倡导也显得合情合理。波伦对有机食品的成功的厌恶尤其令格雷夫不满。格雷夫在其评论中暗示，波伦之所以不再如此明确地支持这类有机农业，是因为现在大众消费者也有能力购买这些农产品了，因此，波伦转而寻求更精英化的食物实践。“他（波伦）对它（草地牧场和小型生产商）的拥护确立了一种地方主义，有赖于处于收入分配顶层的少数买家的支持，而波伦本人似乎就来自那一阶层。”[14]

对炫耀性生产的这种批评并非罔顾事实，但它同时也忽视了重新强调这种充满人道主义精神和社会意识的食物实践也有其积极意义。通过参与支持可持续价值观和环境意识的食物实践和文化运动，随着时间的推移，这一小群消费者或许也能从更宏观层面上改变社会规范：由于市场需求的不断增加，他们所支持的农民反过来或许就能以较低的成本为更广阔的市场生产食物。葆拉·丹尼尔斯（Paula Daniels）这样的食品政策专家就认为，精英阶层有关食物的思想意识和消费习惯正在发生变化，一开始这或许会让他们处于特权地位，但随着时间的推移以及更多人支持这一产业，更多人才有机会参与到更加可持续化发展的本地人道主义农业生产中来，让更多人受益。丹尼尔斯是洛杉矶食品政策委员会创始人，也是美好食物采购中心创始主席，她相信社会变革往往通过市场来实现，即使刚开始只限于少数人的改变。丹尼尔斯向我解释道："市场具有巨大影响力，环保和本地价值观促成了中等规模的环保食物生产。[比如说]按总额和产量计算，加利福尼亚州是美国最大的农业经济体，因为加利福尼亚州高价值特殊作物的数量最多。[该州同时也是]有机农产品产量最高的州，其产量占到了全美有机农产品产量的22%左右。"丹尼尔斯继续说道，"这意味着什么？这意味着我们有更多的土地没有使用杀虫剂或激素，而是在以一种对环境更友好的方式进行农业生产。由于市场对有机食品需求的增加，我们也开始增加这种可能性（更多可持续化发展的农业实践）。"

丹尼尔斯认为，这种农业生产不仅开拓了更广阔的市场，也在更大程度上挖掘了农民的潜力。以全食超市为例，丹尼尔斯讲述了这家食品杂货店在夏威夷的发展经历。作为一名土生土长的夏威夷人，丹尼尔斯记得自己在那里生活的时候，食品杂货店的货品种类和品质都十分有限。但是当全食超市在夏威夷开业后，直接刺激了当地农民的生产。她解释说："全食超市与本地食物生产商达成协议……促进了本地食物生产。我亲眼见证了这一切。夏威夷全食超市里的本地农产品专卖区甚至比我在洛杉矶去过的全食超市同类食物区更好。而现在，全食超市对这类农产品持续不断的需求，令怀马纳洛（Waimanalo）这样低收入社区的农民们也能从中受益，这就是全食超市对这些原本只能自给自足的农民带来的影响。"

可持续发展食品专家的最终目标是推动具有人道主义精神

的环保、透明的食品生产成为行业标准。身为一名职业律师，丹尼尔斯回忆起类似情况：

> 我还记得再生纸最初被推向市场时的情形。这种纸一开始很贵，而且不能［很容易地］买到。那时我正开业做律师，我们要用大量的纸，比现在用的更多。当时我是某个州律师委员会的一员，负责审查该州法规条例，其中一项提议要求推广使用再生纸。我当时的观点是，我们应该要求大家都使用再生纸，市场随后会反应过来，并迎头赶上大众的需求。现在，［情况］的确如此：走进史泰博办公用品超市，你就能买到用于打印的100%废物再生纸，而且价格还更便宜［与普通打印纸相比］。我确信，我们也能在食物系统做到这一点。那个系统更复杂……［但如果我们］能扩大规模，给予当地经济和农民更多支持，就能鼓励更大规模的再生生产实践。[15]

时尚和本土制造运动

1919年，约翰·梅纳德·凯恩斯（John Maynard Keynes）在其著作《〈凡尔赛和约〉的经济后果》（*The Economic Consequences of the Peace*）中曾对消费者自主决定选择的多样性发表过如下评论：“住在伦敦的人可以一边在床上喝着早茶，一边通过电话订购来自世界各地的产品。”[16]而我们都知道，这是发生在“二战”前，也即前全球化时代的事情。然而，从很多方面来看，时尚已回归前批量生产时代潮流，就像那时候流行印度茶和波斯丝绸一样，商品产地变得十分重要。以 H&M 和 Forever 21 为代表的快消女性时尚商品，以及大量在中国、越南和墨西哥委托生产的标准化产品，使得西方消费者不再如此热衷于全球性大品牌，尤其是那些挂着美国商标，实际却是在其他遥远国度生产的商品。越来越多人批评这类消费品是成本低廉的替代品，而且人们普遍担心我们只是在过度消费。

消费者对与众不同的纯正事物的追求促成了炫耀性生产。这种新需求虽然看上去大为有利可图，但其实只是促进了当地精品店的发展。这些精品店只小规模售卖设计师品牌服装和原色牛仔服，这些衣服背后都有一个独一无二的故事和原产地。这种精品店货架上摆放的稀有商品实际上可能产于其他国家，只不过重新贴上一个“斯堪的纳维亚设计”[或法国，或者类似著名的原产地]的标签。

位于布鲁克林区卡罗尔花园街区的“城市乡巴佬”餐馆，就是成功捕捉到这股回归原汁原味潮流的典型。[17] 这家餐厅地上铺着陈旧的未抛光的木地板，使用玻璃梅森瓶，这家精品小餐馆只出售源自纽约或在纽约生产的食物和饮料，这种商业模式似乎不具备长远发展的可能性，但到目前为止，它已经取得巨大成功。餐厅的架子上摆满了复古棒棒糖，看起来像是从店主的后院采摘来的简单的鲜花，以及餐厅引以为豪的[分别]在纽约酿造和腌渍的啤酒和腌菜。在所举的这些例子中，所有产品以及销售它们的店铺都拥有一个与众不同的故事，赋予其独特的纯正性和价值。人们已经不满足于买一套意大利西服或一瓶巴黎香水。整个生产过程［以及使用的材料］都更加集中和具体，消费者甚至需要知道产品源于哪个街区，以及出自哪位工匠之手。这种商店在美国大城市及其繁华腹地如雨后春笋般涌现。这些精品店里的商品都是手工制造，与原产地密切相关。以布鲁姆街杂货店为例，这家杂货店在洛杉矶银湖街区有两家店，同时还开展在线销售业务，主要售卖来自英格兰的巴伯尔（Barbour）牌涂蜡外套、圣詹姆斯（Saint James）牌条纹棉 T 恤（这家公司从 19 世纪开始就为法国军队提供服装），以及来自布鲁克林的玛氏兄弟（m&m's）巧克力。

另一个例子是洛杉矶的精品店巴克斯 & 杜斯（Bucks & Does）*，该店前面的门面主要售卖从世界各地挑选的价格不菲的衣物，后面的厂房则摆满了缝纫机和布料，还有十几个女裁缝和设计师，她们既制作店里售卖的服装，也为洛杉矶的其他精品店供货。巴克斯 & 杜斯与“觅食”在同一条街上［另一家精品店莫霍克杂货店（Mohawk General Store）就与它隔着几家店］，它就相当于时尚界的炫耀性生产——从盛产这些商品和材料的具体城市和地区精挑细选服装、鞋子和配饰销售。店铺外的招牌上用粉笔写着一个个我从未听说过的设计师名字，让我惊讶不已，于是决定进去看一看。我一走进店里，年轻的

---

* 2017 年该店已改名为 The ODells Shop。

店员就向我介绍几件漂亮的灰色羊绒衫，告诉我是“店主刚从爱尔兰挑回来的”——这是这个年轻人试图说服我购买羊绒衫时提出的唯一卖点。

“勤奋之邦”（Industry of All Nations）是另一家采用这种前工业革命时代生产方式的公司。“勤奋之邦”位于卡尔弗城（Culver City），这是洛杉矶的一个正式工业走廊区，它与世界各地的中小型制造商合作设计，并在当地生产一些基础商品。与“知识分子”一样，他们的运营模式也是与生产商直接互动，也意味着其创始人要在世界各地飞来飞去，与印度的靛蓝染匠、肯尼亚的运动鞋制造商和中国的丝绸商等会面。

胡安·迭戈·格斯科维奇（Juan Diego Gerscovich）于2010年创办了“勤奋之邦”。格斯科维奇本人既不是时尚设计师，也不是商人。他一开始只是个来自阿根廷的建筑师，为了谋出路才开始进入时尚产业。正如他所说：“我们不希望自己的工作给他人带来负面影响。我们在生活中要心怀善意，也要做善事。伤害别人的感觉并不好。世界上有很多跟我们想法一致的善良的年轻人，这才是世界的未来。”

建筑师出身的格斯科维奇懂得欣赏美好的事物及其历史和起源，理论上来说也包括拥有这些品质的时尚。然而他也表示，时尚已经不再是注重原产地、生产纯正商品的产业。他进一步解释说：“过去三四年，甚至连巴宝莉外套都不在英国本土生产，实在令人失望。假如你是一个英国人，你的国家有200年的风衣生产历史，现在却要去买一件不在英国生产的风衣。我们也从别的国家买东西，但只买对的东西——比如再生塑料制品，中国在这方面非常先进。”“勤奋之邦”致力于与当地制造商合作，用特定品质的材料生产真正有故事的商品，这种生产方式对那个地方和产品来说都是独一无二的。刚开始，格斯科维奇花费数百小时上网搜索世界各地的制造商信息，寻找最好的基础材料生产商，然后与之联系、安排见面等。这样的搜索工作包括寻找仍然生产天然染料的企业。格斯科维奇就表示：“[作为一个行业] 几乎已经消亡，但是在印度一些小地方还有人这么做。这些企业早在 25 年前就开始生产有机棉 T 恤！他们在印度，而不是巴黎或纽约。直到现在，如果没有我们，没人给他们机会 [向西方市场大批量销售产品]。”

格斯科维奇经常飞去会见潜在的制造商，寻找那些能更容易、更有效、更便宜地生产这些基础商品的地方。不过，格斯科维奇仅凭这种方法并不能扩展其商业版图。按照他的说法，再也没人只是想买一件白 T 恤。“我不想只是看见产品，我还想看见背后的故事。就像看着一张政治家的脸，我们需要知道更多表情背后的故事，更多有故事的解释。”

肯尼亚的一家小型棉质运动鞋制造商就是这么一家有故事的公司。与“勤奋之邦”合作前，他们只在蒙巴萨尘土飞扬的马路上卖鞋子。格斯科维奇在网上找到这家公司，然后飞去肯尼亚与老板见面，确定这些运动鞋就是自己想要售卖的产品。在“勤奋之邦”的产品目录上，这款运动鞋被命名为“肯尼亚塔斯”，产品介绍称这款鞋由 100% 的非洲材料制成，这是在其原生产公司成立40年的历史上第一次在非洲以外地区销售。“我们出现之前，他们只在土路上的街市贩卖这些运动鞋。它们甚至没有鞋码。花了大约6个月的时间，这些鞋有了鞋码，并且在东京、巴黎（在梅西百货销售）和世界其他地方销售。他们仍然还在肯尼亚的大街上卖这些鞋，这当然还是他们的主要业务。”几年前，一批鞋子送到了格斯科维奇这里，它们被装在一个袋子里，袋子表面沾满红色尘土，还有几个手指印。他认定那是那家公司雇员的手指印和肯尼亚街上的尘土。“一开始，我们都不禁感叹‘天哪’，然后我们又想，哇，大街上的尘土弄脏了那些雇员的指尖，然后又落到了这个袋子上——太真实了。”

除了卡尔弗城的店，“勤奋之邦”还成功运营了在线商城，他们的大部分生意有赖于此。“勤奋之邦”的成功主要在于其对自己的生产哲学的坚持，而不是商品本身——毕竟，这些公司仍然只是在生产基本款T恤和棉质运动鞋，而在对这类商品品质不那么敏感的人眼里，它们跟在服装生产商“织布机果实”（Fruit of the Loom）生产的东西并没有什么区别。“勤奋之邦”的顾客不愿再看到传统制造业带来的经济和环境问题。而“勤奋之邦”宣称自己不过是“受人们原本的做事方式启发。我们并不只是创造一个新品牌来填充货架。现在人们很容易就能做些什么，所以，最重要的是我们应该怎么去做这些事。”[18]2013年秋，J.Crew给格斯科维奇发了一封粉丝邮件，表示公司非常喜欢“勤奋之邦”做的事情。2014年3月，“勤奋之邦”为J.Crew

打造了第一条儿童产品线 Crew Cuts，以及一些男士基本服饰，格斯科维奇对此明确解释道：“我们为 J.Crew 生产完全一样的东西，一点也没有降低我们的标准。”今天，在 J.Crew 的网站上，你能找到“勤奋之邦”特别染制的马德拉斯棉布儿童 T 恤，产自印度的有机棉羊毛运动衫，以及一段对格斯科维奇的采访视频，他在视频中说明了服装制造业可持续发展的重要性。

ETSY的“工业革命”

全食超市让有机成为全球化的大众市场现象，Etsy 则让手工产品成为主流。Etsy 成立于 2004 年，可以将其看成是手工艺人的 Ebay，主要售卖手工制作的靴子、蜡烛、珠宝、皮带、纸制品和其他任何符合公司生产标准的产品。Etsy 于 2005 年在布鲁克林（当然是在这里）创建，是一家所谓的 P2P 电子商务公司，网站用户可以在“市集”购买和销售各类手工艺品、工艺材料和手工产品，包括婚礼用品、生日用品、男士用品、女士用品和珠宝等。用户也可以卖二手商品（但必须至少有 20 年历史）。那些勤奋多产的卖家则可以自己开“店”，售卖各式各样的手工制品和二手商品，而 Etsy 会从每件陈列商品中得到 20 美分的分成，同时还抽取售价的 3.5%（大多数商品售价在 15 美元至 20 美元之间）作为提成。Etsy 卖家基本上都是受过大学教育的二三十岁的女性。刚开始，Etsy 只允许卖家售卖手工制品，但最近（尽管受到死硬派的批评），Etsy 开始允许手工艺人与一些小型手工制造商直接合作，但仍然只能以个人而非公司名义售卖商品。这一规则的调整具有一定现实意义：作为一个在线市集，Etsy 的成功已经不是几个手工艺人能左右的，而且为了满足消费者需求，它也需要更多帮手（或如事实证明的那样，需要更多机器）。数字说明一切。2010 年，Etsy 的销售额为 1.8 亿美元，而第二年，这个数字就增加到了 3.14 亿美元。[19]2012 年，Etsy 的销售额达到 8.95 亿美元，到了 2013 年，这一数字就变成了 10 亿美元。2014 年，公司宣称销售额达到 20 亿美元。2015 年 4 月，Etsy 以每股 16 美元的发行价上市，但开盘价达到每股 31 美元。然而，虽然明显采取了资本运作手段，公司仍致力于保持其原始商业哲学和存在价值。正如《经济学人》有关这家公司的一篇文章中所言，Etsy 仍然提倡“卖家的生活故事”。对 Etsy 而言，它的成功掌握在消费者手中，而不是手工艺人，前者非常在乎所购买的东西从何而来以及什么人制作了它们。[20]今天，除了高达数十亿美元的销售额，另一个令 Etsy 引以为豪的是其注册会员数突破了 5000 万，他们来自世界各地，都乐于制作或购买手工制品和别具一格的主流消费品。

炫耀性生产走向大众市场

炫耀性生产并不为这些更加专业化的公司所独有。越来越多的主流公司虽然不会满世界寻找独一无二的染色布，但它们也看到了“美国制造”的重要性，它已成为好品质和真品质的象征。因此，它们也开始设法至少打造出纯正感，在消费者眼里这就是品质和社会意识的象征。这些公司见证了全球化对美国制造业的全速冲击。美国制造业经济从 20 世纪 70 年代开始崩溃，1994 年《北美自由贸易协定》又放宽了进口关税，2001 年中国加入世界贸易组织，再加上一些公司把生产工厂迁往墨西哥、印度和中国，过去 20 年，美国服装业的萎缩速度十分惊人。从 1990 年到 2012 年，美国纺织和服装行业收缩了 76.5%，流失了 120 万个工作岗位。1991 年，美国人购买的服装制品中还有 56.2% 是“美国制造”，而到了 2012 年，这一数字已经下降到 2.5%。[21] 据美国劳工联合会–产业工会联合会统计，仅《北美自由贸易协定》一项就导致了 70 万个工作岗位的流失。科技也帮不上忙——先进的机器让很多原本由人工操作的工作流程实现了自动化。于是，美国的很多城市都经历了工厂的空心化，整个城市的就业基地因此消失，永久性“无所事事”的人数激增，给内陆城市带来巨大危机，导致十年一轮回的代际贫困。

全球经济结构调整的冲击所造成的后果超出实际预期。美国消费者和公司开始意识到美国大规模失业与利用发展中国家劳动力所产生的社会影响。虽然商品价格暴跌，却也无法忽视因此付出的人力成本代价。近来美国制造业的崛起以及最新研究所揭示的消费者和公司偏好的变化都证实了这一点。《纽约时报》的一项研究表明，60% 的消费者愿意为“美国制造”多花钱。[22] 在另一项研究中，30% 的制造商考虑把一些生产工厂迁回美国，而且大约有15%的制造商已经开始行动。总体而言，数十年来在全球化、《北美自由贸易协定》和生产外包的冲击下停滞不前的美国服装制造业经历了一次重大转变。[23]制造业的复苏很大程度上要归功于小型企业：美国超过75%的制造企业的员工数量大约只有20人。[24]虽然这些小型企业在整个产业中只占9%，但在后衰退时代，正是这些手工制造企业为就业增长作出了巨大贡献。[25]随着纺织厂在美国各地开工，招聘启事也越来越多。

但回归"美国制造"的成本也确实不容小觑。纳内特·拉波尔（Nanette Lapore）是纽约的一名成功的设计师，主要售卖高端服装，最近她与彭尼百货（J. C. Penney）开展了合作。然而，要生产150件贴着"美国制造"标签的衣服，售价就会随之提高，彭尼百货则可能因此失去顾客。正如拉波尔所言："那种［便宜］价格没法在这（美国）实现。"[26]问题的关键在于便宜商品没法实现"美国制造"。具有相关社会意识并希望购买"美国制造"（或愿意购买法国、意大利或英国制造）的顾客当然愿意为此付出更多。记者斯蒂芬妮·克利福德（Stephanie Clifford）一直在追踪报道美国制造业新浪潮，她针对那些寻找廉价商品的消费者发表了如下评论："即使消费者认识到廉价生产背后的人力成本问题……他们也不太愿意花更多钱买衣服。"[27]如果美国一件衣服的平均售价是13.49美元，就很难说服一个普通消费者为了一个别人看不见的标签付双倍的钱。这就是炫耀性生产的矛盾所在。它不通过品牌名称从表面上展示身份地位，消费者完全受其内在价值观和个人偏好驱动购买这类产品，这些更加微妙的辨识标志成为判断他们及其同类的依据。由于缺乏明显的身份地位象征，这类产品从一开始就打消了一些消费者的购买欲。

除了精品店林立的旧金山教会区、洛杉矶威尼斯海滨区和纽约下东区，美国其他一些地方也正在发生变化。2007 年以来，美国服装产业的平均工资上涨了 13.2%（相比之下，私营企业的平均工资仅上涨了 1.4%）[28]，而自 2010 年以来，美国纺织品出口额增加了 37%。[29] 消费者的偏好在一定程度上促进了生产的转变。即使普通美国人并不完全认同炫耀性生产以及与之相关的农夫市集、鲜榨果汁和手工拖鞋，但还是有越来越多的美国消费者关注并在乎商品的产地。新闻报道说孟加拉国大火烧死了 100 多名制衣工人[30]，孟加拉国纺织厂建筑倒塌又导致 1000 多工人死亡[31]，这类关于血汗工厂普遍缺乏安全保障和剥削童工的报道，削弱了同类国家生产的廉价服装的吸引力。[32] 简而言之，消费者注意到了全球化的弊端，并且逐渐开始抵制这种全球化。全球化或许能让一件 T 恤只卖 5 美元，可是越来越多的消费者愿意多付一些钱，以确保工人们获得良好待遇。根据洞察力研究公司（Perception Research Services）的调查，80% 的消费者注意到“美国制造”，而 75% 的消费者更有可能因为“美国制造”的标签而购买某产品。[33] 为美国本土保留工作岗位也是一些消费者购买这类产品的原因，但行业内人士则表示，消费者主要关心产品质量和安全性，而最近来自美国以外的报道表明，外包生产的商品在这两方面都存在问题。贝尔蒙特大学创业学教授杰弗里·康沃尔（Jeffrey Cornwall）就指出："在美国，再也没有什么大众市场概念了。"[34]

我们如何走到这一步？全球化、信息化和后现代价值观

炫耀性生产的源头可以追溯至主流社会对环保和社会问题的日益关注，以及针对这些问题采取相应行动的渠道，后者尤为重要。一切要从大熊猫说起。20 世纪 90 年代，世界野生动植物基金会[*]发起了一场声势浩大的保护运动，甚至连传统的美国中产阶级都因此开始思考相关问题。我还记得，当时还在宾夕法尼亚州一个小镇读高中的自己突然也开始关心起南美洲的热带雨林。我有该运动专属 T 恤和保险杠贴纸，还能背诵相关统计数据（现在，全球每分钟砍伐的森林面积相当于 20 个足球场）。[35] 从美学角度来看，世界野生动植物基金会发起了一场非常棒的运动。世界野生动植物基金会成立于 1961 年，其简洁的大熊猫图案会徽早已为人熟知，这一图案的灵感来源于同年入住伦敦动物园的大熊猫熙熙。

世界野生动植物基金会所做的可不只是推广了大熊猫保险

* 此处原文为 World Wildlife Fund，1988 年改名为世界自然基金会（World Wide Fund For Nature），但美国和加拿大仍保留了原来的名字。

杠贴纸。从 20 世纪 60 年代发起的保护加拉帕戈斯群岛野生动植物运动，到持续推广的国际雨林保护运动（尤其是对亚马孙热带雨林的保护），世界野生动植物基金会已经将环境和生物多样性保护变成一个真正与全世界各国相关的问题。该组织努力促成了各种保护条约的签订，达成了一项有关暂停商业捕鲸的决议，以及提供了生物多样性丧失的书面证据。世界野生动植物基金会有效干预了刚果的乱砍滥伐，率先努力控制碳排放，还让热带雨林的破坏成为普通家庭也会讨论的话题。[36]

即使世界野生动植物基金会成绩斐然，使命重大，该组织想要有效运行也还是得依靠人力支持、捐助和其他组织的积极响应和支持。简而言之，只有不同的人和机构共同努力，才能完成生物多样性和环境保护的伟大目标。毕竟，环境保护问题已经存在了几个世纪，而我们的行为改变不过是最近才发生的事情。1845 年，弗里德里希 · 恩格斯（Friedrich Engels）针对英格兰工业城市退化不堪的环境发表评论。[37] 亨利 · 戴维 · 梭罗（Henry David Thoreau）则于 1854 年创作了《瓦尔登湖》（*Walden*）。20 世纪六七十年代美国民众的环保意识觉醒，催生了一系列相关行动：蕾切尔 · 卡森（Rachel Carson）出版《寂静的春天》（*Silent Spring, 1962*），颁布《清洁空气法》（1963），通过《水质法》（1965），苏斯博士（Dr. Seuss）出版《绒毛树》（*The Lorax*，1971），颁布新的《清洁水法》（1972）。[38] 这些在环保历史上具有纪念意义的时刻或许在宏观层面上发挥了重大作用，但今天我们更多地在日常生活中实行环保主义，这也是炫耀性生产兴起的原因之一。

首先我们要弄清楚，许多美国人从什么时候开始在食品杂货店使用布袋？又是从什么时候开始排列不同颜色的垃圾桶以便回收利用？我曾经以为这只是一种城市现象，可后来我发现，生活在美国乡村的我的妈妈也开始整理所有的瓶瓶罐罐，然后开车送它们去回收再利用中心。她也使用布袋，并且当她在收银台排队时发现自己忘记带布袋，会十分气恼。关心环境什么时候成了一种生活方式和西方主流意识形态的一部分？20 世纪 90 年代中期，我开始穿世界野生动植物基金会 T 恤，并且与海洋保护协会一起组织河道清理活动，而当时我还只有 20 岁。我和我的朋友们以及世界其他地方的中产阶级家庭的孩子们为什么开始如此关心环境？了解主流环保主义首先帮助我们理解了人们为何要进行炫耀性消费。

解释这些变化的现象是“后现代价值观”（post-modern values）的出现，密歇根大学政治学家罗纳德·英格尔哈特（Ronald Inglehart）创造了这一名词。英格尔哈特在 2000 年的一期《华盛顿季刊》（*Washington Quarterly*）上就该主题发表过一篇文章，他认为，我们之所以能关心环保主义、女性主义和其他许多价值观问题，是因为我们拥有后稀缺性的闲情逸致这么做。换句话说，我们不必再担心是否能吃饱肚子、是否能一直开灯等这些问题，根据马斯洛需求层次理论，我们可以开始满足自我实现的需求了。英格尔哈特针对全球数千人做了一份调查，他发现“二战”前出生的人仍然十分看重物质商品，而出生于“二战”

后且成长于相对较富裕环境的孩子们最看重的则是自我表现和归属感等非物质化的东西。而且这两组人群之间的差异非常大。英格尔哈特发现，高龄群体中更看重物质商品而非自我表现和后物质主义价值观的比例约为 14 : 1。英格尔哈特还相信，经济和人身安全水平长期稳定提高之后，人们的价值观和优先选择权也会发生改变，这就是年轻一代更关心环保主义，不再那么重视物质主义的原因——而且这一趋势将持续贯穿其一生。英格尔哈特认为“整个发达工业社会”都在经历这种“现代到后现代价值观”的转变。“如果一个人生来就认为生存是理所当然的，而没有对生存的不确定感，”英格尔哈特写道，“这几乎会影响这个人世界观的方方面面。”[39]

英格尔哈特观察到的这种转变围绕着两个关键假设展开：稀缺性假设和社会化假设。稀缺性假设认为，从长远来看，一个人成长的社会经济背景反映了他的价值观。那些在资源较匮乏的环境中长大的人会更重视所缺乏的资源。“二战”前出生的人在食物、水、住所和其他基本物质需求方面仍无法得到全面满足。而出生于“二战”后的人（一直到今天的青少年）总体上生活比较富足，基本需求都已得到满足，反而是在人生意义和目的方面有所缺失。因此，“二战”前出生的人或许已经过上富足的生活，却仍然保持着节俭和储蓄的价值观。换言之，整个社会先要花一点时间适应后稀缺性的出现，然后才能生成一种反映它的价值体系。事实上，我们大多数人都拥有一套反映童年社会经济状况的价值体系。[40]

全食超市、农夫市集和购买“美国制造”的大多数消费者都成长于一个极度和平与繁荣的时代，我们因此得以发展出一套后现代价值观，重视公平劳动和环保主义。看似矛盾的是，那些迫切希望消除这些问题、积极倡导社会经济改革的人，却从未受过任何残酷劳动剥削、食物援助或战争的悲惨影响。很多有利于环境保护、劳工权利和公平贸易的事，实际上都会延缓生产和经济进程，环保主义就是同时阻碍这两者发展的一个实例。后现代性和炫耀性生产在本质上就与全球化及其带来的经济增长相矛盾。

如果不是信息时代让人类社会各方面的数据和详细信息变得近乎透明，我们或许还根本意识不到全球化对于环境和劳工运动的负面影响。只需敲击一下键盘，我们就能在网络上搜索到一个相关话题，获得有关公司价格、政府举措和我们的衣服所使用的材料和化学物质的大量信息。信息时代不仅创造了透明度，还使其成为我们社会的一个重要价值。无论是迈克尔·波伦的《杂食者的两难——食物的自然史》中针对工业化食品生产和快餐的论战，还是艾里克·施洛瑟（Eric Schlosser）在《快餐国家——发迹史黑幕和暴富之路》（*Fast Food Nation: The Dark Side of the All-American Meal*）中对麦当劳食品生产令人作呕的记录，或是“维多利亚的秘密”内衣被曝出含有甲醛，[41]对于产品制作的详细内情，消费者既是爆料人也是信息接收者，而且事实表明，这些东西并不美好。

因此，消费者现在对生产信息的重视程度几乎与对产品本身的重视程度相当，而消费者与生产商之间的信任变得至关重要。以炫耀性生产闻名的精品店“莫霍克”的老板凯文·卡尼（Kevin Carney）曾解释说：“越来越多的人想知道每个组成部分的来龙去脉——要无毒，不能污染环境。”“觅食”餐厅的尤金·安也简单总结过：“大家想知道食物从哪里来。很长一段时间我们都不知道这些东西从哪里来，现在我们知道了不知道的后果：我们的食物流通链和自然资源破坏严重，食物带给我们身体的不是营养，而是毒素。如果我们对自己购买的东西了解更多，就能做出更好的选择。让消费者了解生产过程会增加产品的价值。”

阿尔塔迪纳农夫市集的经营者伊丽莎白·鲍曼则用一则逸事加以解释：

我们与鸡蛋供应商进行过一次长谈。他大约有 50 只鸡和 50 只鸭，需要新的销售渠道。他给所有东西都标好了价，然后打电话对我说：“我每个鸡蛋要卖 1 美元才能赚钱，即使卖到这个价，每个鸡蛋也只能赚 10 美分。”这还没算上他消耗的时间和汽油钱，只算了养鸡的成本。我们不停地跟顾客讲这个 1 美元鸡蛋的故事，结果他们真的买了那些鸡蛋！这全是因为那是属于他的故事，这才是让他们最终掏钱的原因。

自愿简单

这类支出中有很大一部分符合所谓的替代消费——不那么

物质化的非传统消费方式，是针对主流现代资本主义做出的一种反应。这类消费者往往以低调的方式花钱，所购买的消费品并不惹人瞩目，价格也适中。这种生活方式的追随者的生活符合所谓的“自愿简单”理念，表示他们自愿限制支出和物质消费。这类消费者从各种非物质化的哲学思想中汲取灵感，包括贵格会、佛教和亨利 · 戴维 · 梭罗。[42]那些参与自愿简单运动的人愿意花钱买休闲时间或寻求非物质主义和环保主义的消费形式。[43]这场运动的追随者有三种典型行为：“减速生活”，进行低收入消费；“净化生活”，推崇高端生活方式，追求更有意义的活动（很大程度上体现于非炫耀性消费）；“简单生活”，拒绝城市化炫耀性消费。[44]

自愿简单运动所体现的精神与环保和社会经济权益平等密切相关，同时也体现了对现代大众市场消费者行为的普遍厌恶情绪。虽然自愿简单运动的主要原则是减少消费主义，但参与该运动的成员还是找到了其他途径来展现其对生活方式的选择，比如着装风格（低调，无商标），参加瑜伽课程，或是在农夫市集购买食物。但与一般后现代价值观一样，自愿简单运动也是繁荣社会的产物，是繁荣催生的奢侈权利，从字面上看，就与生来贫穷和被迫限制消费格格不入。

虽然也有中产阶级变身“慢生活家”，他们选择减少消费，做兼职工作，以重新获得休闲时间，但很多自愿简单运动成员之所以能够做出这种人生决定，是因为他们可以依靠早已积累的财富生活。[45]简单来说就是一个人必须足够富有才能负担得起简单生活。而且，想要表现得不那么消费主义也同样需要付出高昂代价——农夫市集单个售价 1 美元的鸡蛋非常符合自愿简单运动精神，而且几乎不会过度彰显身份地位，但这一价格却是大多数人在食品杂货店购买的普通鸡蛋的四五倍。炫耀性生产的内容（凯美克斯咖啡壶、手工编织毛衣、慢食运动）已经有所改变，从 20 世纪 80 年代对方便产品的追求（咖啡先生、麦当劳）变为对生产过程本身的欣赏，只是这种转变需要付出一定的代价。[46]

工艺美术运动与后工业革命

炫耀性生产有着悠久的历史渊源，其源头可以追溯至 19 世纪后半叶的工艺美术运动——所提倡的风格与当代都市风格截然不同。工艺美术运动起源于英国乡村，由威廉·莫里斯（William Morris）倡导发起，反对技术生产（令人想起卢德分子*）与批量生产，以及工业革命对手工工艺的侵蚀。虽然在美学上取得巨大成功——想想莫里斯椅、斯蒂克利木家具、精致的花朵图案——工艺美术运动最终在经济上的收获却不甚理想。没有什么可以让工业革命放慢脚步，试图与之斗争的人从一开始就注定要失败。[47]

* 19 世纪初英国爆发了一场以破坏机器为手段，强烈反对机械化的工人运动，相传该运动以织布工卢德捣毁机器开始，因此被称为卢德运动，参与该运动的人被称为卢德分子。

工艺美术运动的核心理念是反资本主义和反工业化，正是这一根本观点导致其作为一种经济力量惨遭失败。工艺美术运动参考了前资本主义时代关于手工业的历史观点，是一种超越现实的更理想化的表达方式。[48]正如考古学教授伊丽莎白·韦兰·巴伯（Elizabeth Wayland Barber）在谈及公元前2500年的一片埃及亚麻布碎片时所说的那样："我们以为是手工制作的东西事实上几乎全都不是真正的手工制品。而且几千年来一直如此。"[46]这片亚麻布碎片被认为是罕见的纯手工制品。[49]

虽然工艺美术运动是一场目的明确的反资本主义运动，但还是在英国乡村地区蓬勃发展起来（没有任何明显标志），从兰开夏郡到约克郡，它已成为一种生存方式。对于英国乡村人而言，手工艺品、艺术品和本地商品的兴起（以及利用谷仓和本地资源生产这些商品），只是农场的一种自我保护模式，它们不再只有农业这一条可持续发展之路。尽管并没有从政治上刺激炫耀性生产，本地主义还是在一段时间内成为乡村社区的现实生存手段，其农业用地和基础设施因此重新实现了多样化用途，[50]变得更加有利可图。

现在，炫耀性生产的兴起不仅有赖于相似的反工业化情绪，同时也离不开20世纪和21世纪出现的一些社会、经济和文化发展趋势的推动。环保主义思想和后现代价值观是改变我们消费方式的主导力量。与自愿简单运动一样，炫耀性生产也是对传统主流资本主义的一种反抗。自相矛盾的是，全球化使得商品生产过程不再具有身份认同特性，信息时代则更重视透明度。

与工艺美术运动一样，今天的炫耀性生产也是在追忆过去更有益身心的时光。全食超市乡村风格黑板上出现的瑞士牛皮菜和新鲜手工奶酪（“手工奶酪”究竟是什么意思？）让人想起早期农业时代，即使一个人生活在芝加哥或旧金山市中心，身边出租车呼啸而过，手机声此起彼伏，也能享受到正宗马苏里拉水牛奶酪。炫耀性生产是对远离现代工业和批量生产时代的一种浪漫化表达，同时那些用粉笔列出的新鲜农产品清单也是一种反技术暗示。

重论卡尔·马克思

然而，与之前的一些运动不同，炫耀性生产并非反资本主义。相反，炫耀性生产完全拥抱资本主义，但又对其进行了重新诠释。这就是这场运动的根本独特性所在。莫里斯及其追随者最终试图废除资本主义，而不是与之和平共处，而炫耀性生产商则是在资本主义制度内生产，并没有反对这种制度。炫耀性生产仍然符合市场经济原则，只是有不同的生产动机和原则。仍然是用钱购买商品，稀缺性被认为是弥足珍贵，但包括剥削、马克思所说的异化劳动和新古典主义的利润最大化理论等在内的资本主义的一些其他特征则被回避了，以此创造一种在资本主义体系内有效发挥作用的全新经济理念。正如“勤奋之邦”在其网站上对自身的定义：“‘勤奋之邦’是纯粹的资本主义。我们不是在寻找需要帮助的人，我们是在寻找有生产力的人。苦难并不高贵，贫穷并非勇敢，为更好的生活而勤奋努力才是世界上最勇敢的事。这就是我们寻找的东西，勤奋的人，‘勤奋之邦’。”毫无疑问，炫耀性生产商提倡透明度，力求使其生产过程简单明了。反对全球化以及由此产生的劳动剥削和环境破坏的社会经济意识的崛起，在很大程度上催生了这种生产形式。但是，这一过程同时也是对卡尔·马克思的异化劳动理论的一种反驳。

卡尔·马克思对工业革命的形势感到十分惊骇，在其著作《1844年经济学哲学手稿》（*Economic and Philosophic Manuscripts of 1844*）中，他概括了资本主义导致的四种基本异化：工人与其生产产品的相互异化，工人与生产过程的相互异化，工人及其作为人的身份（或如马克思所说的“类本质”）的异化，工人与人以及其他与其一起工作的同类的相互异化。[51] 在马克思看来，工人对其被要求生产的商品（通过资本家）没有控制权，他们不断进行重复生产，不具备任何工艺技术，他们不知道谁购买这些商品，也无法从这些严格规范的任务中获得任何情感意义。最终，由于资本主义具有极强的个人主义特性，从根本上追求利润，不看重集体利益，资本家也就致力于以最少的工资攫取工人最大的劳动价值。因此，不断争取更高工资的斗争让工人陷入彼此竞争的怪圈。事实上，回顾20世纪的工业化批量生产，我们会发现，马克思的观察十分精确。工人就是轮子上的齿轮，生产无数相同的产品，运往千里之外的消费者手中，这些生产者对消费者一无所知，消费者也对生产者毫无了解。格斯科维奇如此评价这类产品：“对于那些由不知道自己在做些什么的工人生产出来的产品，我们称之其为‘孤儿产品’。生产它们的工人不知道自己在做些什么，这些产品没有历史。前一天他们还在制作钱包，第二天可能就在生产巴宝莉风衣。我们不想要孤儿产品，那只是在制造垃圾。[我们所做的] 就像是异化劳动的对立面。”简单来说，无论我的采访对象是谁或其产品是什么，这些新型炫耀性生产商存在的理由都一样：炫耀性生产的基本精神就是与异化劳动斗争，在生产者和消费者之间建立起强有力的联系。阿尔塔迪纳农夫市集负责人鲍曼也评论道：“我们正在颠覆卡尔·马克思的理论。农民或工匠现在已经与其劳动联系在一起。我们正与美好的事物联系在一起。”

在与异化劳动的斗争过程中（即使大多数接受采访的炫耀性生产商并没有使用这个词，也没有提到马克思），炫耀性生产商放弃了现代资本主义的另一个原则：利润最大化。新古典主义经济学的一般理论认为，公司以追求利润最大化为首要目标。然而，无论是食品生产商、时尚产业人士，还是农夫市集经营者，每个接受我采访的炫耀性生产商都坦言自己的利润十分微薄（如果有的话），或者说对比生产能体现其社会意识的商品所耗费的经济成本和时间，他们实际上是在放弃真正赚钱的机会。“勤奋之邦”的创始人格斯科维奇就坦率地表示：“我们公司几乎没有利润可言。”或如鲍曼对于炫耀性生产运动所发表的总结：“没有人是为了变得富有才这么做。”“知识分子”咖啡店的人也解释称，其商业模式从本质上限制了他们像星巴克或毕兹（Peet’s）咖啡这样的公司一样盈利。

炫耀性生产为市场经济注入了后现代价值观，这些价值观比利润和经济增长更为重要。简而言之，他们的价值观比金钱更有价值。

不要出卖

但是，当金钱开始变得重要时，又会出现什么情况呢？1999 年，加雷特 · 约翰 · 罗伯托（Garret John LoPorto）计划通过本 & 杰瑞（Ben & Jerry）冰淇淋公司拯救世界。[52] 当时传出消息，该公司创始人本 · 科恩（Ben Cohen）和杰瑞 · 格林菲尔德（Jerry Greenfield）正面临跨国公司联合利华（Unilever）的收购，当时年仅 23 岁的科技新贵罗伯托决定反击。罗伯托发起“拯救本 & 杰瑞”的草根运动，吸引了佛蒙特州州长霍华德·迪恩（Howard Dean）、国会议员伯尼 · 桑德斯（Bernie Sanders）和其他数千名活动家的参与，喊出“不要出卖”的口号，抗议全球化和资本主义的霸凌，认为这家总部位于佛蒙特州的小公司（至少在他们看来如此）应该保持原样。[53]

科恩和格林菲尔德并不想卖掉公司。1978 年，本 & 杰瑞冰淇淋公司在佛蒙特州的柏林顿市创立，公司完全依靠本地资源经营，重视社会责任、环保意识和波希米亚精神。一旦觉得某些行为有违其道德准则，本 & 杰瑞公司就会奋起反击。2005 年，该公司制作了一个 900 磅的烈焰阿拉斯加甜点扔到国会山上，以此表达其对开放阿拉斯加野生动物保护区进行石油钻探的投票行为的不满。[54]本 & 杰瑞公司基本拒绝使用转基因产品和含重组牛生长激素的乳制品，有一段时间，该公司只使用“生态印制”的未漂白纸盒包装所有口味的冰淇淋。

本 & 杰瑞公司公开反对全球化及其对环境的负面影响的立场就已经为其赢得众多拥趸，更不用提该公司生产的味道奇特却又美味可口的冰淇淋（其中许多也传达了某种社会信息）。这家佛蒙特当地企业毫无意外地吸引了大型跨国公司的注意——而且吸引力非同一般，以至于在草根运动开展得如火如荼的背景下，当联合利华正式介入收购时，两位创始人几乎不可能拒绝。联合利华开出的报价远远超过了本 & 杰瑞公司在纳斯达克的估价，拒绝其报价将明显损害公司股东的利益，也会为科恩和格林菲尔德惹来官司。本 · 科恩将交易达成的那天形容为“人生中最糟糕的一天”。[55]杰瑞 · 格林菲尔德曾表示，坚持公司的价值观仍然需要“不断斗争”，这家位于柏林顿的小公司的价值观几乎与其全球化巨头主人的价值观背道而驰。科恩的解释或许更清楚：“为了保持本 & 杰瑞的企业价值观，我们非常小心翼翼地谈判才达成了这项收购协议。我们正在学习的是，如果你不能与拥有你的大公司分享这些价值观，那么无论他们承诺些什么，想要维持这些价值观都非常困难。”[56]

本 & 杰瑞不是唯一一家向收购低头的拥有社会责任感的小公司。伯特小蜜蜂（Burt’s Bees）1984 年成立于缅因州，是一家生产天然环保美容产品的公司，致力于“崇高事业”。与本 & 杰瑞一样，伯特小蜜蜂也推崇社会责任和环保主义，坚持使用天然配方。2004 年，私人股本公司AEA 以 17.3 亿美元的价格收购了伯特小蜜蜂 80% 的股权。2006 年，联合利华的约翰·里普洛格尔(John Replogle)成为AEA首席执行官。2007 年，高乐氏（Clorox）公司出价 9.25 亿美元现金购买伯特小蜜蜂，[57] 当时高乐氏年销售额已达 60 亿美元，年增长率也高达 9%，公司正着眼于天然护理产品市场的发展。从小镇起家的伯特小蜜蜂此时不再受控于创始人，AEA 对于公司未来走向发挥着举足轻重的作用，与高乐氏的交易也因此变得容易许多。

2006 年，高露洁棕榄（Colgate-Palmolive）有限公司斥资 1 亿美元收购了缅因汤姆（Tom's of Maine）公司 84% 的股权，后者是一家小型天然护理用品公司，其创始人在 1970 年以 5000 美元贷款创办了这家公司。缅因汤姆可能是比伯特小蜜蜂或本 & 杰瑞更具有政治自由思想和环保意识的企业，它的商标富有怀旧气息，其牙膏产品中所含的茴香成分是对付牙菌斑的最有力武器。缅因汤姆的创始人是夫妻俩，妻子凯特·查普尔（Kate Chappell）仍坐镇董事会，确保这家具有嬉皮精神的公司的文化得以保留，其最初政策仍能完整贯彻。[58] 这么做的结果显而易见，虽然被高露洁棕榄收购，缅因汤姆的包装上并没有体现出它是高露洁的附属品牌。这或许是件好事，因为具有波希米亚精神的购物者在乔氏超市的货架间闲逛时，不会乐意看到自己挑选的缅因汤姆天然牙膏和体香剂与高露洁有任何联系。具有讽刺意味的是，缅因汤姆以天然和“零残忍公司”闻名，高露洁棕榄则参与动物实验，并大量生产富含化学成分的洗洁精等产品。[59]

这些例子为我们带来了一个问题，而且其他炫耀性生产商毫无疑问很快也将面临这一问题。今天，我们能在全食超市和一些小型天然护理用品公司找到伯特小蜜蜂、缅因汤姆和本 & 杰瑞，但同时也能在塔吉特、沃尔玛和其他大众连锁商店买到这些商品。天然环保产品的大众化或许是件好事，但是，这些商品的创始人能在多大程度上控制其产品在符合其核心价值的商店销售？更不用问他们在收购其公司的大型跨国公司面前有多少发言权了。正如大众对天然护理产品的需求导致了这些收购，不同消费群体对这类商品不断增加的需求或许会让“知识分子”和“勤奋之邦”这样的公司别无选择，只能将自己卖给更大的集团公司（特别是如果它们本身已成为上市公司）。即使这些公司的创始人个人更看重社会价值而非利润，市场、股东、董事会和纯粹的资本主义最终也会将他们拉入全球化主流经济及其令人不满的批量生产大潮中。当这些公司接受了跨国公司的收购，它们的产品就成为其赖以成名的炫耀性生产的光鲜亮丽的招牌。

何去何从？

对于炫耀性生产具有讽刺意味的最后一点是，许多实际消费这些商品的行为根本毫无炫耀性可言。你当然可以拿着你的全食超市购物袋到处走，或是在农夫市集的人群中找到认同感，可是坦白说，当你坐在家里吃传统品种番茄时，除了你自己，没人知道你在哪儿买的这些番茄——或者知道它们是有机食品。那件手工编织的漂亮的灰色羊绒毛衣或许看上去十分引人注目，可是没人关心那个织出它的女士。虽然与身份地位和社会阶层密切相关，但是这种消费实际上有着非常明显的非炫耀性特质。传统炫耀性商品虽然并没有什么个性特征，但却能赋予消费者一定的身份地位，而通过炫耀性生产而来的商品的炫耀性则存在于其生产过程和产地之中，这也是消费者愿意为其花更多钱的原始动机。或许这就是问题所在。

这场运动的可取之处在于它提倡公平贸易、本地主义，反对劳动剥削，以及其他支撑整个运动的崇高价值观，而其反对工业化和全球化的理念则略显幼稚。全球化和自由贸易或许让一些工人失去了工作，但却为世界上其他许多迫切需要发展经济的地方创造了大量工作机会。无论对于劳动剥削问题有何种言论（确实有很多可以讨论的内容），为一些国家和地区提供经济资源和发展机会都十分重要，否则这些地方就无法参与到资本主义市场中去。对于那些不断给孩子添置衣服的中产阶级家庭来说，因自由贸易协议而出现的便宜衣服和批量生产的兴起无疑对此产生很大助力（再次强调，并不是否认消费者会轻率地把衣橱塞得满满当当）。工业化与批量生产及其产生的影响既催生了很多炫耀性生产运动，又成为一个绝佳的攻击目标。然而，当志向阶级成员身着“布鲁克林制造”的T恤吃着羽衣甘蓝沙拉时，不要忘记一个事实，当下之所以能形成这种精英消费风气，离不开工业发展带来的经济增长和财富的支持，也少不了它赋予我们的奢侈的后现代价值观。

那些“布鲁克林制造”的T恤或许并不是重点，对于志向阶级来说，它们不过是一种象征信号，至少在阶层内部是如此，只是一种特殊的精神象征。它们与那些用粉笔写着英国产切达（Cheddar）奶酪品名的朴素告示牌一样，都成了炫耀性生产的外在象征和志向阶级成员的身份象征。但是对于这些内涵深刻的商品的消费并不仅仅体现了我们的朋友圈、收入或教育水平。价值观已经决定了我们如何消费。消费体现价值观，而这些价值观反过来又决定我们的消费。但是，我们如何形成这些价值观并将其内化也是这个故事的一部分。生产商品的地理位置很重要，但是我们自己所在的地理位置也在消费中扮演了重要角色。我们生活的地方对我们的炫耀性和非炫耀性消费选择以及我们如何定义自身有着很大影响。我在本书中所描述的这些现象在多大程度上与某些特定地方有所关联？事实上它们与大多数志向阶级成员生活和消费的特定地方密切相关，这些特定地方的成员之间彼此传递着这些价值观，并展示着各自的身份地位。志向阶级的故事在多大程度上引起了全体美国人民的共鸣？又在多大程度上代表了美国大城市及其腹地的故事？在下一章中我们将看到，城市已经成为释放这些消费选择、价值观和品位的中心节点。城市就是志向阶级及其消费模式的地理坐标。

第 6 章

消费风景

针对 21 世纪城市的基本观察显示，它们已变成社会学家莎伦·祖金（Sharon Zukin）口中的“消费风景”[1]。城市就是地理镜头，透过它们，我们能观察到新精英阶层的消费习惯。21 世纪的城市之间共享价值观、意识形态和消费模式，彼此之间的联系比地理位置上更接近的城镇与郊区更紧密。城市成为志向阶级的终极消费区，到目前为止，我所讨论过的消费行为和实践都已在城市出现。精英人群的涌入——尤其是志向阶级中的富有成员——促进了城市消费的增长，精英人群不断向城市集中，促进了城市繁荣，城市反过来又满足精英阶层的需求和欲望。

需要澄清的是，城市中心并不仅仅是志向阶级中的高收入成员的聚集地，它对全世界所有经济精英都有巨大吸引力。纽约、伦敦、柏林等城市的报纸头条都在报道创纪录的公寓销售新闻和曾经坚守本心的街区的迅速中产阶级化。伴随新公寓和奢侈零售业而出现的各类廉价酒吧和经济适用房成为21世纪大都市的标准象征。在建设这个精英乌托邦的过程中，西方资本主义城市已自成文化和经济中心。积极向上的志向阶级成员在布鲁克林购买一杯价格公道的杏仁拿铁的同时，纽约上东区一套价值百万美元的公寓或许正被出售给一个外国寡头。今天，这两个不同的精英阶层正在西方资本主义城市中发生着这样的碰撞。因此，想要理解城市对于志向阶级的重要意义，就需要研究城市的作用，了解其所呈现的很多不平等现象，以及来自世界各地、支撑着全球经济发展的经济精英在城市的崛起。想要了解今天的城市，就要了解世界各地的精英、志向阶级和其他群体为何对城市趋之若鹜，而这种吸引力很大程度上能从人们的消费中找到答案。

城市并非一直都是世界各地精英向往的目的地。城市最初是本地贸易集散地，随后又增加了出口功能，后来随着工业革命的到来，城市又成为制造中心。[2]工业革命和制造业经济的兴起促使消费大众化，而其地理上的大本营就是城市中心。包括弗里德里希·恩格斯、雅各布·里斯（Jacob Riis）和格奥尔格·西美尔（Georg Simmel）在内的社会学家和经济学家都认为，工厂和工人居住的廉租公寓的大量涌现，以及其他批量生产所需元素导致了城市糟糕的物质和社会条件。[3]20世纪初期城市的特点就是人口密度的迅速增加，这在西方大都市中前所未见。制造业的兴起导致了人口密度的增加——制造业经济的发展创造了批量生产的可能性以及随之而来的对批量生产商品的需求，并为城市带来大批移民工人和廉租公寓。这一扩张也使城市变得不宜居住。到 20 世纪中叶，城市变得难以维持（公共健康问题增加，人口过度拥挤，污染问题加剧）。因此，当联邦政府为郊区买房提供可分期偿还的低息贷款时，那些有能力的人毫无意外地选择了逃离城市中心。[4] 而从 20 世纪 60 年代到 80 年代，城市又经历了一段去工业化历程，使其失去了中产阶级和工作机会。

那些研究城市的人——经济学家、社会学家和城市规划师——认为城市会继续消亡，正如我们所知的那样再也无力回天。他们在一定程度上的确预言正确。美国的城市不再是制造业的中心，工厂迁往南美洲和亚洲，美国本土再也没有重新开工的工厂。目前仍有大批缺乏技能的少数族裔工人失业，而他们曾经都是收入颇丰的制造业工人。但是美国的城市止住了倒退的脚步。早在 20 世纪 80 年代，蓬勃发展的先进服务业经济就占领了主要的都市区。虽然实际的商品生产行业离开了城市，但是负责管理和运营商品配送、服务和财富的公司开始进驻城市。各类公司总部和公司管理机构开始在城市驻扎。[5] 虽然生产环节转移到了成本更低的发展中国家，但是，无论是在股票市场还是百货公司的过道上，决定生产什么、在哪里销售以及如何定价的过程都发生在主要城市中。事实上，那些深受去工业化影响的城市——波士顿、纽约、芝加哥——因为公司总部、金融服务业、律师事务所和其他高技能服务业的到来，正经历着一次复兴。城市的这次复活并不是工业经济复苏的结果。伦敦经济学院地理学家迈克尔·斯托博（Michael Storper）在其著作《城市发展的逻辑》（*Keys to the City*）中就曾写道："制造业的分散化从根本上终结了中心城市在其中扮演角色。可是，［它］并没有终结城市的集聚效应。"[6]

事实上，很难说清受过教育的城市居民具体创造了什么实质性东西。在思想的世界里，很多工作高度依赖于正式的高等教育。社会学家萨斯基娅·萨森（Saskia Sassen）在其著作《世界经济中的城市》（*Cities in a World Economy*）中记录了城市从物质生产中心变成知识、金融和无形资本中心的过程。几种不同的经济转变集中发生了。首先，全球化影响了所有商业领域——生产外包至人工和原材料更便宜的发展中国家，全球主要城市之间有众多贸易往来和交流。其中一部分商业贸易与金融市场的崛起密切相关，后者已成为产生利润的关键领域，而这些金融市场主要集中在一些大城市。这些经济互动的特点是人与公司之间的即时交流，彼此之间需要集中、密集的联系，而这在纽约、伦敦、香港和东京等少数几个全球化大都市已成为现实。最后，金融业需要近距离的配套服务（会计、法律、公关）。金融活动和萨森提出的、最早在上述城市中心出现的"高水平生产商服务"促进了这些城市的复兴，与此同时，其他城市也在经历着制造业的外流和知识与创意驱动产业的涌入，这其中也包括技术（波士顿、旧金山）和创意产业（洛杉矶、纽约）。[7]

21 世纪初，城市回归潮流，导致这一现象的部分原因在于城市已经成为新全球经济结构的连接点，这一新经济结构鼓励无形的技术、教育、创新和创造力——萨森所说的高水平生产商服务是其他人口中的“知识经济”“符号分析师”或“创意阶层”的基础。[8] 全球经济经历了从小部件与工厂到人与思想的结构调整，对城市产生的影响显而易见。[9] 对于近距离思想交流的需求和即时获得密集的非物质资源的渴望，让城市的地理密度变得十分重要。随着城市（具体来说是城市中的公司）对技术工人的需求量越来越大，这些劳动力市场精英凭借着良好的教育水平和技能获得了比其他人更多的报酬，受过良好教育的富有的劳动力市场精英高度集中的模式也由此诞生。在全世界范围内，随着公司及其员工大量回归城市，城市正处于复兴之中。

这一转变迅速而深刻。斯坦福大学经济学家丽贝卡 · 戴蒙德（Rebecca Diamond）发现，1980 年至 2000 年间，受过大学教育的纽约人增加了 73%，而没有受过大学教育的人口则下降了 15%。全美高技术人才聚集的城市都呈现这一趋势，受教育人群快速增长，与之对应的是低技能工人的逐渐减少。[10] 而据斯托博观察，从 20 世纪 90 年代末到 21 世纪初，城市——无论是老旧或寒冷的城市，还是急剧扩张或阳光灿烂的城市——普遍因公司和技术工人的涌入得到发展。而像亚特兰大、纽约、洛杉矶和芝加哥这样多元化的城市，都经历了明显的人口增长，这表明促使 21 世纪城市工作和利润最大化的并不是城市的特异性，而是其人口密集和多元化的都市化特性。而且，劳动力市场精英们有能力选择在离居住地较近的地方工作，其中许多人选择尽量缩短通勤时间，减少对生活质量的影响。城市的属性同样在最大程度上使其获得了新精英们的青睐。[11]保罗·克鲁格曼曾简明扼要地指出这一现象："总之，这些高收入精英们得到了他们想要的，自 2000 年以来，他们一直想要的就是住在大城市中心区域。"[12]

因此，对于 21 世纪的志向阶级及其独特的生活方式而言，城市已成为发挥着决定性作用的地理因素。城市精英们渴望住在离工作地点近的地方，而这促使城市和企业家们提供更多体现其价值观和消费观的餐馆、精品店、咖啡店和娱乐场所。现在，人们不再仅仅出于经济或现实原因生活在城市，而是因为城市所能提供的一切而选择在此定居。受大城市成功复兴的启发，博尔德、匹兹堡和圣路易斯这些较小的城市也经历了一次复兴——工业阁楼改造成阁楼公寓，修建更多便利设施，铺设自行车道和对行人友好的步道，吸引创意阶层成员（被认为是新经济的命脉）。[13]当地政客和开发商都倡导将活力街区生活、咖啡店和现场音乐演奏作为新城市生活的一部分。美国的城市和郊区新建无数开发项目，为消费者提供集住宅、购物中心和餐馆于一体的生活区。虽然有些开发项目的确位于市中心［美捷步（Zappos）创始人谢家华（Tony Hsieh）的拉斯维加斯市中心项目，芝加哥的新城市项目或洛杉矶的斯台普斯中心］，但很多项目其实只是简单复制市中心体验，引入人行道、户外音乐、咖啡店和可以俯瞰"街头生活"的公寓等元素（硅谷的桑塔纳商业街区，洛杉矶的格罗夫露天购物中心或佛罗里达州超级豪华的巴尔港购物中心）。工业革命占领大都市约150年后，距离最后一家工厂倒闭也已过去很久，城市现在已经变成消费中心，而不再是物质商品生产中心。

哈佛大学经济学家爱德华·格莱泽（Ed Glaeser）过去几十年来一直致力于研究消费与城市发展之间的关系。人们之前认为城市有利于生产，却不利于消费。随着工业革命及其余波完全蔓延至西方城市，城市中心开始变得过度拥挤（也因此增加了疾病的传播），环境也遭到污染，基本被商业和生产流程所占领。简而言之，城市变成了令人不快的居住地。只要看一看恩格斯针对曼彻斯特的研究，或是读一读肯尼思·杰克逊（Kenneth Jackson）的《马唐草边疆》（*Crabgrass Frontier*），就能感受到工业大都市的恐怖。那些有能力逃离城市中心的人付诸行动。由于维持住宅的资源和人口不复存在，住宅数量不断下降。在美国，美国政府的联邦住房管理局贷款和《退伍军人权利法案》支持自置居所，从根本上为郊区购房者提供了强有力的支持，进一步加剧了城市中心人口的外流。这些措施存在着贷款歧视和限制性条款现象，暗含着种族歧视意味，使得大量少数族裔人群无法获得贷款，基本上全被困在生存环境日益恶化的城市核心区。[14] 从20世纪中期开始，郊区在数十年时间里取代城市核心区成为理想居住地。[15]

这种情况持续了几十年。但是，格莱泽的研究表明，今天的情况正好相反。现在，全球经济的中心集中在主要大都市，劳动力市场精英也汇集于此。这些新精英们渴望文化丰富的密集街区能够为其提供丰富的便利设施和消费选择。能够最大限度提供消费机会的城市正在蓬勃发展。城市经济学中占主导地位的知识范式被称为新古典城市经济学，它认为个人和公司偏好"舒适价值"或者说生活品质，这就解释了公司和劳动力市场精英们对于地点的选择。举例而言，老旧工业城市之所以能重获新生，部分原因是消费选择和社会互动的结果，后者对高技术工人有着极大吸引力。[16]从经验角度而言，这一理论已在21世纪的城市得到验证：格莱泽与经济学家杰德·科尔科（Jed Kolko）和阿尔伯特·塞兹（Albert Saiz）共同研究发现，高舒适度城市——有公园、剧院、大量餐馆和零售商店——发展速度比低舒适度城市快很多。事实上，1980年开始便利设施在城市的聚集，就预示了未来十年人口的增长。他们还发现，城市租金远高于城市工资，这表明，大家渴望居住在城市的需求并不能简单地用为了获得更多报酬来解释。为了享受城市生活的便利，普通城市居民愿意忍受高租金。城市在多大程度上为居民提供多样化的消费选择，决定了一个城市是否成功，同时也勾勒出全球城市等级制度。[17]随着城市成为技术人力资本的重要聚集地，那些管理城市和在城市中拥有公司的人推动了城市便利设施的发展，让城市生活对于那些极受欢迎的劳动力来说既有价值，又充满乐趣。[18]因此，成为全球经济中心和新精英阶层重要消费区域这两个过程正同步进行。

格莱泽和他的同事们将城市便利设施分为四种类型：本地

商品、美感、公共服务和速度。后三种类型的便利设施相当简单：人们都喜欢好学校、低犯罪率、赏心悦目的建筑、（舒适的）天气和公园。大家也都想要包括地铁和自行车道等在内的便捷的交通系统和靠近中央商务区。因此，从表面上看，像纽约或伦敦这样拥有大量公共空间、高效地铁系统、低犯罪率和优质学校的城市，毫无意外地会令人向往。但是，当涉及本地消费者的选择，更重要的是涉及一个城市相对于另一个城市所提供的兼容并包的环境时，情况就变得更加复杂。

中世纪之后的数百年时间里，我们见证了实际收入的增长和后稀缺社会的兴起。[19]尽管社会不平等逐渐加剧，这些发展仍表明西方工业国家的普通民众更有钱了，而且在满足基本需求后，人们明显将更多的钱用于满足第二和第三层次需求。所以，世界上大多数人都在购买更多商品。从空间角度看，这意味着最理想的居住地通常都有更理想的消费类型。纽约、伦敦、香港、旧金山、洛杉矶或巴黎这样的大城市不断提供着迭代高端消费选项：一杯完美的卡布奇诺，高级餐馆的一餐饭，或是一件设计师品牌女装。除了数不清的咖啡馆和精品店，这些城市的独特之处还在于它们所产生的本地影响——伦敦的地道咖喱屋，芝加哥的美味比萨和巴黎的法棍。大量不同人群的集中使得咖喱屋蓬勃发展——如此多的人熟练地生产一种特殊商品，同时又有如此多的人渴望消费它。[20]

人本身也成为其他人渴望的本地商品，他们在不同城市的特殊性和独特性使得一些地方具备了不同的吸引力。我们都希望与可以分享思想、文化和故事的人在一起，也希望身边的人与自己读着相同的书，看着相同的电影。我们从根本上说是群居动物，通过一系列规范和共同的身份连接在一起。这种连接一部分是产业发展的结果：搞乡村音乐的人都喜欢住在纳什维尔，他们不仅通过彼此近距离的工作，分享作曲或作词的想法来提高工作效率，还在晚餐聚会和酒吧分享谈论相同话题的乐趣。无论是金融业、电影业还是出版业，人们因工作而聚集在一起，形成具有凝聚力的社会团体，彼此共享身份。因此，除了简单地获得一份工作，人们还在寻找能最大化其社会和个人生活消费的地方。[21]

这种社会消费也是人们遇见自己想要约会、结婚、创建家庭和结成一生友谊的人的方法之一。如果你是个单身编剧，你在洛杉矶的约会生活会比在迈阿密更精彩，在洛杉矶你可能会找到更多志趣相投的潜在伴侣。越来越多的城市成为知识生产场所（金融、技术和艺术），而非工业生产地，许多高技术人才在这里相识相知，进而生儿育女，因此实现强强联合，而他们的孩子长大后也会走上相同的道路。[22]大多数对于社会不平等的担忧，源于高技术人才与技术相对匮乏的劳动力之间的社会和经济地位、所能得到的机会及其后代的差异。这一现象的根源可以追溯至城市中心的约会市场（尤其是人们都倾向于门当户对，而不是“高攀”或“低就”，21 世纪的趋势经济学家们将其称为“选型交配”[23]）。聪明人不仅仅是为了工作才选择跟其他聪明人共处，还是为了友谊和爱情。随着时间的推移，这导致高度分层的高学历富裕地区的出现，正如经济学家泰勒·考恩（Tyler Cowen）所说："金钱和才能向高效能的双职工家庭聚集，而这些家庭会不惜一切代价强化其后代的利益。"[24]

城市居民社会和经济的相互作用促使城市成为终端消费场所。今天的大都市中，相当多的人是高技术人才，他们的薪酬比大多数人高，同时需要相对奢侈的消费选项——不论是艺术画廊，声名远播的幼儿园，还是鸡尾酒吧。小众企业家和香奈儿、卡地亚这样的跨国公司都在以同样的方式回应这种需求。除了高端手袋和腕表，城市的餐馆、酒吧，甚至是美甲沙龙都在不断增加，让人们有各种渠道花掉闲钱，也让城市成为更有吸引力的居住地。格莱泽发现，1998—2008 年间，曼哈顿餐馆的就业人数增幅超过 50%，这表明消费者的选择需求正不断得到满足。[25]

然而讽刺的是，城市生活及其所有丰富的消费选项相对富人而言都是便宜的（即使其他人都在挣扎着付房租，这一点稍后会详述）。我们都知道品位随收入而异。部分是因为富人拥有更多钱，因此有更多可支配收入用于消费。但是从一般意义上来说，富人可能会寻找彼此相似的基本商品——散养鸡，有机牛奶，雅致的餐馆和按摩中心——这就意味着作为富人的家的城市要特别迎合其消费需求。一个人只需在圣莫尼卡散个步，就能看到大量日间水疗中心、有机茶室、素食餐馆和其他体现富人行为特点的设施。沃顿商学院教授杰西·汉伯里（Jessie Handbury）将这一现象称为"收入特有品位"。汉伯里发现，富人不仅寻求奢侈商品的多样性（比如说，很多人可能都喜欢美味的奶酪，但是富人会希望有来自不同国家的奶酪可供选择），并且对价格的波动不甚在意。他们并不关注晚间新闻中对于牛肉或牛奶价格上涨的报道。但由于生活在城市，无论如何这些富人在好东西上花的钱都变少了。汉伯里针对 4 万个美国家庭和 500 种食物类商品进行研究后发现，相较于生活在看似更便宜的城市（如底特律或亚特兰大），生活在高人均城市（纽约、旧金山）的富人（年收入超过 10 万美元的人）在食物方面的花费要少 20%。[26] 在城市做美甲更便宜：纽约人花不到 3 美元就能做美甲，比排名前十的其他大城市都要便宜。[27] 城市提供的奢侈消费开始显得相当不平衡：城市居民不仅拥有更多消费选择，而且为此支付的费用也更少。

之所以会有这样的情况，离不开微观经济学基础：规模经济和范围经济。或者简单而言，在城市中心，很多人会参与相同类型的消费（规模经济），支撑起棒球场、歌剧院和剧院这类设施的建设，同时也会降低按摩、有机食品和娱乐休闲等项目的固定支出成本。与此同时，城市中心有足够多的人支撑起“长尾”消费——异域特色餐馆、高级精品店和先锋戏剧。这种对于相同事物的大量需求而产生的相互作用，以及在同一个地方聚集如此多不同背景和喜好的人所催生的大量不同个性需求，使得城市中心衍生出如此多的消费选择。城市居民如此多种多样，既驱动了城市设施的不断推陈出新，又使得街角的每一家面条店、纸杯蛋糕店和可颂甜甜圈店前都有足够多的消费者大排长龙。简而言之，无论产品或服务如何，消费者都会为其买单。很多城市女性需要做美甲，于是就有美甲沙龙来满足这种需求，而美甲沙龙之间的竞争则起到了自动调节价格的作用。有机传统品种番茄也面临相同情况——在堪萨斯州的某个小镇上，或许只有一家食品杂货店出售这种番茄，但在大城市却不会只有这么一家店。相反，一个人只需步行几个街区就能找到五家不同的食品杂货店出售这种番茄。如此庞大的供需关系使得富裕城市中的奢侈品也变得如此便宜——这是 21 世纪消费城市中普遍存在的一个不公平现实。

当城市居民抱怨纽约或洛杉矶的生活成本时，其实暴露出他们脱离了美国其他地区的现实。5 美元一杯的咖啡当然很贵，但在西弗吉尼亚州或宾夕法尼亚州的小镇上甚至没人会考虑买这么一杯咖啡，更不用说 500 美元一双的鞋子——而这两样都是常见的城市消费。汉伯里对此解释说，并不是城市的基本消费项目更贵了（根据她的调查，牛奶这样的消费品在城市更便宜），而是生活在城市里的人的消费品位变得更昂贵。丽贝卡·戴蒙德也发现，城市会提供一些所谓的“隐藏的便利”——接触［其他］精英的机会，可以散步的舒适的公园，安全的街区，各式外卖——所有这些带来的幸福指数比任何标准生活指数所反映的相同指数要高出 30%。不一定需要设计师品牌鞋履和昂贵的三餐，这些普通的小事情就能让积极提升阶层的人和高技术人才的日常生活更幸福。[28] 城市在各个方面都是全球精英的关键消费区域。

消费场景

富有的城市居民通常会喜欢相同的奢侈品，但当然也喜欢有所改变。当你在星巴克排着队，听到前面的人点了一杯加奶泡和无糖焦糖的“半低咖”拿铁，就能自动勾勒出这类都市人的怪异形象。甚至连不同街区都能孕育出属于自己的城市奢侈消费体验——无论是风行威尼斯的可水洗羊绒衬衣，还是比弗利山庄流行的奢侈标配爱马仕。芝加哥新潮的柳条公园和与之相对的黄金海岸历史街区也面临相同情况。波士顿富有的灯塔山街区和充满智慧的剑桥市或许在品位上有很大差异，但这两个地方显然都为各自居民提供了丰富的消费选项。芝加哥大学社会学家特里·克拉克（Terry Clark）认为，这些消费“场景”相互融合构成了“作为娱乐机器的城市”。克拉克和另一位社会学家理查德·劳埃德（Richard Lloyd）都表示：“生活品质并不仅仅是生产的副产品，它定义并驱动着新的生产过程。”[29]无形而模糊的生活品质概念在城市通过特定商品和服务具体化，而这些商品和服务正迎合了城市居民的不同喜好。克拉克的研究试图弄清这些城市生活的一般动态如何在特定地方发挥作用。克拉克没有以特定人群和地点作为研究对象，而是通过研究人们的行为和消费方式来了解城市特点：比弗利山庄和麦迪逊大道这样的魅力街区不乏过度炫耀性消费和奢侈品，而诺丁山、苏荷区或威尼斯街区则更加新潮，曼哈顿上西区或帕萨迪纳居住着更为传统的中产阶级。但相同地方对不同的人来说可能有不同的意义——比弗利山庄可能是一个富人的家，也可能是另一个人偶尔出入的炫耀性消费场所，还可能是某个人的娱乐和猎奇之地。[30]

百城一面，百城百面

一般而言，消费可以定义城市体验，但是，洛杉矶和旧金山虽然同在加利福尼亚州，却大不相同，这两个城市的魅力或魄力不仅从微观角度来看各具特色，从宏观角度而言也各有千秋。这两座城市当然都是人人向往之地，也集中体现了城市的所有诱惑——高级咖啡店，精致的餐馆、博物馆和大型体育场馆。但是，如果你把旧金山人和洛杉矶人搞混了，前者会感到深受侮辱，毕竟旧金山人以波希米亚式理智主义为傲，而后者明显缺乏这种特质。以此类推，洛杉矶人认为纽约人神经质，纽约人则认为芝加哥人身上的中西部特质太明显。这其中隐藏着一个有关城市及其消费的简单却重要的特点：纽约以金融和时尚闻名，旧金山则是技术，底特律的代表是汽车，洛杉矶则是电影和电子游戏，城市的消费选择在巩固其身份方面发挥着同等重要的作用。

当我们通过消费模式来检视城市，会发现它们之间的相似之处并不比普通小城镇之间多。事实上，大多数小城镇之间比随机挑选的两个大都市之间有更多共同点。乍一看这似乎显而易见，但大多数针对城市的研究都试图理解一个更大的城市化模式——将城市作为一个统一整体加以理解。芝加哥大学社会学家路易斯·沃斯(Louis Wirth)于 1938 年发表了著名的文章《作为一种生活方式的都市化》(*Urbanism as a Way of Life*)，他开始通过三个标准来定义城市：大小、异质性和人口密度。[31] 很多后来者纷纷效仿：法国马克思主义哲学家亨利·列斐伏尔（ Henri Lefebvre ）认为，我们正在经历一场"城市革命"（的确如此，美国人口的 82% 以及世界上超过半数的人口都是城市人），像生物学和物理学一样，城市也需要被当作一门独立学科来研究。最近，圣菲研究所（ Santa Fe Institute ）物理学家杰弗里 · 韦斯特（ Geoffrey West ）已经通过复杂的程式和大量积累的数据证明，无论城市大小、人口密度或异质性如何，高度可预测的深度结构都能支撑城市与城市模式。韦斯特相信，我们可以用程式来解释各种城市功能和模式，其精确度可达到 85%。[32] 按照他的说法，只要知道一座城市的人口数量，就能了解这座城市的犯罪水平、浪费数量、食品杂货店数量等。麻省理工学院的玛塔·冈萨雷斯（ Marta Gonzalez ）和她的同事们则研究发现，人类表现出一种可归纳总结的移动模式。冈萨雷斯及其同事们从 600 万人口样本中挑选出 10 万人的电话和短信模式进行了研究，他们发现，其中大多数人都在四个不同地点度过大部分时间。尽管大多数人生活和工作的地点不同，我们的空间模式却大致可以预测。事实上，这些研究人员还把这些个体分成三个不同的组，看看是否会有任何不同，结果发现其行为模式完全相同。不同组群之间"基本无法区分"。[33] 所有被研究人群都倾向于在同一地点停留四次，并且日日如此。因此，虽然这些停留本身发生在不同地点，但不论一个人住在哪里，种族情况如何，从事何种职业，或具有任何其他人口或经济特征，其行为模式都一样。他们因此得出结论，无论人们在城市的什么地方或是生活在哪座城市，我们都可以准确预测出他们在特定时间点身处何处，并且掌握其活动内容。

这些研究在构建、执行和研究发现方面都令人印象深刻，但是，关于做人和生活在城市的真正意义，以及这四个不同地点相对于不同的人有何本质差异，这一系列全新的研究却没有告诉我们任何实质性的东西。比如说，对于一个生活在芝加哥的男人来说，这四个地点可能意味着：早上，他走出位于富裕的黄金海岸历史街区拥有四间卧室的大房子，出门晨跑，然后在一家咖啡店停下来买杯咖啡，接着前往芝加哥市中心开始金融工作，下班后又在某家有机咖啡店停留，点一份野生三文鱼和有机西蓝花当晚餐。他的这四个停留地点当然与一个做钟点工的单亲妈妈有着本质上的不同，后者可能要在华盛顿特区环城高速路上争分夺秒地赶着把一个孩子送到托儿所，再把另一个孩子送去小学，然后再开更多路程去做一份薪水低得无法付清账单的工作，下班后再匆忙地去接孩子们，最后，在回到那个或许不怎么安全的小公寓之前，她还得去一家环境不怎么好的食品杂货店，在有限的水果和蔬菜中做一番选择。这两个人的一天都可以说是在四个地点度过，但是他们各自的生活却完全不同，那些数据并没有告诉我们，生活在同一个城市的人如此不同的生活经历，更不用说其他数百万同样生活在城市的人的生活。

这些数据并没有真正描绘城市人的形象及其城市生活的真实模样。可归纳总结的城市生活模式十分肤浅。甚至连杰弗里·韦斯特自己在观察过所有模型和数据后，对于持续不断的城市奥秘仍感到困惑不解——我们为什么要容忍城市，是什么让它们如此引人注目（哪怕有高房租、蟑螂和过度恶性竞争）？[34]

显而易见，人们往往只从广义角度把城市当作一个整体来理解——沃斯在75年前就概括了那些关键衡量标准，我们在最近的研究中也只做了少量补充。村庄通常都很小，种族单一，通过农场和宽敞的后院提供一种更加散漫的生活体验，相较而言，城市当然都很庞大，人口密集，也较多元化。但是，这能告诉你分别在密苏里州和密西西比州的小镇长大的两个人有什么不同的成长经历吗？诚然，城市提供了更多便利，但是喜欢每天骑自行车和户外生活的人并不一定会将路边小贩贩卖的混合了一半奶油的特色咖啡和巴尼斯的甩卖当作便利，他或许反而会将这些彰显纽约城市身份的特色当成祸害。让城市生活充满意义的是那些微小的组成部分，它们最终定义了旧金山、巴黎、香港或芝加哥这些城市的城市体验，并令其呈现出巨大差异。

城市生活的总和

我们当然很难深入研究那些微小的组成部分。建筑的特点、历史、人们阅读的类型以及随后在晚餐聚会和图书俱乐部的讨论，类似这些几乎无法从宏观角度准确表述，但我们如何消费体现了我们特定的价值观和个人喜好，并且我们反过来会在不同城市的晚餐聚会上谈论这些话题。而这是我们可以追踪到的情况。当我和我的博士生李晓正一起查阅消费者支出调查报告时，我们看到了美国人消费的成千上万的东西，并且按城市对这些数据进行了分析，结果发现可以从城市人的消费角度，理解我们对于城市差异的一部分定性认识。

从详细的消费模式角度看，除了那些宽泛的概括总结，城市之间几乎没有什么共同之处。无论是洛杉矶道奇队与旧金山巨人队球迷之间的敌对，还是芝加哥与纽约的比萨之争，这一简单的观察就能解释我们为什么能在某些大城市及其居民之间看到这种对立，以及我们为什么不能将这些城市看作一个有凝聚力的整体，而必须独立看待。相反，城市居民是各种各样的人的融合，这些个体来自不同的国家或村庄，彼此之间存在着巨大的差异。当我们看着这些消费数据，会觉得与迈阿密或达拉斯的居民相比，洛杉矶的居民真的好像来自一个完全不同的星球。在下一节中，我将分别通过我们如何吃东西、喝咖啡、饮酒、进行家居装饰和约会，以及城市生活的其他组成部分来解析这些差异。[35]

我们吃什么

在一些基础食物方面，我们可以看到一些城市比另一些更健康，而且数据显示，洛杉矶、纽约、迈阿密和旧金山拥有最庞大的水果和蔬菜消费人群。与旧金山以外的其他城市相比，洛杉矶人在新鲜蔬菜上的总支出一直比其他城市多30%至40%，在水果上的总支出则多10%至40%。

迈阿密的水果消费量则与洛杉矶不相上下。纽约人和旧金山人似乎没有那么注重健康，但是他们在水果和蔬菜上的支出也明显更多。从一方面看，这些发现有一定道理。迈阿密和洛杉矶分属于美国农业较发达的两个州，而且意料之中的是，这里农产品味道更好，而且由于产量丰富，价格也比其他城市便宜。但这其中也有一种文化动力在发挥作用：这些城市是那些极度关心健康和外表的人的大本营。纽约市一直以来就是汤姆·沃尔夫所谓的“社交X射线”之都，而洛杉矶和迈阿密温暖的气候和海滩风光则给每个人都施加了一点压力，迫使其在不用穿多少衣服的情况下，多少都得注意一下外表。

相反，达拉斯、休斯敦、费城和巴尔的摩的新鲜蔬菜和水果消费者数量毫无意外地排在了末位。或许有人会从地理角度提出论据，毕竟这些城市离新鲜农产品产地更远，但是纽约也存在这样的地理位置问题。这些城市同时以牛排、烧烤、啤酒和慰藉食物闻名。费城人或许不会每天都吃奶酪牛排三明治，但这种食物的确反映了一种文化，那就是肉比羽衣甘蓝多。得克萨斯州的畜牧场提供了大量优质牛肉。这些城市的文化和各自所能提供的最好的产品推动了消费习惯的形成。然而，对于一些城市来说，这种消费习惯背后隐藏着经济原因：巴尔的摩和费城的低收入人口比例更高。正如长期以来各种资料记载的那样，贫困街区的食品杂货店通常不会出售新鲜水果和蔬菜，由此形成社会学家和城市规划师所说的“食物沙漠”。低收入居民经常必须依靠加工过的高脂肪食物来养活家人。

糖果、口香糖、可乐和含人造甜味剂食品在美国中西部地区很受欢迎，但在大多数情况下，沿海城市对这些东西避之不及。美国东北部城市在这些食物上的消费一直明显低于全美平均水平。以 2010 年为例，这一年纽约人在含人造甜味剂食品上的消费只有大多数城市的一半水平，在糖果和口香糖上的消费则要少 55% 左右。（唯一例外的是波士顿，这里的人在含人造甜味剂食品上的消费比平均水平高出 60%，在糖果和口香糖上的消费则高出 15%。）总体而言，与美国其他地方的人相比，城市居民不怎么消费这些东西。

非城市地区的居民会消费大量含人造甜味剂食品、可乐、高脂食品、各种油类、鲜奶及奶油——基本上都是城市居民不会购买的东西。他们还购买更多冷冻和罐装的蔬菜和水果，而不是新鲜蔬果。而城市居民很少会购买这些东西。这种差异可能只反映了一个现实问题——大多数城市居民没有大冰箱和食品储藏室，同时，在富有的城市街区很容易就能买到新鲜农产品。那些住在城市及其郊区以外地区的人外出用餐的次数也比城市居民少很多，而后者可以通过餐馆和外卖吃到其他食材（黄油、奶油等）。

我们喝什么

我们通常把咖啡当作一种典型城市饮品——疯狂而又神经质的城市居民的咖啡消费量常常以加仑计算。不过有意思的是，除了少数几个城市，大多数城市居民消费的咖啡量和在咖啡上的消费额，都不如美国其他地方的居民。我们以为纽约到处都是对咖啡上瘾的疯狂城市人，可事实上，这座城市的咖啡消费量比全美平均水平低大约 30%。真正的咖啡城市不是西雅图或旧金山——而是波士顿、底特律、费城和洛杉矶郊区，这些城市的居民在咖啡上的花费在总支出中的占比高出全美平均水平 20%。西雅图人在烘焙咖啡上花费最多——这当然是这座城市文化和出口市场的有机组成部分。目前掀起一阵咖啡因消费潮流，城市居民通常比美国其他地方的居民消费更多茶饮，这一点在东北部城市纽约和费城尤为明显。这会是伊迪丝·华顿那个时代的遗风吗？大有可能，这符合纽约作为文化潮流先锋的形象，不过，这同时也可能是其他地方现在还尚未捕捉到的下一阵流行风潮。再来看瓶装水的情况，洛杉矶人在这方面的支出比其他地方的人多出 75%。这似乎是这座城市的标志性消费品之一，没有哪座城市能与之相比。

总体上，在无醇啤酒、外出用餐、葡萄酒方面，城市居民有一些相同之处。他们不消费无醇啤酒（我的意思是完全没有），一般来说，他们在外出用餐和葡萄酒方面花费更多——与频繁的社交活动密切相关。旧金山、圣地亚哥、纽约和波士顿的居民在葡萄酒上的总支出是全美平均水平的两倍多。而那些不怎么喝葡萄酒的城市——费城和底特律——则用啤酒和鸡尾酒弥补了这一缺憾。总体而言，哪怕波士顿和明尼阿波利斯在所有的酒精饮料消费领域都取得巨大成就，但与葡萄酒和鸡尾酒相比，啤酒还是少了一点城市属性。只有迈阿密算得上"滴酒不沾"，这座城市的人在酒精饮料上的花费比美国其他地区少40%左右。

家才是花钱的地方

城市可以提供更廉价的商品，但谈到购房和维持家庭运转，城市居民在住址选择方面明显花费更多。公园、博物馆林立，街角遍布咖啡店，大量购物场所——所有这些"隐藏的便利"和消费选项——都会计入城市购房和租房的成本中。在大多数主要城市，居民在住房方面的支出占比明显高于全美平均水平。这里所说的支出占比是指一个家庭的经常性支出占比，其中最大的比例（或份额）用于住房。按照这一衡量标准，纽约人在这方面花费最多——高出全美支出占比平均水平50%——其中包括租房者和自有房主（随后我将解释这一重要区别）。根据年平均支出数据，旧金山拥有全美最昂贵的住房市场。而深陷严重经济困境的底特律和克利夫兰的住房支出则低于全美平均水平。这些城市的住房市场尚未恢复，导致房价一蹶不振，城市经济整体低迷（就业萎缩意味着能买得起房的人更少，从而进一步拉低需求，影响房价）——这两个因素都削弱了这些城市在住房市场上的吸引力和竞争力。但是，当城市拥有大量可用于建房的空地时，房价也会更便宜。休斯敦和达拉斯的城市区划更松散，且热衷于向外扩张，这里的人在购房上的支出明显低于全美平均水平（包括房价更便宜的农村地区）。简而言之，在住房市场低迷或拥有更多空地建房的城市购房或租住可以享受到更便宜的房价，而且住房贷款在家庭总支出中的占比通常也更小。

虽然旧金山和纽约的房价动辄数百万美金一套，但这两座城市的人在购房上的花费很少，而且在总支出中的占比也很小（而在租房上则呈现完全相反的趋势，稍后我将就这一点展开讨论），这或许会让这里的人们稍微停下来思考一下这个问题。旧金山可以说拥有全美最热门的房地产市场，可该市的购房支出占比只比全美平均水平高出 20%。2012 年，旧金山人的购房支出占比甚至低于全美平均水平（全美平均水平为 11.8%，旧金山人的购房支出占比则为 11.5%）。纽约人（居住在五个行政区内的人）的购房支出一直比全美平均水平低 20%—25%，2009 年的同类支出更是比美国其他地方的人少 1/3。最后两组数据或许不仅会让这两座城市的人大吃一惊，也会让任何意识到高房价与自身利益息息相关的人难以置信。但是不要忘记，这些数字是以总支出占比来计算的——而非绝对支出。旧金山或纽约的房主们都是收入更为可观的人，能够更轻松地负担高房价。因此，即使纽约或旧金山的普通住宅或公寓售价动辄数百万美元，那些能负担得起的人也早已比其他所有人挣得都多，从经常性总支出占比角度衡量，与不那么富有的购房者相比（例如佛罗里达州的奥兰多市或佐治亚州的亚特兰大市），他们的住房消费在总支出中的占比也更小。与此同时，相比于买房，更多纽约人选择租房，这也会拉低总体平均水平。而从购房的绝对支出角度来看，纽约人的花费仍然低于美国其他地方的人，就自有住房的年度平均支出而言，旧金山的住房市场是全美最昂贵的之一，紧随华盛顿特区之后（2007 年，旧金山的住房平均绝对支出是纽约的两倍多）。然而，同样从支出占比角度可以看出，住房支出并不占主导地位，这也证明旧金山人总体上享有高收入，对于那些选择买房而非租房的人而言，买房并没有在其总支出中占支配地位。

要理解这些城市住房成本对普通居民的影响，可以看看租房居住的人在住房上的支出情况，纽约、旧金山和迈阿密的家庭在这方面投入巨大。无论当地住房市场多么宽松，对大多数人来说，房贷通常都会占去总开支的很大一部分。即使是在房价比较合理的住房市场，一套房子每个月也要花掉一个家庭数千美元的贷款。然而，房租价格的波动却比较大，一套面积 600 平方英尺*的豪华一居公寓的月租在克利夫兰可能只需 500 美金，而曼哈顿同样大小的公寓的租金则超过 2500 美元。由于租房的

* 1 平方英尺约等于 929 平方厘米，此处 600 平方英尺相当于 56 平方米。

城市居民比买房的多，因此，要了解大多数城市居民的真实生活情况，房租是一个很好的途径。从支出占比和绝对支出两方面看，大城市的房租都非常贵。纽约人在租房上的支出是全美平均水平的300%（平均每年超过8000美元，几乎是明尼阿波利斯的四倍，华盛顿特区的两倍，芝加哥、波士顿、西雅图或菲尼克斯的两倍多）。根据房地产中介公司街易（StreetEasy）的数据，2015年纽约市平均租金预计为2700美元——几乎是全市中等收入水平的60%（根据经验法则，一个家庭应该将税前收入的30%或更少用于住房）。2000—2013年间，纽约市房租的增长速度几乎是收入的两倍，这一趋势对低收入街区居民的影响最大。[36]

全美第二贵的租房市场在旧金山，平均每个家庭在这方面的花费都比全美平均水平高出50%到80%（却是菲尼克斯、休斯敦、达拉斯或费城这样规模更小、租金更便宜的城市的两倍）。从总支出占比来看，洛杉矶和圣地亚哥家庭的房租支出占比是全美平均水平的两倍多。我们可以从几个方面来看待这些数据。首先，这些都是最理想的居住地，但很多人买不起房子，于是租房市场十分火爆，供不应求。其次，在一些城市，那些租房而不买房的人的总收入较少，因此其收入和支出的较大一部分都用于租房、食物和衣物。最后，其中一些城市——例如纽约、旧金山和华盛顿特区——正兴起超豪华公寓楼风潮，而这只有超级富豪才负担得起。这种住宅从根本上在超级富豪和其他人之间创造了一个“二级”租房市场。[37] 那些豪华公寓满足了超级富豪的住房需求，同时那些本可以成为房主的人留在了租房市场，纽约和旧金山的住房支出占比或许看起来比预期要低（这也许能解释为何旧金山的租房支出占比低于圣地亚哥——旧金山显然有更多更富有的租客，他们拉低了用于租房的平均收入占比）。美国其他城市则呈现几乎相反的趋势：在明尼阿波利斯、芝加哥和巴尔的摩，人们的购房支出占比虽然略高于全美平均水平，但是，他们花在房租上的钱却明显少很多。

城市住房市场的另一个独特之处体现在度假屋——大多数美国人从未考虑过购买专属度假屋。度假屋是城市消费的一个标志——再次反映了生活在城市的人比其他地方的人普遍更富有。纽约、费城、旧金山和芝加哥在这方面独领风骚：平均来看，纽约人在度假屋上的花费是全美平均水平的 242%，费城人是 175%，旧金山人是 164%，芝加哥人则是 152%。而 2008 年，纽约人在度假屋上的支出占比达到了全美平均水平的 436%。（顺便提一下，经济大衰退之后，纽约人控制了在度假屋上的花费。2012 年，他们在这方面的花费“只是”全美平均水平的 213%，华盛顿特区人和波士顿人则双双增加了在度假屋方面的支出，达到了全美平均水平的 205%。而费城人、旧金山人和芝加哥人全都明显减少了度假屋消费，只比全美平均水平高出 14% 到 41%。）考虑到与美国其他地方相比，纽约人的支出中用于度假屋的比例更大，你可能认为纽约人都在购买昂贵的度假屋（从 2007 年到 2012 年，其总支出中的 1.3% 都用于度假屋消费，而全美平均水平只有 0.6%），这或许是事实——汉普顿地区的度假屋售价高达数百万美元。但另一个事实是，纽约人中只有很少一部分购买度假屋，这本身就是一个奢侈消费选择，远远偏离了牛奶、鸡蛋和拥有一个家的常态，因此这微小的组成部分就足以使纽约人看上去比其他地方的人消费更多。

保姆、家政服务和时间成本

同样，雇佣保姆而不是以日托的形式照顾孩子也是一种城市的奢侈和现实选择，尤其是在华盛顿特区、康涅狄格州和新泽西郊区这样的地方。[38] 毫无疑问，城市里的保姆更贵，但城市人的工作也更繁忙，那些劳动力市场精英们倾向于花钱雇保姆而不是把孩子送去日托班。再次以纽约为例，这里存在着一种自我选择偏见：那些负担得起保姆费用的人常常能挣足够多的钱，这项支出只在其总支出中占了很小一部分。

家政服务也是典型的城市现象，纽约、洛杉矶和旧金山人在这方面的花费几乎是美国其他地方的两倍（而家政用品在城市中的购买度极低）。大多数城市家庭在家政服务上的花费高于全美平均水平，这既反映出城市提供了大量家政服务（使得城市居民很容易就能找到一个合格的家政服务人员），也反映出城市人因工作繁忙而需要雇人做家务。与雇佣保姆和送孩子上日托班一样，雇佣家政服务人员也是花钱买时间，让花钱的人既能在充满压力的职场高效工作，也能利用休闲时间开展一些活动，而不是忙于洗碗、吸尘。

以不同方式跟上琼斯一家的步伐

我在纽约读研究生的时候，住在一间400平方英尺*大小的单间公寓里，睡的是单人床，早餐通常就是在去图书馆的路上买一个松饼和一杯咖啡。我的毕业论文和第一本书则是在一张购自塔吉特百货的小仿木桌上完成的，桌子紧挨着一个书柜，里面塞满了马克思的书、微观经济学教材和我收藏的大部分文学小说，那些书上面还堆着高高的一摞期刊论文。那张桌子离我的床不过两英尺†距离。我记得研究生快毕业的那个冬天的某一天，我最好的朋友来到这间位于上西区的单间公寓，他四处打量了一番后说："你最好快点读完博士，因为你的公寓看起来像连环杀手住的地方。"我在那年5月毕业了。

无论是在那些塞得满满当当的壁橱里（我有两个很小的壁橱，小到甚至塞不进一件冬季外套），还是在那张小床底下，我的确有一大堆没用的昂贵衣服。那些衣服有些堆在我的咖啡桌上，还有些则塞在其中一个小壁橱里，它们全都是"混合"专业精品百货与巴尼斯的合作款，大多数时候的晚上，我都是站在厨房水槽旁吃完已经凉掉的中餐外卖或比萨，然后出去和朋友们一起度过乐趣无穷的冒险之夜。

看起来自相矛盾的是，我本来至少可以花些钱从宜家买件

---

* 相当于37平方米。

† 约等于0.6米。

正经家具，或是少花点时间购物或跟朋友一起出去玩，多花点时间收拾屋子，可是我缺少这么做的动力——反正没人会来。没人真正举办过晚餐派对或请人来喝咖啡。大家都在遍布城市各个角落的咖啡店和酒吧做这些事。我还记得写第一本书的时候采访了《采访》（*Interview*）杂志编辑英格丽德·斯奇（Ingrid Sichy），当时我并没有做任何提示，她就说了相同的话——城市就是一个人的餐厅、客厅和延伸的家——而不是其居住的公寓，那只是晚上睡觉的地方而已。斯奇是纽约市魅力四射的文化偶像安迪·沃霍尔（Andy Warhol）的朋友，而她跟我们一样，只是为了有一个容身之处才租一间房，然后在城市里四处享乐。

所以，看到很多城市家庭有着相似的优先选择一点也不奇怪。在所有城市，居民在家纺、浴室用品、卧室用品、家具和银制餐具——所有能维持家庭美好整洁的标志性商品上的支出占比都低于全美平均水平。从总体上看，城市居民在电视上的支出占比也低于全美平均水平和非城市地区同类水平。纽约、费城、底特律、华盛顿特区和亚特兰大的居民在电视上的花费最少。当然，其中也有一些例外——纽约人就很喜欢装饰性枕头。休斯敦和达拉斯人则中意纺织品和家具，芝加哥人在电视上的花费虽然一直仅略高于全美平均水平——但这一趋势却十分明显。城市居民把钱花在了家庭物质生活以外的地方。他们可能通过外包劳动使家庭生活更轻松，但却不会把钱花在家庭物质生活上。城市居民之所以做出这种选择，部分原因在于他们通常外出用餐和娱乐。这也可能是由于许多人的城市经历都是短暂的——人们在城市生活一段时间，然后结婚生子，搬去郊区生活，那时他们就会开始关心沙发和浴室毛巾问题。

然而，这种模式的另一个重要影响是，城市人花了太多时间在家以外的地方，以至于他们的物质主义都体现在外表上，而不是内部世界，这也符合格奥尔格·西美尔在20世纪早期对城市人的观察结论——那些怪异的城市人把衣饰当作反映身份地位和个性的快速信号。[39] 当我们同时观察男女的衣着和鞋履，可以精确捕捉到这种趋势：城市人在鞋子和衣服上花费更多。某些城市鲜明地体现了这一趋势。作为外出支出的一部分，纽约女性在鞋上的花费是其他地方人的2倍多。而在女性服装方面，达拉斯和纽约拥有最大的消费阵营，考虑到这两座城市都有需要被看见的炫耀文化本质，就不足为奇了。纽约和华盛顿特区是男士鞋的最大消费区——很可能是因为这两座城市是两大男性统治产业的中心：金融和政治。大多数城市的人在手表上的消费都与平均水平相当，而纽约和洛杉矶人在这上面的花费则明显更多。实际上，纽约人2010年在手表上的总支出占比是其他地方人的27倍多——没有哪个城市能与之相比。以绝对支出标准衡量，纽约人2010年在单只手表上的平均花费是1300美元，与之相比，洛杉矶人则低调得多，平均只有105美元。虽然手表价格可能高达数万美元，105美元也不是特别不合理，不要忘记，这一数字是平均值，而很多家庭表示根本没在这上面花过钱，然而，纽约平均每个家庭在手表上的花费却仍超过了1000美元。尽管从支出占比角度看，洛杉矶人在购买手表一项上的排名位居第二，但他们花的钱只有纽约人的十分之一。

由于价格不菲，大多数人都对手表望而却步，甚至连城市人也不例外，但是那些廉价的美甲（还有按摩和美容）则对所有城市人充满诱惑。纽约人、迈阿密人和华盛顿特区人在个人护理服务上花费最多，除了特立独行的西雅图人，几乎所有人都融入了这一潮流。不过，虽然城市人在按摩、健身、运动课程和美发上花费不菲，但在发胶、化妆品等美容产品和其他装备上的实际支出只占总支出的很小一部分（波士顿人的支出占比最小）。对此一个简单的解释是，他们已经在个人护理方面——运动、护肤和美发——持续投入大量精力和金钱，因此，睫毛膏这样的产品就没那么必要了。城市居民极力想要塑造自然完美的形象。不过要记住，运动课程和漂亮发型比任何一支睫毛膏都贵得多。另一种解释是，城市和非城市地区在美妆和个人护理方面的消费差异可以归结为选择问题。很多个人护理服务无法在大城市以外的地区享受到。小城镇如果有按摩、普拉提或冥想课程，也不太可能有太多竞争者，这些服务的价格因此也会更贵（不要忘记城市奢侈商品的规模经济效应）。虽然非大都会地区家庭不太可能花太多钱请普拉提教练或每周做一次美甲，但那些地区的人走过某个街区时，不可能不经过一个健身房或美甲沙龙。因此，与大城市人相比，非大都会地区家庭在服务上花费较少，在产品上却花费更多，后者更加大众化，也在其力所能及的范围之内。大多数人都能买到一支好睫毛膏，但却很难在大城市以外找到一个普通的瑜伽或尊巴舞（Zumba）

班。最后，这可能只是城市审美文化在发挥作用：虽然在某些方面喜欢炫耀，但很多城市居民的美容习惯却很低调。妆容很少看起来很明显，美甲通常也选择透明色或淡粉色。不过，休斯敦和达拉斯（还有西雅图）则是两个例外，这些城市的人更喜欢购买假发和假发片等美容产品。

城市中隐藏的和没那么隐藏的便利

如果不考虑城市之间的差异，我们会发现，独特的城市特质将不同的城市连接在一起。在本章前半部分我讨论了城市如何提供不完全物质化的体验，但却往往能说明城市生活令人着迷的本质，以及为何那么多人愿意忍受城市生活的普遍混乱。之前提到，丽贝卡·戴蒙德把这些东西称为隐藏的便利。[40]爱德华·格莱泽则认为，社会互动与人口密度是一种手段，可以让城市居民更高效地工作，并且使其在婚姻市场上的潜力最大化。[41]而从个人专业角度而言，当人们聚集在一起，同时享有很多选择机会和资源，就像从事生物技术研究的科学家或艺术家在集中注意力和与同类人交流方面最具创造力一样。我们大多数人都喜欢和其他人待在一起——我们结交更多朋友，获取更多有关当前趋势的知识，遇见未来的伴侣，等等。当然，更多人聚集在一起也为这些互动的发生创造了更多机会。我们可以通过研究人们凭借消费获取社会资本的方式来量化这种城市社交资本的重要性。当我们想要结交朋友时，出入乡村俱乐部和社交俱乐部就是融入特定人群的一种快速方式；当我们想要影响那些权力人士，政治捐款就是最直接的方式；而当我们想要找男朋友、女朋友、丈夫或妻子时，交友服务能让我们有机会结识其他许多单身人士。所有这些选择基本上都是为了实现与他人的互动而产生的货币化机制，它们在复杂的社会环境中提供了一种颇有成效的高效系统。所有这些都要花钱，而在这些领域，城市居民的花费明显比郊区居民少得多。

交友服务也是如此，城市居民在这方面的支出在其总支出中的占比明显低于全美平均水平。而波士顿、克利夫兰、圣地亚哥，以及康涅狄格州和新泽西郊区居民在这一领域有幸获得最“无趣”奖。或许生活在这些地方的人认为城市为其提供了浪漫生活中所需要的一切——又或者他们根本不约会。（最近数据显示，很多城市 40% 至近 50% 的居民都是单身。）[42] 更为普遍的情况是，无论想要柏拉图式恋爱，还是建立真正的浪漫关系，免费的社交网络平台“偶遇”（Meet-Up）、“了不起的丘比特”（OK Cupid）在大城市发挥着高效作用，服务成本也相应降低。纽约和底特律是这一趋势中仅有的两个例外，这两座城市的居民在交友服务上的花费比全美平均水平高出 150%。虽然很难准确指出哪些人在花钱寻找灵魂伴侣，但有人猜测，在纽约，富人们可能通过凯莱赫国际公司（Kelleher International）这样的高端服务中介寻找理想伴侣。这一类型的婚介服务（与在线交友服务相比更加老派）要求 1.5 万美元的入场费。一些寻找灵魂伴侣的人会花 15 万美元展开国际范围搜索。[43] 底特律的情况更加难以理解：2010年，底特律人在交友上的花费大约是全美平均水平的9倍，也是全美平均支出占比的9倍。底特律人对交友网站Match.com和其他同类网站的喜爱或许可以用整体人口水平下降和城市经济衰退加以解释。许多生活在人口密集城市即可拥有的“免费”社会福利可能已经受到损害。

虽然大多数城市人并不会在交友上有所投入，但他们的确在“基达”（Grindr）和“火媒”（Tinder）这样的免费交友应用软件上花费了大量时间，这两个社交应用软件可以让用户知道自己潜在伴侣的地理位置。我曾有过一段令人不安的经历，当时我正在帕萨迪纳的一家墨西哥餐厅和朋友埃里克（如果只是从被动随意浏览的意义上说，他是一个狂热的基达用户）一起吃饭。我吃着墨西哥卷饼的时候，他在基达上展开搜索，结果应用软件上不停闪烁的位置信号提示，一个潜在的伴侣就在距离我们仅有10英尺*的另一张餐桌旁。因为必须打开基达应用软件才能被追踪到位置，所以那个人的应用软件当时肯定是在线状态，他也知道埃里克的位置，于是当他们俩都不主动说话时，情况变得十分尴尬。（还是反过来情况会更糟糕？）像基达和火媒这样的应用软件在人口密集的城市非常好用，因为其功效（以及大量选择）有赖于与他人保持近距离接触，以便迅速做出见面决定，有效说明了城市生活隐藏的便利。

1956年，社会学家C.赖特·米尔斯在其著作《权力精英》

* 约等于3米。

里对一个被其称为“大都市 400”的阶层进行了详细描述，这是一群出身于历史悠久的名门望族的精英。[44] 米尔斯相信，这些人与政治、军事和企业精英融为一体，是更大阴谋的组成部分（无论是有意还是无意），目的在于巩固其作为社会各方面主要决策者的地位，同时进一步拉开其与只能被称为“贫民”的人的距离，而这会对那些不属于他们这一群体的人产生不利影响。米尔斯花了大量时间讨论社会各基层的精英，“大都市 400”阶层是由其在城市中的居住地和在《社会名人录》（*Social Register*）上的成员资格来定义的，后者是一份美国各地主要城市的地方精英名录。“大都市 400”是米尔斯对身着布鲁克斯兄弟（Brooks Brothers）西装、拥有常春藤盟校血统和社交俱乐部会员资格的一群人的深入刻画。米尔斯认为，由于对大众财富增长感到极度不安，美国贵族或“老钱”阶层想方设法把自己与那些单纯的有钱人区分开来，而其中一个方法就是通过《社会名人录》以及随之而来的社会实践和成员资格。

大约 60 年后，《社会名人录》仍然存在，通过社交俱乐部来创建特定群体组织（主要由其经济地位决定）的方法也仍然存在，并运行良好。波士顿、旧金山、华盛顿特区、康涅狄格州和新泽西州毗邻纽约的富裕郊区地带在社交俱乐部上的支出比全美平均水平高出 40%，或者更多。而底特律、克利夫兰、达拉斯等城市的人则完全脱离了这套精英游戏，而这其中出人意料的是还包括纽约人。社交俱乐部的实际意义可以部分解释形成这种差异的原因：成为特定群体的一部分的仪式化（和货币化），而这正是米尔斯发现的问题症结所在。无论是波士顿的盎格鲁-撒克逊裔白人新教徒上流阶层、康涅狄格州的金融精英，还是华盛顿特区的政治核心圈层，想要结交朋友仍然是件难事，但是，在这些圈子里，凭借手中的支票就能顺利打入这些精英群体。虽然所有城市都有精英，但一些较为年轻的城市则缺乏“老钱”上流阶层传统，一般而言更为平等——洛杉矶、迈阿密和亚特兰大都是这样的城市，这些城市的人在获取社交成员身份方面的花费比美国其他地方少，或是与其他地方的平均水平相当。

城市炫耀性消费

与前辈索尔斯坦·凡勃伦和后辈约翰·肯尼斯·加尔布雷思一样，米尔斯也十分关注财富集中的社会影响及其各种表现。秘密社交俱乐部就是隐藏其中的有害范例，特殊口音暴露了一个人在哪里学习或成长，以及对其威望的微妙提示。这些行为和实践尤其看重独享性，因为显而易见的身份地位象征信号正变得如此普遍——很多人开始进行炫耀性消费。如果所有人都有能力通过穿拉尔夫·劳伦或购买汽车（甚至是豪车）来展示财富，就无法再用典型的物质财富的象征符号来区分富人和其他人。没人在乎谁有一辆好车或穿着 Polo 衫——这些富有的象征已经演变成具有平等主义色彩的美国梦象征。真正的精英主义要微妙许多，有赖于象征性资本和在更独有的环境中获得的社会暗示，无论是科德角或汉普顿斯的海滨别墅，还是常春藤盟校血统或社交俱乐部会员资格。

现在这种现象在美国大都市尤为明显。象征身份地位的商品是炫耀性消费的有机组成部分，通过研究这类商品——手表、珠宝、鞋履、服装等被称为“社会有形商品”的商品——可以明显看到，城市人的炫耀性消费比其他任何人都多——甚至是在限定了年龄、收入水平、教育、种族、职业和婚姻状况的情况下。[45]一些城市的特殊性——纽约、达拉斯、洛杉矶和旧金山——会影响其居民比其他地方的人在这方面花费更多。我的意思是，仅仅因为生活在这些特定城市，你在炫耀性消费上就会比生活在其他地方花更多钱。城市本身成为影响一个人如何消费的因素。以纽约人为例——无论他们多大年龄，收入多少，是白人还是黑人，已婚还是单身——他们在炫耀性消费商品上的支出都比那些生活在城市以外地区的人高出 50%，与全美平均水平相比则高出 40%。而前面提到的另外三个城市的居民在象征身份地位的商品上的消费比生活在城市以外地区的人高出 20% 左右。你或许认为这样的消费是生活在物价昂贵地区的一种自然消费，可是看看这些城市居民的总体支出就会发现，他们在炫耀性商品上的消费相当于美国其他地方的人在不那么具有炫耀性、更常规的商品上的消费。

为什么会有这样的模式？这个问题又把我们带回早期城市社会学家路易斯 · 沃斯和格奥尔格 · 西美尔的相关研究。人口密度、异质性和城市生活的高透明度增加了象征身份地位商品的购买价值（毕竟所有人都能看到它们）。当我们在地铁、博物馆、马路上看到其他人佩戴着漂亮的珠宝首饰，脚踩高级鞋履，或是手提设计师品牌手袋，同伴效应就会驱使我们购买同类商品。但我们同样也将购买惹人瞩目的炫耀性商品当作展示差异性的一种手段。鞋跟高达 5 英寸 * 的克里斯提 · 鲁布托鞋既是跻身精英时尚圈的标志，那鲜艳的红色鞋底同时也在向其他人高声尖叫：“快看我。”这双鞋既能让人融入某一群体，又能使其在人群中脱颖而出，与劳力士手表、香奈儿手袋或保时捷汽车有相同效果。伟大的德国社会学家格奥尔格 · 西美尔早在大约 90 年前就曾在《大都市与精神生活》（*The Metropolis and Mental Life*）一文中指出，当人们迁居到城市，就变得更加标新立异，外在更具个人主义风格，将其作为区别于生活在城市的其他人的一种手段。[46] 这种个性化和差异性必须在我们彼此擦肩而过的时候就体现出来，因此服装成为达到这一目的的最有效途径之一。

炫耀性消费在很大程度上取决于我们与邻居和同伴的关系，因此，城市生活在我们的消费方式中扮演着重要角色。在《经济学季刊》（*The Quarterly Journal of Economics*）2006 年的一篇文章中，达特茅斯学院教授厄佐 · 卢特默（Erzo Luttmer）表示，邻居的财富水平与我们自己的幸福指数成反比。然而，虽然与富人为邻让我们感觉不幸福，但更糟糕的是与他们为友。[47] 正因为如此，我们就不难理解，虽然纽约的“中产阶级”年收入

---

* 约等于 13 厘米。

普遍达到50万美元，[48]但其居民仍然感觉很难跟上年收入500万美元的朋友的步伐，或是至少从表面上看起来与后者步伐一致。跟旧金山人一样，纽约人也都觉得自己很穷（甚至连那些富人也不例外），因为城市人口如此密集，迫使彼此之间频繁密切地接触，其中也包括那些非常富有的人。这种人口的高密度向城市居民进一步施加压力，使其不得不注重自己的身份地位，时刻提醒着他们相对于其他人自己所处的社会经济地位如何。总而言之，城市给我们带来了这样的影响——以展示身份地位为目的的炫耀性消费既给我们带来压力，又给予我们一定奖励。

在炫耀性消费领域，城市人认为不那么需要炫耀的商品是汽车。除了底特律、明尼阿波利斯和西雅图，其他城市由于有良好的公共交通系统和大量步行街区，这些城市的人在汽车上的消费都要低于全美平均水平（甚至连洛杉矶都是如此），而步行和地铁进一步推动了我们与城市其他部分的互动。但是，城市人不再把汽车作为身份地位的象征，必然会为其制造越来越多的其他压力，迫使其购买鞋履和手表等其他社会有形商品。

城市之所以会存在，是因为它们是人类文明的中心，无论是在工业革命时代作为生产中心，还是现在的服装消费、餐饮、博物馆和夜生活中心。它们一直都以人为中心，并因此产生各种象征符号及其外在标志，让我们既能将自己与其他人区分开来，又能与之融为一体。城市人将更多钱用于炫耀性消费是生活在城市的必然结果——城市就是一个人口密集又疯狂的地方，我们一方面想尽办法融入，另一方面又要凭一己之力标新立异。但是，对身份地位与消费的圈层化阐释，以及对特定对象的意义的占有和再占有才是最吸引人的部分，而我已经对其中一些进行了解析。

法国社会学家皮埃尔·布迪厄早在其著作《区分》中就探讨了在不同阶级获得身份地位的方法。布迪厄认为，与其说工人阶级想要的只是富人已有的东西，不如说是每个阶级的价值观反映了各自的社会地位。他们想要的其实是与自身阶级地位完全不同的东西。工人阶级重视新东西而非旧物或古董，喜欢美式橄榄球而非网球，热衷于铺张的婚礼而非安静的小型仪式。[49] 用马克斯·韦伯的话来说就是，富人、中产阶级和工人阶级代表了不同的“生活方式”，[50] 而且各有侧重，消费行为成为展示身份地位的一个关键因素。而由于城市居民有着多样化的种族、收入、职业和教育水平背景，不同城市之间的消费模式也存在巨大差异。他们的社会生活和培养其品位的环境，或布迪厄所说的“习惯”，都体现在其独特的消费模式中。[51] 城市居民的日常生活模式影响着这些消费选择。

根据以往经验，我们可以看出城市独特性能在多大程度上影响消费者行为，也因此明白为什么不同的城市有不同水平的炫耀性消费。针对城市如何塑造消费习惯，我和同事加里·佩因特、学生李晓正一起进行了量化测量。在其他所有条件相同的情况下（如年龄、收入水平、教育水平和种族情况），独有的城市特性会影响居民在象征身份地位的商品上的消费方式。正如我们所料，城市人口越密集（以每平方英里*1000 人的标准来衡量），炫耀性消费行为越多。当有更多人在身边的时候，展示身份地位的压力越大，同时，炫耀性消费产生的社会冲击也越大。由于年轻人在生活其他领域承担的责任更少，并且享受高度社会化的生活方式，因此，人口年龄越小，炫耀性消费水平越高。考虑到餐饮服务场所能为顾客提供更多炫耀身份地位的机会，与炫耀性消费密切相关的餐饮服务场所也更多。[52]

与此相反，相对而言更昂贵的租房市场上（可支配收入因此减少）则没有那么多炫耀性消费，这跟下雨天的情况类似，坏天气更有可能让我们待在家里。而城市中如果有更多位于收入顶层 1% 的人，其炫耀性消费也更少，这似乎有悖于我们的一般认知。后一结果看起来自相矛盾，但只要我们稍作思考就会明白其中道理，假设很多人都有很多钱，那么就有更多人可以进行炫耀性消费，因此，那些炫耀性商品在已经成为精英的人群中传递身份地位信号的作用就会削弱。与凡勃伦和 20 世纪早期那些伟大的社会学家一样，我们也发现，当人们身处一定社会环境中，身边就会围绕着很多其他人，当表明身份地位能带来好处和奖励时，就容易产生暗示身份地位的行为。不妨看一看城市炫耀性消费与非炫耀性支出（我们将其定义为总支出减去炫耀性消费）之间的差距：我们发现，在消费最高的城市（底特律）和消费最低的城市（波士顿）之间，炫耀性消费支出的

---

* 1 平方英里约等于 2.59 平方千米。

差距高达 32%。而在非炫耀性支出方面，圣迭哥和底特律的差距小到只有 4.4%。这一明显差异表明，非炫耀性消费并不受特定社会或地理因素影响，消费者在购买基本商品和服务时反而表现出一种普遍性模式。另一方面，炫耀性消费表现出对特定变量和地点的高度依赖性。总而言之，炫耀性消费具有明显的“城市特色”。[53]

每当我想到城市的差异，就会想起一个较为现代的例子，虽然略显古怪——冲浪板光明节烛台。正如这个名字所暗示的那样，这是一个以冲浪板做成的光明节烛台，冲浪板被竖直放在烛台分枝之间。纽约大学社会学家哈维·莫罗奇就曾详细介绍这种烛台在南加州尼古湖市海滩如何大受欢迎，以及这种东西为何不可能在其他地方销售。这是南加州特有的混合文化产物，正因为如此，这样的东西在南加州更多的是具有某种讽刺意味（甚至对某些人来说光是文字就有讽刺意味），而不是无礼冒犯。但这样的东西之所以存在，只是因为可供冲浪的海滩的出现和汽车设计潮流的兴起，后者带来了包括亚克力在内的大量新材料，使得冲浪板可以与犹太人口一起壮大发展。与冲浪板一起到来的还有“寻欢作乐”的冲浪文化，催生了 20 世纪 60 年代玩世不恭的艺术潮流，而后者又造就了几十年后的冲浪板光明节烛台。没有海滩和大海就不会有冲浪运动，但是冲浪板的发展离不开宇航和汽车工业的发展。冲浪板光明节烛台的出现是艺术材料、文化和人口相互作用的结果，而只有南加州能将这三者融合在一起，因此冲浪板光明节烛台只出现在特定地点。[54]更常见说法是，特定城市的居民的日常生活方式是受一些不起眼的琐事的影响。那些琐事汇聚成巨大的差异，造就了波士顿和旧金山这两座截然不同的城市，这两座各具特色的城市之间的一切也都存在于这巨大差异中，并由此定义自身，而其中很大一部分是通过我们的消费来完成的。

但是，不同城市（及其文化）达到相似目的的方法各有不同。以个人生活琐事为例，从纽约搬到加利福尼亚州生活后，我发现在五六年的时间里自己穿黑色衣服的时间少了，吃的蔬菜多了，还学会了如何烹饪藜麦（尽管我仍然难以理解它的吸引力何在）——所有这些都与我在纽约的生活方式和身份背道而驰。纽约寒冷的天气，这座城市作为时尚之都的地位以及由此导致的人们对黑色的偏爱或许可以解释为何会出现这种差异。我们可以把洛杉矶一直引以为傲的美好生活、好天气和幸福的感觉与其生活环境放在一起理解。洛杉矶的电视节目也一直强调美国主流审美对女性的吸引力，而非 T 台时尚的前卫美学。但在这两个例子里，我（就像许多发生改变的女性一样）都是在对流行的女性审美做出回应。这样的例子还有很多。我们的消费模式通常是对我们所处的主流文化环境的反映：纽约的时尚和上流社会的社交 X 射线，洛杉矶的影视明星，波特兰的新潮知识分子，或是旧金山的反时尚科技企业家（或如《纽约时报》时尚作家盖伊 · 特雷贝（Guy Trebay）戏称的“被时尚遗忘之地”）。[55]我们大多数人都不属于以上人群，但当我们生活在某地时，我们的着装打扮和消费或多或少都会反映当地的主流文化。

通过历史、地理、工业甚至是气候因素的叠加，城市提供了独有的异质性选择，它们互相依赖，互相影响——洛杉矶盛行瑜伽裤，波士顿流行粉色斜纹裤，波特兰的后院菜园，奥兰多的珊瑚色美甲油，或是不时髦却活力十足的旧金山风格。正如莫莉·扬（Molly Young）在《纽约杂志》所写："如果文化在一定程度上是个体被某一特定区域吸引的结果，那么就不难理解那些被旧金山温和气候吸引的人逐渐喜欢上吸湿排汗的拉链开衫。"[56]

尽管存在这些细微差异，城市作为21世纪精英消费和居住的节点，从根本上看还是紧密相连的。21世纪的城市或许没有"大都市400"这样的阶层，但飞涨的房租、昂贵的预科学校和过高的生活成本使其既成为精英生活的象征性城堡，同时也是实实在在的精英生活大本营。C.赖特·米尔斯时代的"大都市400"阶层虽然具有排他性，但仅限于小群体范围，而从经济水平和社会地位两方面衡量，这一小部分人极为稀有，甚至在其他城市居民中也十分罕见。今天的城市容纳了更多精英，这些人不再只是通过跻身上流社会来巩固其社会地位，同时也通过日常生活的细节来实现这一目标。与其他精英一起生活，让他们忽视了城市乌托邦之间的不平等，甚至是其居住的城郊之间的不平等，更不用说世界其他地方的不平等。罗斯·多萨特（Ross Douthat）曾评论道：

（全世界的精英）各有其独特的世界观……各自

> 共同的教育经验、价值观和设想（社会心理学家将其称为WEIRD，即西方的（Western）、受过高等教育的（Educated）、工业化的（Industrialized）、富有的（Rich）和民主的（Democratic），当然，还有各自的外围团体（福音派，小英格兰主义者）……与其他部落群体一样，他们也渴望舒适生活和熟悉感：无论是伦敦、巴黎还是纽约，每个西方“全球化城市”（就像每个“全球化大学”一样）越来越容易互换，这样无论一个世界公民旅行到哪里，他都能有宾至如归的感觉……他们不明白，内心感觉到存在着差异性的东西，对于被排除在特定圈层以外的人来说，仍然感觉像是属于上层社会的东西。[57]

由于被无形的城市组织覆盖，城市呈现出多种多样的形态，满足那些自我选择进入一个个不同的大城市并进行相应消费的人的需求。[58]我们对这些选择做出回应，在这一过程中，它们也塑造了我们。不过，城市塑造我们的同时，我们也塑造了它们，整个世界也是如此。而城市正在变成多萨特所说的“精英部落”的说法的意思是，尽管城市提供了众多选择，表面上看具有多样性，但它们同时也在加剧21世纪的不平等和阶级分化。

第 7 章

“致富光荣”？美国的消费和阶级状况

如果一个家庭有私家车、平板电视和能上网的电脑，能说它是贫困家庭吗？

——安妮 · 劳里（Annie Lowrey），《纽约时报》经济版，《重新定义贫困生活：经济状况良好，但仍远远落后》

美国社会表面刷着一层民主油漆，但旧贵族主义底色时不时会从底下露出来。

——亚历西斯 · 德 · 托克维尔（Alexis de Tocqueville）

众所周知，金钱无法买来幸福，这句话比伊迪丝 · 华顿的《欢乐之家》（*The House of Mirth*）和查尔斯 · 狄更斯（Charles Dickens）的《圣诞颂歌》（*A Christmas Carol*）更古老。但这句至理名言的总结似乎过于简单。研究表明，金钱能够买到年收入7.5万美元的幸福，这句话显然没有将此考虑在内。曾获得诺贝尔奖的心理学家丹尼尔·卡尼曼（Daniel Kahneman）及其同事安格斯·迪顿（Angus Deaton）就发现，同样是离异，月收入低于1000美元相较于月收入3000美元，前者感到悲哀的可能性是后者的两倍多。类似的情况是，假如你身患哮喘，身处较低收入阶层会将你的悲伤感放大两倍。

卡尼曼和迪顿还发现，那些更富有的人会比较有成就感，而且会觉得自己在生命旅程中处于正确位置。换言之，拥有财富资源与对自身的满意度息息相关，但并不一定与幸福所带来的真正的满足或快乐有关。[1]为什么会这样？因为财富及其打通的消费渠道虽然成为人们相互之间比较成功与成就的有效手段，但它们本身并不一定是幸福的源泉。同样，一组研究人员在同时针对发达国家和发展中国家的长期纵向研究中发现，人均收入和国内生产总值的增加并不能转化为持久的生活满意度。在一些研究案例中，财富的增长反而导致了幸福感的下降。这一现象被称为“幸福-收入悖论”或“伊斯特林悖论”[以发现了这一现象的经济学家理查德·伊斯特林（Richard Easterlin）的名字命名]，研究人员认为，虽然短期内经济水平的提升会增加幸福感，但长期来看，两者之间并没有明显的关联性。[2]

美国消费者非常熟悉这一略显讽刺性的发现。无论是拉里·萨默斯（Larry Summers）口中的“焦虑的中产阶级”[3]，或是朱丽叶·斯格尔（Juliet Schor）所说的“工作与消费的循环”[4]，美国人已经养成一种由消费驱动的生活方式，然后又努力去实现这种生活。许多美国人把消费主义与美国梦融为一体，继续沿着这条路一贫如洗地走下去。无数新闻报道已经指出，除了社会的最高经济阶层，所有人都在奋斗着要实现美国梦——不论现在它具体指什么，但又无法在不背负巨额债务的情况下实现这一梦想。普通民众仍然相信霍雷肖·阿尔杰的思想（没有意识到阿尔杰只是个创造虚构英雄的作家）。

本书已经表明，美国的消费主义——尤其是炫耀性消费——将大量的不平等隐藏于这个新美国的表象之中。进入 21 世纪，美国的志向阶级已经拒绝了很多一直以来用以展示身份地位的物质手段。他们远离物质主义，渴望登上自认为更高的社会文化平台。在为此努力的过程中，志向阶级开始利用全新的手段展示其阶级地位。与简单的炫耀性消费相比，这群占主导地位的文化精英更喜欢炫耀性生产、炫耀性休闲和非炫耀性消费，所有这些都比单纯占有物质商品更能制造阶级分化效果。

索尔斯坦·凡勃伦预言富人和暴发户将迅速增加炫耀性消费，炫耀性休闲则会减少。他无法预见制造业经济的显著增长，也不可能预测到中产阶级不仅仅会成为庞大的消费群体，还有能力购买汽车、塞满衣服的壁橱和电视机等物质商品，并能轻松贷款，毕竟富人都一度无法获得这些东西。以物质标准衡量，今天的穷人拥有的东西甚至比凡勃伦时代的富人都多。炫耀性消费无所不在，可是，根据我们的消费模式数据，它并没有像凡勃伦预测的那样发展。凡勃伦时代的有闲阶级早已不存在。知识促成了社会流动，身份地位不再仅仅是与生俱来的权利。今天的文化领导权已由志向阶级掌握，他们不再只是悠闲地坐着享受生活，而是努力为自己和后代高效获取物质和精神利益。正因为如此，他们的消费行为已经从通过物质手段展示身份地位，转变为通过更含蓄、更心照不宣的方式来展现社会经济地位，以及为后代复制其财富地位。志向阶级鄙视大众市场的物质商品，或是象征消费主义大众化的“沃尔玛效应”*，他们有足够的条件这么做，并因此进一步将其与其他人区分开来。与此同时，工业消费品价格的下降既使他们更容易跨越阶级界限，也暴露了产生这种可能性所要付出的廉价人力和环境代价：劳动剥削、危险化学品的使用和破坏雨林。

作为回应，炫耀性生产获得胜利。商品从哪里来以及如何而来远比看起来是什么样重要。特别在最近几年，志向阶级已经在寻找更为微妙的身份地位象征——洛杉矶本地制造的T恤，有机食品，没有商标的编织皮包，需要投入更多劳动力的咖啡生产业。以瑞士机械手表制造业为例，哈佛商学院教授瑞安·拉法埃利（Ryan Raffaelli）就将市场对这类一度被认为是即将消失的东西的需求的复苏称为“技术复兴”。其他手工和定制产品同样也在经历某种复兴。[5] 根据《经济学人》的报道，独立书店数量几十年来首次出现增长，20世纪50年代就被圆珠笔以及同类产品取代的钢笔重新回归潮流，对瑞士手表的需求超过以往

---

* 沃尔玛效应是指消费者减少消费的时候，会选择每种类别中价格最低的商品。

任何时候。它们复兴的关键在于对工匠工艺、传统和历史的重视。《经济学人》“熊彼特”专栏中的一篇文章就写道：“人们不再仅仅因为某样东西可以最有效地解决问题而买它。他们会因为这样东西能提供审美上的满足而购买——一本漂亮的书，或一件做工完美的衬衫——或是因为它能使其自我感觉良好而购买。”[6]这些全新的消费选择反映了对主流消费品的标准化和易得性的厌恶。

新精英阶层的消费实践不再只是对中产阶级炫耀性消费的简单回应（以及与普通美国民众的进一步区别）。与购买一辆好车或一个蔻驰手袋相比，他们在大学教育、雇佣全职保姆等方面投入更多，而且其影响远远超过对身份地位的展示。但是这些消费选择也有社会成本。与之前有闲阶级的消费主义相比，志向阶级的选择与建立的标准对社会更加有害。与购买银汤匙和享受悠长假期不同，他们在教育、健康、退休和育儿上的投资确保了后代对其身份地位的复制（通常也包括财富），没有哪种物质商品能起到这种作用。通过这种文化资本及其象征标志的复制，我们看到了查尔斯·默里（Charles Murray）所说的“新上层阶级”和“新下层阶级”的诞生，这不仅仅是经济上的划分，也是一种深层次的文化区分，这种区分从未像今天这么明显。[7]即使是更模糊不清的育儿、知识和环境意识规范所体现的文化差异也离不开经济地位的支持，要制造这些与身份地位相关的象征性界限，就要付出高昂的代价。

那些看似由道德或价值驱动的选择其实深深植根于社会经

济地位，这是今天的精英阶层最关心的事情，而其中很多决定都与日常生活相关，与奢华的物质象征无关。事实上，媒体沉迷于展示金融精英、寡头和富豪们的奢侈生活方式，分散了我们对文化、社会和经济分层等更为迫切的问题的注意力。超级富豪们的生活可能很有趣，但这类人自古就有，他们对我们大多数人的生活并没有什么重大影响。而志向阶级中的很多成员虽然也跻身收入顶层 1%、5% 和 10%，但却对我们的生活有着更大的影响力。他们越来越倾向于非炫耀性选择和投资，以一种不利于中产阶级的方式，重新创造财富和阶层向上流动的可能性。当我们谈到炫耀性休闲和非炫耀性消费时——即教育、医疗保健、育儿和陪伴家人——与其他人相比，是否能自由地参与这些投资的确会影响志向阶级的——借用社会学家威廉·朱利叶斯·威尔逊（William Julius Wilson）的术语——“生活机会”。投资孩子的中学教育，有能力负担水果、蔬菜和定期健康检查，甚至是有时间实践母乳喂养，所有这些都让下一代赢在起跑线上。以前“成功”是指拥有一辆多功能休旅车和一栋郊区的房子，可这些并不能把孩子送进好大学，而好大学（以及有能力负担大学学费）正日益成为区分富人和其他人的重要因素。志向阶级或许不能跻身收入顶层 0.01% 的位置，但与几乎其他所有人相比，他们生活在一个完全不同的更优越的文化世界里。正如一位评论员所说：“那些有充足可支配收入的人如此热衷于健身和健康食品潮流——尊巴舞和羽衣甘蓝，混合式健身和鲜榨果汁——是不是意味着他们已经对不那么富有的人所面临的更深层次的普遍健康问题见怪不怪了？”[8]

在这一点上，我想集中谈谈人们对经济不平等的一些普遍担忧，随着不同的文化、社会和经济阶层变得越来越疏远，这种不平等并不为志向阶级所独有，而是与美国社会面临的一些更重大的问题密切相关。志向阶级的反面参照是目前美国中产阶级的状态。虽然这本书的主题是关于占主导地位的精英及其消费习惯，但如果不触及故事的另一面就是一种疏忽。就在位于收入顶层的群体明显加大对子女教育的投资力度时，中产阶级在这方面的支出却意外地在减少。本书的调查和其他研究都表明，对于中产阶级而言，美好生活并不存在于志向阶级极力倡导的非炫耀性消费中，他们根本负担不起那样的消费。相反，今天中产阶级的社会流动性更多地通过物质来体现，而非生活本身，也就是说，想要购买象征社会地位的物质商品就要付出更多劳动，休闲时间更少，陪伴家人的时间也更少。[9]考虑到中产阶级已经遭受巨大失业打击，其购买的房屋价值也大幅缩水，工资水平又停滞不前，想要实现这种物质化的美好生活梦想也不像从前那么容易了。

首先，廉价商品使得中产阶级可以轻易获得身份地位的象征，但它们的出现是以牺牲中产阶级的大好就业机会为代价，而且，生产廉价商品的制造业和中产阶级的工作机会都在向发展中国家转移，那里有更廉价的劳动力，自动化生产也正日益发展起来。全球化和标准化是现代消费品生产的两个重要特征，它们把仅剩的中产阶级工厂工作转移去了巴西和印度。

2008 年房地产泡沫的破灭几乎吞噬了中产阶级的全部经济收益，皮尤研究中心（Pew Research Center）将其描述为“中产阶级失去的十年”。尽管很多人将全球经济崩溃的大部分原因归咎于金融业及其巨头，但中产阶级其实才是受大衰退影响最大的群体。中产阶级的工作机会和工资全面萎缩，一直没有完全恢复。中产阶级住房市场恢复了一些势头，但并没有回到 2005 年左右的巅峰水平，然而，顶级住宅的价格却创下新高。85% 的中产阶级家庭表示，与 2000 年相比，现在更难维持其生活方式。[10]

与此同时，富人则变得更加富有。大衰退或许是由收入前 1% 的巨头们引发的，但实际上却对收入底层 90% 的群体造成了最大伤害。[11] 他们的住房价格尚未恢复，工资水平（大衰退前就已停滞不前）仍然没有提高，而且还不断失去工作机会。虽然所有人都认为不平等是个问题，但对于中产阶级岌岌可危和美国社会阶层向上流动面临阻滞的原因却有多种解释，其中很多都与一个普遍认知密切相关，那就是我们买得太多，过度依赖物质商品（及其象征的社会地位）来定义幸福。

《金融时报》记者爱德华·卢斯（Edward Luce）以惊人而鲜活的笔调描绘了新美国形象，他跟踪观察了美国人的中产阶级之殇，以及随之而来的美好生活的破碎。在一篇名为《美国中产阶级危机》的文章中，卢斯描述了弗里曼一家的生活，这是居住在明尼阿波利斯的一个典型美国家庭。他们只需偿还一笔数额较小的住房贷款，年收入是 7 万美元，家里有空调、大量食物和啤酒，晚上还能在门廊闲坐。男主人马克·弗里曼在一个仓库工作，女主人康妮是一名麻醉技师。他们的儿子安迪有孤独症，主要家庭支出都用在了他身上，夫妻俩花了很大一笔钱才将其纳入他们的健康保险（马克的睡眠呼吸暂停监测仪也是一笔沉重的经济负担）。他们的房子是 1989 年花 5.3 万美元购买的，曾经一度升值到 10.5 万美元，现在价值约 7.3 万美元，几年前差点被收回所有权。从物质上看，他们表面上似乎过得很好，但事实并非如此。马克还做着两份兼职——每周三的晚上在卡拉 OK 店，每周六负责当地一家卖酒的店的管理工作。对此马克解释道："我们需要做四份工作来维持生计。"[12]

随着中产阶级的衰落，确保其向上流动能力的社会结构也有所动摇。乔治·帕克（George Packer）在《下沉年代》（*The Unwinding: An Inner History of the New America*）一书中指出这就是"新美国"。[13] 从 20 世纪一直到今天，中产阶级及其隐含的社会契约的衰落定义了美国生活。就在 30 年前，一个人还可能成为收入丰厚的中产阶级一员，买得起电视机、汽车、房子等东西，拥有较大的向上流动的可能性。而今天，由于消费品变得如此廉价（信用也是如此），很难通过物质商品来判断一个家庭的经济状况是否良好。帕克本人在接受美国公共广播公司的一次采访时曾表示，这本书的书名指的是美国的"契约说只要你努力工作，基本上是个好公民，这个国家就会有你的一席之地，不仅仅是在经济方面，你还将过上安全的生活，你的孩子将有机会拥有更美好的人生，只是你可能会成为国家结构的一部分”。[14]

虽然收入看起来不错，在舒适的郊区拥有自己的房子，但大多数美国人都是“工资中位数停滞”的受害者：过去 40 年，除了收入前 10% 的那些人，其他所有人都经历了年收入的停滞不前，现在的工资实际上几乎与 1973 年工资水平相当。卢斯写道：“这意味着大多数美国人的工资水平停滞了超过一代人的时间。”[15] 更令人担忧的是，巴黎经济学院教授托马斯·皮凯蒂（Thomas Piketty）的《21 世纪资本论》（*Capital in the Twenty-First Century*）在 2014 年风靡一时，他在书中指出，从第一次世界大战到 20 世纪 70 年代早期的相对平等时期是资本主义的异常时期。通过对世界各国 200 年间的详细数据的分析研究，皮凯蒂提出了一个令人信服的说法，从 1914 年到 1973 年，一系列政府政策和全球危机抹平了贫富之间的差距，阻止了富人获得更高的资本回报。皮凯蒂认为现在的不平等之所以如此严重，实际上是资本主义基本结构与生俱来的特性，而截至 20 世纪中期所观察到的收入更加平等的 60 年已无法再现了。[16] 这些统计数字说明大多数美国人再也无力参与炫耀性消费，而正是这种消费一直以来支撑着他们的“幸福”。普通中产阶级的房子已经被收回，信用评级大幅下降，同时几乎彻底失去了通过消费来树立社会地位的能力。我们需要谋求新的生路。

针对美国的这些观察研究结果与经济学家和政策制定者们熟悉的“大停滞”不谋而合——一个惊人的发现就是，1973 年以来工资中位数从未增长过，在过去 37 年里，实际增长率仅为

10%。简而言之，90% 的美国人在过去 40 年里没有一分钱收益。

研究数据表明：中产阶级的收入中位数从 2000 年的 73000 美元下降至 2011 年的 69500 美元，家庭净资产中位数则暴跌至 93150 美元，而 2000 年这一数值还有将近 130000 美元，2008 年时更是达到了 152000 美元（所有数据均以 2011 年美元购买力计算）。[17] 商品或许越来越便宜，但如果你无力负担它们（而且必须依赖信用卡购买），这种廉价就没什么意义。而在富人的平行世界里，他们远不止恢复元气那么简单。克里斯蒂娅·弗里兰（Crystia Freeland）在《巨富——全球超级新贵的崛起和其他人的没落》（*Plutocrats: The Rise of the New Global Super Rich and the Fall of Everyone Else*）一书中指出，在后大衰退时代，超级富豪与其他人之间的差距甚至比金融崩溃前还大。[18] 或如世纪基金会所说的这是一出“双复苏记”，后大衰退时期（2009—2011）的每一美元和更多家庭财富收益都流向了收入前 7% 的家庭。这群顶层收入群体的净资产在这期间增长了近 30%，与此同时，其他人的净资产则下跌了 4%。[19]

同时，与购买一台平板电视机或多功能休旅车相比，获得那些对生活质量造成实际影响的东西和阶层向上流动性所要付出的代价则要高出许多。非炫耀性消费——教育、医疗保健、育儿和大学学费——才是真正影响生活质量和社会向上流动性的消费选项，而这些都是富人的消费项目，他们通过这些消费进一步将自己与其他所有人区分开来。就像本书展示的那样，非炫耀性消费变得越来越昂贵，日益成为志向阶级中最富有成员的专属消费。[20]中产阶级工作机会的流失和非炫耀性消费实践将富人与其他人分隔开来，这一点影响深远，意味着未来几代人可能永远追不上今天的富人及其孩子的脚步。这种分隔也从社会文化层面加剧了富人和穷人之间的异化和不平等。与之前借助物质商品就能清楚地展现身份地位不同，现在的问题要深刻复杂得多。今天，志向阶级和其他人之间的差异是由大学学历、健康、幸福感、死亡率和陪伴孩子的时间决定的。美国的文化精英们（更不用说经济精英）已经明显远离中低收入阶层的艰难日常，他们甚至可能无法想象（更不用说解决）穷伙伴的普遍问题。

美国新经济格局在很多层面上都面临重大问题。中产阶级的衰落和社会流动的不平等都将产生强烈的社会影响。长青州立大学教授斯蒂芬妮·孔茨（Stephanie Coontz）认为"新不稳定性"源自未受过高等教育或收入不高的群体日趋脆弱的婚姻生活。她曾在 1970 年指出，受教育程度对结婚率影响不大（一定时期内的离婚率也是如此）。然而今天，如果你受过良好教育并且富有，与未受过良好教育且不富有的人相比，你结婚的可能性更高，同时离婚的可能性则更低。当 60% 的高收入群体 40 岁的时候仍然处于第一段婚姻关系中时，近 60% 无本科学历的同龄人已经结束了第一段婚姻。与此同时，上层阶级正将其子女送进各类私立学校和大学，而在 30—35 岁的男性中，有 25% 的人几乎无法支撑一个四口之家过上高于贫困线的生活（1969 年，30—35 岁的男性中只有 10% 的人处于相同困境）。1969 年，

75%的25岁男性有能力支撑这样一个四口之家。而到了2004年，能够养家的男性年龄门槛提高到了30岁。而且，在《广告狂人》所反映的时代，与女秘书结婚似乎是男性婚姻幸福的秘密所在，但在今天，与一个拥有挣钱能力的女性结婚——甚至比她的丈夫学历还要高——才是婚姻稳定的秘诀。[21]

美国中产阶级的衰落对于全球经济也有深远影响。美国人从来都不热衷于存钱，现在的情况更是比30年前还要糟糕——个人储蓄率从20世纪80年代早期的10%跌到了2014年的近乎为零。[22]外国工人藏在床垫下的钱（他们的确是这么做的）在美国人手里都变成了各种各样的消费品。[23]不过近年来在美国，不仅仅是普通家庭的收入和储蓄减少，富有家庭的钱也正间接投入到教育、医疗保健和退休养老领域。

中产阶级全球化

在围绕大众消费主义和美国中产阶级的衰落展开的对话中，全球化通常都被认为是罪魁祸首。但情况还是在悄然发生改变。正如全球的富人正在向西方精英市场渗透一样（在《巨富——全球超级新贵的崛起和其他人的没落》这样的书中以及在纽约、旧金山和伦敦的房地产市场的狂热中都有所体现），对世界经济而言，一个更大的群体正变得越来越重要。那些离开美国的工厂的工作机会，正在帮助塑造经济学家们现在所说的“全球中产阶级”。[24]正如工业革命使美国和英国出现了新工人阶级，他们能够获得较为合理的劳动收入，随后又将这些钱反馈给消费经济，发展中国家的工业化和全球化也催生了一个日益扩大的群体，他们逐渐脱离贫困，生活质量达到了中产阶级水平。但我们所说的全球中产阶级究竟是什么意思呢？从物质和经济两方面衡量，美国的穷人甚至比一些发展中国家的富人过得还好。因此，全球中产阶级是每个国家的绝对或相对中位数吗？——假定有固定的最低和最高收入水平。对此有诸多推算，而每一种都各有不足。一些研究者使用了相对推算法［如纽约大学经济学家威廉·伊斯特利（William Easterly）］，将美国五等分收入分组中的20%—80%定义为中产阶级。然而，在美国处于中等收入水平的人在大多数其他地方都可以称为富人，美国的中产阶级群体在印度或委内瑞拉绝对是位于收入顶层的人。因此，以绝对标准定义的全球中产阶级概念得到更多人认可。布鲁金斯学会、联合国和经济合作与发展组织将全球中产阶级定义为每日收入、支出或购买力在10—100美元之间的群体。[25]这一定义已被广泛接受，它意味着一个人可以消费比基本必需品更多的东西，购买额外的衣服，或许还能去餐馆吃一顿，买一辆汽车。换句话说，全球中产阶级的定义在一定程度上源于其对全球消费市场的参与。这种购买力对那些出售知名食品、汽车等的国际大公司至关重要。这也意味着长期以来以其消费习惯支撑着世界经济的美国中产阶级没那么重要了。

让我们再来看看数据。布鲁金斯学会学者霍米·哈拉斯（Homi Kharas）和杰弗里·格茨（Geoffrey Gertz）都表示，全球中产阶级对世界经济的影响才刚刚开始显现。到 2021 年，亚洲中产阶级消费者数量预计将达到 20 亿，远远超过西方同伴。哈拉斯和格茨以购买力达到 10—100 美元的群体为研究对象，针对 145 个国家的新兴全球中产阶级进行了分析研究，覆盖了全球 98% 的人口。他们预测到 2020 年，世界上 54% 的中产阶级将来自亚太地区，而北美洲和欧洲同类人群的全球占比将分别下降到 10% 和 22%（2009 年分别为 18% 和 36%）。哈拉斯和格茨认为，从 2009 年到 2030 年，亚洲中产阶级人数可能会增加 6 倍，北美洲和欧洲的全球占比则会明显下降（北美洲的绝对人数也会下降）。哈拉斯和格茨还预测到 2022 年，世界上更多人将跻身中产阶级行列，而不是变成穷人。[26]

而就全球消费占比来看，新兴的全球中产阶级将取代目前北美洲和欧洲消费者的角色。2009 年，北美洲中产阶级消费占比为 26%（大约 5.6 万亿美元），欧洲中产阶级消费占比则为 38%（大约 8 万亿美元）。[27] 哈拉斯和格茨认为到 2020 年，亚太市场全球中产阶级消费将占到 42%（相对于北美洲的 17% 和欧洲的 29% 而言）。目前美国拥有最大的中产阶级消费经济（日本和德国紧随其后），但到 2020 年，中国预计将成为世界第一，而到 2030 年，印度和中国将高居前两位（分别贡献 23% 和 18% 的份额），而美国将产生 7% 的全球中产阶级消费，以较大差距排在第三位。只需要一代人的时间，近一半的全球中产阶级消费就将来自一个完全不同的世界，那里有着完全不同的审美、文化和社会动态。

中国的汽车和手机销量已经超过美国。2000 年，美国市场的汽车销量占全球的 37%，而中国只占 1%。15 年后，中国成为世界最大的汽车消费经济体，2009 年其汽车销量达到 1400 万辆，同年美国汽车销售数量则为 1040 万辆。早在 2008 年，手机制造商诺基亚在中国的收益就是美国的三倍多。[28]

值得注意的是，城乡人口之间巨大的收入不平等、政治文化差异以及受教育机会的不均等都可能会对这些预测结果产生一定影响。但仅凭人口规模一项，亚太地区的中产阶级消费者就几乎不可避免地将接管西方曾经拥有的影响力和权力。“如果这些预测成真，全世界将见证一个全新的全球中产阶级的诞生——亚洲中产阶级，”哈拉斯和格茨写道，“在面向广大中产阶级的产品、时尚、品位和设计方面，将出现从西方到东方的转型。”[29]

另一种捕捉全球中产阶级动态的方法或许更为简单，那就是观察汽车的购买情况。西梅尔斯 · 阿里（Shimelse Ali）和尤里 · 达杜什（Uri Dadush）在《外交政策》（*Foreign Policy*）上撰文表示，虽然就全球中产阶级的定义尚未完全达成一致意见，但或许跻身这一中产阶级世界的最大标志就是买车。在阿里和达杜什看来，以收入定义全球中产阶级忽略了一个事实，那就是每天只挣 2 美元的人仍然可以购买手机，收入并不能告诉你他们实际上会买什么。拥有一辆汽车是拥有购买奢侈品能力和意向的标志。以这种方法观察发现，中国、印度和俄罗斯这些国家的发展速度远比用收入分析法预测时快。在新兴金砖四国（巴西、俄罗斯、印度和中国），2010 年全新轿车的销量是20 世纪 90 年代的 6 倍。[30] 而美国的现实情况则与之相反：2000 年，汽车购买量超过 1700 万辆，但到了 2015 年，这一数字几乎没有变化。[31]

有很多理由促使我们关注全球中产阶级。[32] 从严格的经济角度看，随着美国和欧洲大量消费者开始缩减消费，今天发达工业化国家中产阶级的衰落预示着世界经济将遭受重大打击。发达经济体的人口和收入都停滞不前，而“中产阶级”作为一个概念并没有如实反映当前西方国家这一群体勉力支撑的经济状况。其次，正如罗纳德 · 英格尔哈特所指出的那样，经济发展是迈向更公平、更民主社会的重要一步。因此，阿里和达杜什得出结论，不断壮大的中产阶级可能意味着更公平的政府和对领导人提出更高要求的民众——无论是环境标准还是基础服务。

而各大公司显然也因为自己的目的对这一群体表示关注。2010 年，《麦肯锡季刊》（*McKinsey Quarterly*）的一篇报道文章称，大卫·考特（David Court）和拉克斯曼·纳拉辛汉（Laxman Narasimhan）认为弄清楚“新兴中产阶级”从何而来，将为未来几年的品牌忠诚度打下基础。他们观察发现，“占得先机的人”仍将是品牌领导者。他们发现，在美国的 17 个消费品类中，卡夫（Kraft）、德蒙特（Del Monte）食品公司和箭牌（Arrow）等早在 1925 年就已成为行业领导者的公司在 20 世纪剩余的时间里仍将领先同行。考特和纳拉辛汉还发现，新兴市场与现有成熟市场有着相似之处——他们对特定品牌情有独钟，对于价位和买什么东西有着独到见解，但又对某些产品极度渴求。[33] 中国人每周的购物时间明显高于美国人，并且将购物当成最喜爱的休闲活动。无论是香奈儿还是沃尔玛，全球零售商都对这种文化倾向性抱以极大期望。

如果说美国提供了中产阶级的原型，那么有可能取代其位置的全球中产阶级就可以从中吸取教训。虽然美国经验已经证明，对消费主义和物质商品的追求有利于世界经济发展，但是对消费者本人却几乎没什么好处。对物质的渴望给社会造成了极大压力，迫使人们过度工作，专注于外在的成功标志。而且，物质成就的循环只会不断恶化。在感到满足或过上美好生活之前，每一代人都认为自己比上一代人需要更多东西。但这种信仰其实并不真实。我们错将跟上同伴步伐的压力当作成功的关键——并通过延迟幸福来获得成功。身份地位是一场流动的盛宴，就像本书描述的那样，一旦中产阶级掌握了展示它的奥秘，占主导地位的精英们又会找到新方法来凸显其身份地位。

大多数人都知道物质商品——消费——即使有所作用，也只能为我们买到很少一点的幸福。研究表明，如果我们想通过消费获得任何有意义的满足感，也必须是把钱花在其他方面。无论物质商品潮流如何起伏，人与人之间的幸福方式保持不变——稳定的家庭生活，坠入爱河、个人稳定发展，以及与朋友的紧密联系。对于美国及其他以消费者为导向的西方国家和新兴消费经济体来说，我们需要弄清楚如何让我们的生活朝着这些目标前进，而不是为了获得最新消费品而努力。为了创作这本书，我采访了伟大的经济学家理查德·伊斯特林，他曾说道："我希望，知识的进步将使我们能够控制经济增长的力量，这股力量正在误导我们为追求幸福而努力的方向。"

购物永远不会让我们幸福。19 世纪末，工业革命造就了中产阶级，开启了大众消费主义时代；20 世纪初，亨利 · 福特推出了第一辆 T 型车；20 世纪 50 年代，我们有了洗碗机、冰箱和空调；21 世纪，大众奢侈品商业蓬勃发展，可这些都没有真正让我们幸福。在某些方面，我们对于生命意义的不懈追求（在后稀缺性社会更有可能这么做，因为我们有充足的时间思考，而且因为知道不用再担心下一顿是否有东西吃，于是我们可以追问更多有关生存的意义的问题）让事情变得更加混乱。对于志向阶级而言，后稀缺性社会使其可以投资于乍看起来大有益处的实践：养育后代，运动，获取文化资本。表面上看，这些活动应该让人更幸福，可是它们却也成了身份地位的象征和成功的标志，在进行这些活动的过程中，人们产生了更大压力，变得更不幸福，这与象征社会地位的物质商品所带来的结果没有什么不同。

即使是志向阶级看似有价值的消费行为，也还是在所有社会和经济阶层之间制造了破坏性的群体内 / 外差异。没错，我们就是如此自相矛盾，渴望与众不同的同时，又努力想要融入某一群体。消费是一种简单而有效地创造这种差异和身份的手段。但是，我们对于融入某一群体或展示社会地位的渴望天生有着某种结构缺陷，因为它总是免不了要将其他人排除在外。

创造“我们”的同时必然会创造出“其他人”。各种形式的消费成为展现这些差异的渠道，或者更准确地说，是展现各种阶级界限的渠道。如果我们不断寻找方法使自己不同于其他人，展示我们的社会经济地位，一旦任何其他群体追上来，我们就会迅速寻找新方法来重建我们的独特性。今天象征身份地位的东西尤其有害，因为它们涉及的实践和商品远比物质商品重要。当育儿、文化知识、对食物的选择与经济约束或自由密切相关时，这些就成了道德选择。社会对于那些在这类事情上退而求其次的人持不赞成态度，故意无视很多这样被蒙上道德面纱的选择，其实是由社会经济地位所决定的实际而现实的结果。

本书探讨了 21 世纪美国的文化和消费，特别针对志向阶级这一全新文化形态的标准和实践进行了研究。我观察到的实践和行为既可以在都柏林超市里出售杏仁黄油和藜麦的本地商品区看到，也可以在伦敦的育儿实践（以及压力）和巴黎的精品店中看到。由于手头数据有限，我的观察也许不够全面，但这些现象的普遍性在世界各地都显而易见。19 世纪索尔斯坦·凡勃伦的消费观到今天仍然适用，只是现在的社会和阶级状况远比那个时代复杂。我们中的很多人现在所能享受到的事物，在那个时候都只是富人的身份地位象征。获得那些象征身份地位的东西并不意味着一个人财务健康，更不用说体现一个人的幸福或满足。身份地位本身一直存在，也一直在发生变化，已经渗透进生活的方方面面。我想留给你们的问题是：让自己有别于其他人，比其他人更善于获得财富，足以购买最好的传统品种番茄，实践母乳喂养或让家人吃有机农产品，这样做真的能使社会进步吗？这也许看上去像个反问，但这可不是我的本意。从某些方面看，选择做一个更积极投入的更好的家长，进行更多运动，看更多报纸，可能真的会让我们更健康、更幸福，成为更积极的社会成员。

但我们不能忽视的是，这些实践到了一定程度，甚至都不再是广大社会群体可以考虑的选项。它们显然不是穷人、准穷人，甚至是大多数中产阶级的选择。甚至对一些志向阶级成员来说，这些象征身份地位的东西也成了同侪压力的化身。社会学家莎拉·鲍恩（Sarah Bowen）、西尼卡·埃利奥特（Sinikka Elliott）和乔斯林·布伦顿（Joslyn Brenton）在最近发表的文章《烹饪的乐趣？》（*The Joy of Cooking*？）中总结道，所有这种从表面上使事物变得完美的负担只会让我们不堪重负。这并不是说我们所有的消费实践完全错误：关心商品的来源，支持本地农民，在家做饭，投资教育而非手袋，这些当然是更有建设性的消费实践，与 20 世纪 80 年代和 20 世纪初流行的浮夸的消费文化相比，它们建立了更好的价值体系。但是，即使是志向阶级的消费者理念也反映了一种疯狂的身份地位意识，它不仅把很多人排除在外，也给我们施加了巨大压力。我们进行消费的时候——炫耀性和非炫耀性——或许也正在错失我们的生活。

不考虑个人对 21 世纪社会消费选择利弊问题的看法，有一点十分清楚：消费不仅仅与买东西相关。消费习惯揭示了我们是谁和我们渴望成为谁。我们的消费选择把我们与社会其他群体联系在一起的同时，也使我们与其疏远。用伟大的人类学家玛丽·道格拉斯女爵士和巴伦·伊舍伍德（Baron Isherwood）的话来说就是："商品……和消费已经被人为地从整个社会体系中抽象出来。"[34]正如我希望本书所呈现的那样，与物质商品表面展示的相比，我们的消费习惯揭示了一些更深刻、更复杂的东西。消费是大小事物的总和，是传递信息和身份的过程和定位。当我们理解是什么激励了我们如何消费以及为什么消费，也就对人性有了更多了解，明白了它是如何以及在哪些地方发挥作用，我们做出这些决定的含义和局限性，以及最终对我们个人和整个社会来说重要的是什么。

附录

消费者支出调查

消费者支出调查（Consumer Expenditure Survey）是美国人口统计局按照与劳动统计局签订的合同，针对美国消费者行为的一项年度调查。现代化的、以年为单位的调查始于 1980 年，但数据集的历史可以追溯到 19 世纪末期。该调查的主要目标之一是更新生活成本指数，即消费价格指数（CPI）；但是，鉴于其对消费者的消费行为及其社会经济特征的全面而准确的反映，研究人员长期以来一直使用它来分析和解释消费者的行为。

消费者支出调查包括两项独立调查：日志调查和访谈调查。日志调查收集小型和常用品的支出数据，以自填日志的形式提交报告；访谈调查旨在收集相对较大（例如耐用品）或定期购买（例如租金和保险）的商品的支出数据。考虑到 Bee 等人在访谈调查方面的出色表现（2012），本书主要使用访谈微观数据来分析特定的消费者团体的行为。

微观数据不仅提供数百种通用分类代码（UCC）指定的有关购买物品的个人家庭级信息，还包括了家庭人口统计和社会经济特征方面的信息。由于季度访谈调查涵盖了全国大约 7000 个家庭（全国性），因此年化数据集的样本量约为 35000 个消费单位。所有分析均使用抽样权重进行加权，以代表国家估算，并通过统计软件 Stata 11.1 版进行运算。

表 A.1　家庭平均收入和支出，1996—2014（以 2015 年美元值计算）

	1996	1997	1998	1999	2000	2001
消费单位的未加权计算	20,251	20,850	21,549	27,262	26,947	28,339
消费单位的加权计算（以千元计算）	82,629	84,991	84,115	81,692	81,454	88,735
税前平均收入	57,190	58,766	60,280	62,271	61,246	63,426
年平均支出	50,163	50,346	51,205	52,439	51,567	51,826
食品	7,129	7,189	7,148	7,066	7,024	6,922
酒精饮料	427	426	431	426	417	452
住房	15,221	15,561	15,859	16,245	15,942	16,332
服饰和服务	2,057	2,063	1,966	1,994	1,914	1,800
交通	9,887	9,730	9,774	10,178	10,327	10,470
健康医疗	2,555	2,572	2,634	2,682	2,711	2,766
娱乐	2,624	2,577	2,552	2,722	2,542	2,583
个人护理产品和服务	436	435	428	425	432	314
阅读	249	252	247	240	214	197
教育	690	737	783	769	796	779
烟草产品和烟具	395	397	402	443	455	433
杂项	1,231	1,161	1,198	1,175	1,019	985
现金捐赠	1,645	1,600	1,798	1,906	1,848	1,790
个人保险和退休金	5,616	5,646	5,982	6,168	5,926	6,003
	2002	2003	2004	2005	2006	2007
消费单位的未加权计算	30,398	31,820	36,168	35,625	33,261	31,945

	1996	1997	1998	1999	2000	2001
消费单位的加权计算（以千元计算）	92,388	97,391	116,282	117,356	118,843	120,171
税前平均收入	64,999	65,734	68,495	71,131	71,145	71,969
年平均支出	52,364	51,507	51,091	53,135	53,789	54,396
食品	6,876	6,779	6,978	6,962	7,049	8,080
酒精饮料	449	401	400	428	446	381
住房	16,439	16,369	16,336	17,185	18,089	18,078
服饰和服务	1,747	1,563	1,518	1,567	1,495	1,452
交通	10,404	10,257	9,687	10,063	9,837	9,712
健康医疗	2,969	2,980	3,018	3,062	3,059	3,079
娱乐	2,667	2,575	2,621	2,694	2,676	2,747
个人护理产品和服务	340	341	341	335	332	332
阅读	191	171	163	153	137	135
教育	941	943	1,047	1,089	978	1,025
烟草产品和烟具	436	394	358	383	382	368
杂项	1,062	806	796	892	917	849
现金捐赠	1,798	1,876	1,765	2,016	2,195	2,079
个人保险和退休金	6,048	6,052	6,065	6,307	6,197	6,076

	2008	2009	2010	2011	2012	2013	2014
消费单位的未加权计算	32,238	32,936	32,883	31,541	31,480	30,315	30,173
消费单位的加权计算（以千元计算）	120,770	120,847	121,107	122,287	124,416	125,670	127,006
税前平均收入	70,017	69,471	67,826	67,086	67,399	64,750	66,762
年平均支出	52,919	51,617	50,109	49,963	50,867	49,637	50,816
食品	7,833	7,654	7,533	7,519	7,631	7,470	7,607
酒精饮料	358	376	369	373	375	369	398
住房	17,640	17,523	16,971	16,668	16,361	16,390	16,788
服饰和服务	1,305	1,238	1,205	1,140	1,182	1,093	1,138
交通	9,172	8,173	8,085	8,514	9,070	8,731	8,582
健康医疗	3,096	3,281	3,237	3,291	3,469	3,499	4,097
娱乐	2,691	2,614	2,435	2,367	2,322	2,185	2,354
个人护理产品和服务	331	332	311	308	313	292	299
阅读	128	120	107	120	99	104	103
教育	1,098	1,124	1,098	1,051	1,191	1,091	1,083

烟草产品和烟具	344	417	389	366	339	328	307
杂项	872	824	789	756	807	618	558
现金捐赠	1,910	1,901	1,773	1,811	1,973	1,864	1,788
个人保险和退休金	6,142	6,039	5,805	5,680	5,736	5,602	5,715

来源：1996—2014 消费者支出访问调查公共用途微数据，美国劳工统计局

表 A.2　炫耀性和非炫耀性支出类别

炫耀性消费	统一代码委员会代码
家庭以外食品	790410
餐馆用餐、外卖食品和其他宴会	190902
外出旅行食品	190903
家庭以外酒精饮料	
在餐馆和酒吧享用的酒精饮料	790420
旅途中购买的酒精饮料	200900
家用纺织品	
浴室用品	280110
床上用品	280120
厨房和餐厅用品	280130
窗帘和帷幔	280210
沙发套、装饰靠垫	280220
其他家纺用品	280900
家具（不包括床垫和弹簧）	290110
床垫和弹簧	290120
其他卧室家具	290210
沙发	290310
起居室椅子	290320
起居室桌子	290410
厨房和餐厅家具	290420
户外家具	290430
组合柜、橱柜和其他配套家具	290440
非永久性地面铺装	320111
冰箱和烤箱	
冰箱和冰柜（出租房）	300111
冰箱和冰柜（自住房）	300112

炫耀性消费	统一代码委员会代码
厨灶用具和烤箱（出租房）	300311
厨灶用具和烤箱（自住房）	300312
家用器皿	
塑料餐具	320310
瓷器和其他餐具	320320
刀叉等扁平餐具	320330
玻璃器皿	320340
银制餐具	320350
其他餐具	320360
家用杂项	
窗饰	320120
婴儿用品	320130
户外用品	320150
灯具及其固定用品	320220
钟表和其他家用装饰品	320233
家用办公家具	320901
室内植物和鲜花	320903
电脑和非商用电脑硬件	690111
手机服务	270102
男士服饰	
男士西装	360110
男士运动外套、定制夹克	360120
男士外套和夹克	360210
男士袜类	360312
男士配饰	360330
男士毛衣和马甲	360340
男士专业运动服	360350
男士衬衫	360410
男士长裤和短裤	360513
男士特殊装扮服饰	360902
男孩服饰	
男孩外套和夹克	370110
男孩毛衣	370120
男孩衬衫	370130
男孩袜类	370213

炫耀性消费	统一代码委员会代码
男孩配饰	370220
男孩西装、运动外套和马甲	370311
男孩长裤和短裤	370314
男孩专业运动服	370904
男孩特殊装扮服饰	370902
女士服饰	
女士外套和夹克	380110
女士连衣裙	380210
女士运动外套和定制马甲	380311
女士马甲和毛衣	380312
女士衬衫、上装和短上衣	380313
女士下装裙	380320
女士长裤和短裤	380333
女士专业运动服	380340
女士袜类	380430
女士套装	380510
女士配饰	380901
女士特殊装扮服饰	380903
女孩服饰	
女孩外套和夹克	390110
女孩连衣裙和套装	390120
女孩衬衫、短上衣和毛衣	390210
女孩下装裙、长裤和短裤	390223
女孩专业运动服	390230
女孩袜类	390321
女孩配饰	390322
女孩特殊装扮服饰	390902
婴幼儿服饰	
婴幼儿外套、夹克和风雪服	410110
婴幼儿连衣裙和户外外套	410120
婴幼儿配饰	410901
鞋类	
男孩鞋类	400210
女士鞋类	400310
女孩鞋类	400220

炫耀性消费	统一代码委员会代码
手表、珠宝首饰和行李	
手表	430110
珠宝首饰	430120
行李	430130
交通工具	
新车	450110
新卡车	450210
旧车	460110
旧卡车	460901
新摩托车	450220
旧摩托车	460902
汽车财务费用	510110
卡车财务费用	510901
摩托车和飞机财务费用	510902
其他交通工具财务费用	850300
汽车租赁	520511
外出租车	520512
卡车租赁	520521
外出卡车租赁	520522
摩托车租赁	520902
外出摩托车租赁	520905
飞机租赁	520903
外出飞机租赁	520906
汽车租赁付款	450310
现金付款（汽车租赁）	450313
合同终止费（汽车租赁）	450314
卡车租赁付款	450410
现金支付（卡车租赁）	450413
合同终止费（卡车租赁）	450414
电视机和音频	
电视机	310140
个人数字音频播放器	310314
音响组件和组件系统	310320
船和马达	
没有马达和拖船的船	600121

炫耀性消费	统一代码委员会代码
购买带马达的船	600132
舷外机	600110
个人护理产品	
假发和假发片	640130
葬礼	
丧葬费	680140
墓地、墓穴和维护费用	680901
非炫耀性消费，劳动密集型	统一代码委员会代码
物业与安保	
物业管理（自有住宅）	230901
安保管理维护服务（自有住宅）	340911
物业管理（自有度假屋）	230902
安保管理维护服务（自有度假屋）	340912
家庭服务	
婴幼儿看护（家中）	340211
婴幼儿看护（别处）	340212
老年人、伤病患与残障人群看护	340906
成人日托中心	340910
日托中心、托儿所和学前班	670310
家政服务	340310
园艺及草坪护理服务	340410
家用洗衣房及干洗	340520
家庭安保系统服务费	340915
法务和会计费用	
法务费	680110
会计费	680902
非炫耀性消费，体验驱动	统一代码委员会代码
在家饮用的酒精饮料	
啤酒、葡萄酒和其他酒精饮料	790330
旅行住宿	210210
床垫和弹簧	
床垫和弹簧	290110
修补衣服、手表等	
补鞋和其他鞋类保养服务	440110
修改、修补及定制服装及配饰	440130

炫耀性消费	统一代码委员会代码
修理手表和珠宝首饰	440150
自助洗衣店以外的服饰清洗和干洗	440210
汽车服务俱乐部	
汽车服务俱乐部	620113
机票、出租车和船票	
机票	530110
旅途中的出租车费和豪华轿车服务	530411
出租车费和豪华轿车服务	530412
船票	530901
医疗服务	
医生服务	560110
牙医服务	560210
眼部护理服务	560310
休闲消费和会费	
外地旅行娱乐消费	610900
社交、娱乐和健康俱乐部会费	620111
参与体育活动的费用	620121
去外地参与体育活动的费用	620122
电影、戏剧、游乐场和其他费用	620211
在外地看电影和其他休闲消费	620212
参加体育赛事的报名费	620221
在外地参加体育赛事的报名费	620222
休闲课程费用	620310
在外地的其他娱乐服务费用	620903
乐器和其他娱乐项目	
乐器和配件	610130
租借和修理乐器	620904
租借录影带、录音带、电影和光碟	620912
宠物、玩具、兴趣爱好和儿童游乐场设施	
购买宠物、宠物日用品和医疗用品	610320
宠物服务	620410
兽医服务	620420
玩具、游戏、艺术和手工、三轮脚踏车	610110
收集邮票和硬币	610140
儿童游乐场设施	610120

炫耀性消费	统一代码委员会代码
租借非露营用拖车	520904
租借外地旅行用船和拖车	520907
外地旅行时租借露营车	620909
外地旅行时租借其他交通工具	620919
租船	620906
租借机动露营车	620921
租借其他旅行房车	620922
船只泊位及停靠费	520901
运动装备、游戏桌和运动器材	600210
自行车	600310
露营装备	600410
打猎和钓鱼装备	600420
冬季运动装备	600430
水上运动装备	600901
其他运动装备	600902
租借和修理各种运动装备	620908
其他娱乐	
电影	610210
图片处理	620330
修理和租借摄影器材	620905
摄影器材	610230
摄影师费用	620320
宴会的现场表演	680310
租借宴会派对用品	680320
个人护理服务	
个人护理服务	650310
阅读	
订阅报纸和杂志	590310
非订阅的报纸和杂志	590410
图书俱乐部购买的图书	590220
非图书俱乐部渠道购买的图书	590230
大百科全书和其他参考书	660310
学费	
大学学费	670110
小学和中学学费	670210

炫耀性消费	统一代码委员会代码
杂项	
约会服务	680904
假日俱乐部	680905
信用卡会费	620112
购物俱乐部会费	620115
现金捐赠	
现金捐赠给慈善组织和其他组织	800821
现金捐赠给教堂和其他宗教组织	800831
现金捐赠给教育机构	800841
现金捐赠给政治组织	800851

表 A.3 回归结果
使用测量系统分析模型样本的支出回归模型，2012

	系数	标准误差	z	P > z	95% 置信区间	
住户年龄（参考：35-44）						
16–24	0.273	0.032	8.5	0.000	0.210	0.336
25–34	0.143	0.022	6.5	0.000	0.099	0.186
45–54	– 0.047	0.022	– 2.2	0.028	– 0.089	– 0.005
55–64	– 0.134	0.024	– 5.6	0.000	– 0.180	– 0.087
65–74	– 0.102	0.040	– 2.5	0.012	– 0.181	0.023
75 岁及以上	–0.238	0.045	– 5.3	0.000	– 0.327	– 0.149
收入级别（参考：P45-55）						
P0–5	– 0.584	0.038	– 15.5	0.000	– 0.658	– 0.510
P5–15	– 0.702	0.031	– 22.8	0.000	– 0.762	– 0.642
P15–25	– 0.504	0.029	– 17.1	0.000	– 0.562	– 0.446
P25–35	– 0.286	0.029	– 10.0	0.000	– 0.342	– 0.230
P35–45	– 0.177	0.028	– 6.3	0.000	– 0.233	– 0.122
P55–65	0.133	0.028	4.8	0.000	0.078	0.188
P65–75	0.261	0.028	9.3	0.000	0.206	0.317
P75–85	0.435	0.029	15.2	0.000	0.379	0.492

	系数	标准误差	z	P > z	95% 置信区间	
P85–90	0.611	0.035	17.6	0.000	0.543	0.679
P90–99	0.839	0.030	27.6	0.000	0.779	0.898
P99–100	1.420	0.063	22.5	0.000	1.296	1.544
住户性别						
女性	-0.068	0.013	– 5.2	0.000	– 0.094	– 0.043
住户种族 / 人种（参考：非西班牙裔白人）						
非洲裔美国人	-0.091	0.021	-4.4	0.000	-0.132	-0.050
亚裔	-0.057	0.029	-1.9	0.052	-0.115	0.001
西班牙裔	0.030	0.021	1.4	0.160	-0.012	0.072
其他	-0.001	0.049	0.0	0.991	-0.097	0.096
住户婚姻状况（参考：已婚夫妻）						
丧偶	-0.142	0.030	-4.8	0.000	-0.201	-0.084
离异	-0.124	0.023	-5.5	0.000	-0.168	-0.079
分居	0.022	0.041	0.5	0.595	-0.059	0.102
从未结婚	-0.056	0.023	-2.5	0.014	-0.101	-0.011
收入构成（参考：单薪家庭）						
双薪家庭	-0.031	0.020	-1.6	0.117	-0.070	0.008
住户受教育程度（参考：高中辍学）						
高中毕业	0.078	0.024	3.3	0.001	0.032	0.124
一些大专和副学士学历	0.141	0.023	6.1	0.000	0.096	0.187
大学本科学历	0.270	0.025	10.6	0.000	0.220	0.320
研究生学历或更高学历	0.253	0.028	8.9	0.000	0.198	0.309
住户家庭构成						
18 岁以下儿童数量	0.029	0.007	4.1	0.000	0.015	0.042
65 岁及以上老年人数量	0.006	0.022	0.3	0.799	0.037	0.048
住房所有权（参考：租赁人）						
业主	0.123	0.016	7.5	0.000	0.091	0.155
测量系统分析样本（参考：非测量系统分析地区家庭）						
纽约，纽约州	0.397	0.039	10.2	0.000	0.321	0.474

	系数	标准误差	z	P > z	95% 置信区间	
纽约，康涅狄格州郊区	0.057	0.041	1.4	0.161	-.023	0.136
新泽西州郊区	0.154	0.041	3.8	0.000	0.074	0.234
费城测量系统分析 宾夕法尼亚州 新泽西州 特拉华州 马里兰州	0.129	0.040	3.2	0.001	0.050	0.207
波士顿 - 布罗克顿 - 纳舒厄 马萨诸塞州 新罕布什尔州 缅因州 康涅狄格州	0.052	0.041	1.3	0.209	-0.029	0.132
芝加哥 - 加里 - 基诺沙，伊利诺伊州 印第安纳州 威斯康星州	0.132	0.034	3.9	0.000	0.065	0.198
底特律 - 安阿伯 - 弗林特，密歇根州	0.128	0.048	2.7	0.007	0.035	0.221
克利夫兰 - 阿克伦，俄亥俄州	0.130	0.062	2.1	0.038	0.007	0.252
明尼阿波利斯 - 圣保罗，明尼苏达州 威斯康星州	0.131	0.059	2.2	0.025	0.016	0.246
华盛顿,华盛顿哥伦比亚特区 - 马里兰州 - 弗吉尼亚州 - 西弗吉尼亚州	0.062	0.046	1.4	0.178	-0.028	0.152
巴尔的摩，马里兰州	0.091	0.062	1.5	0.144	-0.031	0.213
达拉斯 - 沃斯堡，得克萨斯州	0.213	0.044	4.9	0.000	0.127	0.299
休斯敦 - 加尔维斯顿 - 布拉佐里亚，得克萨斯州	0.159	0.048	3.3	0.001	0.064	0.254
亚特兰大，佐治亚州	0.169	0.048	3.5	0.000	0.074	0.264
迈阿密 - 劳德代尔堡，佛罗里达州	-0.029	0.060	-0.5	0.634	-0.147	0.089
洛杉矶 - 奥兰治，加利福尼亚州	0.150	0.032	4.7	0.000	0.088	0.212
洛杉矶郊区，加利福尼亚州	0.198	0.049	4.1	0.000	0.102	0.293
旧金山 - 奥克兰 - 圣何塞，加利福尼亚州	0.172	0.040	4.4	0.000	0.095	0.249
西雅图 - 塔科马 - 布雷默顿，华盛顿州	0.106	0.050	2.1	0.036	0.007	0.205
圣迭戈，加利福尼亚州	0.188	0.056	3.4	0.001	0.079	0.298
菲尼克斯 - 梅萨，亚利桑那州	0.039	0.059	0.7	0.510	-0.076	0.153
常数	7.622	0.038	198.8	0.000	7.546	7.697

支出回归模型，1996—2012

	收入（凡勃伦）		收入（非炫耀性）		收入（其他）	
	系数	标准误差	系数	标准误差	系数	标准误差
住户年龄（参考：16-24）						
25-34	-0.120	0.008	-0.169	0.009	0.220	0.003
34-44	-0.255	0.009	-0.225	0.009	0.259	0.003
45-54	-0.315	0.009	-0.217	0.009	0.278	0.003
55-64	-0.388	0.009	-0.181	0.010	0.239	0.003
65-74	-0.476	0.013	-0.094	0.014	0.126	0.005
75 岁及以上	-0.813	0.014	-0.049	0.015	0.040	0.005
收入弹性						
收入（税前收入）	0.146	0.004	0.135	0.004	0.164	0.001
收入弹性 × 收入级别（参考：P40-60）						
P0-P20	-0.054	0.001	-0.041	0.001	-0.029	0.000
P20-P40	-0.023	0.001	-0.020	0.001	-0.011	0.000
P60-P80	0.022	0.001	0.023	0.001	0.011	0.000
P80-P90	0.039	0.001	0.045	0.001	0.021	0.000
P90-P95	0.051	0.001	0.061	0.001	0.030	0.000
P95-P99	0.062	0.001	0.079	0.001	0.036	0.000
P99-P100	0.079	0.001	0.102	0.002	0.044	0.001
住户的种族 / 人种（参考：非西班牙裔白人）						
非洲裔美国人	-0.111	0.006	-0.180	0.006	-0.048	0.002
亚裔和太平洋岛民	-0.144	0.009	-0.324	0.009	-0.057	0.003
西班牙裔	0.044	0.006	-0.310	0.007	-0.036	0.002
其他	-0.022	0.015	-0.139	0.016	-0.019	0.006
住户婚姻状况（参考：已婚夫妻）						
丧偶	-0.216	0.008	-0.106	0.008	-0.122	0.003
离异	-0.145	0.006	-0.208	0.006	-0.114	0.002
分居	-0.110	0.011	-0.128	0.012	-0.082	0.004
从未结婚	-0.175	0.006	-0.223	0.006	-0.202	0.002
住户受教育程度（参考：高中辍学）						
高中毕业	0.181	0.006	0.315	0.006	0.051	0.002
一些大专和副学士学历	0.295	0.006	0.630	0.006	0.078	0.002
大学本科学历	0.353	0.007	0.880	0.007	0.139	0.002
研究生学历或更高学历	0.349	0.008	1.038	0.008	0.165	0.003

	收入（凡勃伦）		收入（非炫耀性）		收入（其他）	
	系数	标准误差	系数	标准误差	系数	标准误差
住户家庭构成						
18 岁以下儿童数量	0.016	0.002	0.085	0.002	0.055	0.001
65 岁及以上老年人数量	0.015	0.006	0.044	0.007	0.033	0.002
住房所有权（参考：租赁人）						
业主	0.143	0.004	0.318	0.005	0.062	0.002
地区（参考：南部）						
东北部	-0.066	0.005	0.017	0.006	0.015	0.002
中西部	-0.011	0.005	0.059	0.005	-0.008	0.002
西部	-0.004	0.005	0.190	0.005	0.075	0.002
城市规模（参考：少于 125000）						
超过 400 万	0.140	0.006	0.150	0.006	0.187	0.002
120 万 -400 万	0.105	0.006	0.119	0.006	0.124	0.002
33 万 -119 万	0.115	0.007	0.124	0.007	0.080	0.002
12.5 万 -32.99 万	0.063	0.006	0.122	0.006	0.049	0.002

表 A.4　按都会区和年份划分的年平均支出（以 2015 年美元值计算）

1. 水果和蔬菜

	美国	纽约州	康涅狄格州	新泽西州	费城	波士顿	芝加哥	底特律	克利夫兰	明尼阿波利斯	华盛顿哥伦比亚特区
2007	598	668	846	677	530	704	725	698	575	835	825
2008	653	664	952	686	648	895	724	657	613	640	761
2009	654	664	991	821	718	827	808	686	577	692	857
2010	677	653	965	787	632	1045	943	733	543	855	821
2011	711	769	1182	843	618	994	866	831	605	739	926
2012	728	679	932	852	759	1,215	857	829	589	731	987

	巴尔的摩	达拉斯	休斯敦	亚特兰大	迈阿密	洛杉矶	洛杉矶郊区	旧金山	西雅图	圣迭戈	菲尼克斯
2007	625	580	578	600	866	904	718	852	605	474	656
2008	531	605	574	460	755	925	846	979	914	832	552
2009	682	610	621	451	806	842	768	863	776	744	661
2010	599	666	653	573	797	832	832	973	658	690	570
2011	856	833	770	610	681	850	950	1,008	688	622	729
2012	705	645	715	850	774	938	1,034	1,007	1,007	822	717

2. 人工甜味剂

	美国	纽约州	康涅狄格州	新泽西州	费城	波士顿	芝加哥	底特律	克利夫兰	明尼阿波利斯	华盛顿哥伦比亚特区
2007	6	5	7	4	4	8	4	10	2	3	11
2008	6	5	11	5	9	12	7	8	6	3	7
2009	6	3	11	0	6	10	7	5	2	5	14
2010	5	1	3	4	1	6	6	4	1	1	4
2011	6	3	7	4	5	10	4	7	2	3	4
2012	5	2	5	2	4	9	3	4	2	0	4

	巴尔的摩	达拉斯	休斯敦	亚特兰大	迈阿密	洛杉矶	洛杉矶郊区	旧金山	西雅图	圣迭戈	菲尼克斯
2007	5	5	10	5	5	9	3	1	7	4	9
2008	10	7	5	6	8	4	13	5	9	5	1
2009	13	6	5	3	3	5	2	12	5	5	6
2010	3	4	3	6	8	6	3	10	4	0	2
2011	1	9	5	10	1	7	27	3	4	2	4
2012	7	6	5	6	2	6	19	4	5	3	2

3. 糖和口香糖

	美国	纽约州	康涅狄格州	新泽西州	费城	波士顿	芝加哥	底特律	克利夫兰	明尼阿波利斯	华盛顿哥伦比亚特区
2007	80	58	107	78	75	69	89	130	79	101	55
2008	80	42	101	66	75	88	95	66	97	85	88
2009	86	47	115	67	68	85	108	84	95	138	74
2010	78	33	78	63	79	104	97	82	128	96	78
2011	87	56	107	88	70	96	86	78	95	170	91
2012	88	52	85	84	77	124	104	90	72	130	91

	巴尔的摩	达拉斯	休斯敦	亚特兰大	迈阿密	洛杉矶	洛杉矶郊区	旧金山	西雅图	圣迭戈	菲尼克斯
2007	95	62	85	94	47	67	87	142	104	37	74
2008	64	96	64	48	31	73	108	87	115	47	78
2009	72	61	86	67	47	59	97	83	123	84	103
2010	58	69	61	67	32	60	87	75	71	21	140
2011	112	72	82	53	51	57	110	108	101	57	91
2012	133	62	62	88	46	88	88	144	135	86	117

4. 咖啡

	美国	纽约州	康涅狄格州	新泽西州	费城	波士顿	芝加哥	底特律	克利夫兰	明尼阿波利斯	华盛顿哥伦比亚特区
2007	51	46	62	47	53	43	72	51	95	51	66
2008	51	35	58	46	68	74	51	57	40	55	65
2009	58	36	87	57	53	86	51	84	67	62	68
2010	60	43	100	57	78	88	65	64	53	42	113
2011	75	56	114	69	82	127	78	89	78	87	104
2012	86	51	113	71	115	149	71	78	75	81	55

	巴尔的摩	达拉斯	休斯敦	亚特兰大	迈阿密	洛杉矶	洛杉矶郊区	旧金山	西雅图	圣迭戈	菲尼克斯
2007	75	37	42	42	55	78	97	87	31	45	68
2008	28	43	46	38	52	45	68	45	90	103	42
2009	25	30	42	60	67	69	82	86	64	74	55
2010	45	38	43	48	55	62	82	96	78	49	52
2011	59	75	68	52	58	72	80	97	117	75	51
2012	83	67	64	73	83	110	83	117	120	90	119

5. 烘焙咖啡

	美国	纽约州	康涅狄格州	新泽西州	费城	波士顿	芝加哥	底特律	克利夫兰	明尼阿波利斯	华盛顿哥伦比亚特区
2007	32	34	38	33	39	30	53	34	46	30	38
2008	34	21	42	29	44	55	34	36	31	37	43
2009	39	23	54	36	38	60	36	56	41	40	46
2010	37	26	67	33	59	55	42	35	32	32	69
2011	47	32	70	43	50	85	52	58	42	60	63
2012	53	32	67	34	73	97	37	44	44	45	33

	巴尔的摩	达拉斯	休斯敦	亚特兰大	迈阿密	洛杉矶	洛杉矶郊区	旧金山	西雅图	圣迭戈	菲尼克斯
2007	56	22	29	29	31	40	58	59	18	29	48
2008	18	31	31	23	28	29	45	34	62	76	32
2009	15	21	29	43	43	50	51	58	55	56	38
2010	25	25	24	29	30	37	52	67	57	34	29
2011	43	45	44	28	25	46	60	64	91	53	31
2012	62	42	34	39	42	65	47	76	80	62	81

6. 茶

	美国	纽约州	康涅狄格州	新泽西州	费城	波士顿	芝加哥	底特律	克利夫兰	明尼阿波利斯	华盛顿哥伦比亚特区
2007	29	26	41	34	33	31	33	39	30	25	36
2008	32	25	44	39	42	52	40	40	31	18	71
2009	29	27	56	44	39	43	34	32	19	18	38
2010	29	29	48	29	45	44	34	30	26	40	51
2011	31	35	39	32	61	38	34	34	35	41	36
2012	30	32	32	45	35	47	45	22	40	12	33

	巴尔的摩	达拉斯	休斯敦	亚特兰大	迈阿密	洛杉矶	洛杉矶郊区	旧金山	西雅图	圣迭戈	菲尼克斯
2007	28	23	34	21	46	48	27	35	33	25	29
2008	19	20	30	13	24	39	21	29	37	56	15
2009	45	32	28	18	25	27	17	31	24	36	28
2010	27	30	15	20	24	23	17	33	22	34	33
2011	31	36	36	24	22	34	27	26	37	23	40
2012	23	22	48	17	20	35	35	59	26	41	17

7. 瓶装酒

	美国	纽约州	康涅狄格州	新泽西州	费城	波士顿	芝加哥	底特律	克利夫兰	明尼阿波利斯	华盛顿哥伦比亚特区
2007	60	70	85	85	49	93	78	86	52	58	100
2008	61	51	91	87	57	87	74	64	76	31	57
2009	57	57	86	73	63	67	69	84	49	53	68
2010	52	61	77	57	56	63	65	47	25	33	75
2011	53	55	90	88	51	78	58	65	55	40	72
2012	57	65	68	87	65	67	58	34	37	64	78

	巴尔的摩	达拉斯	休斯敦	亚特兰大	迈阿密	洛杉矶	洛杉矶郊区	旧金山	西雅图	圣迭戈	菲尼克斯
2007	79	93	65	53	36	109	85	70	55	54	67
2008	33	62	94	46	52	129	105	85	88	99	63
2009	43	52	91	39	35	90	90	55	55	100	63
2010	44	64	64	69	27	87	77	51	35	58	60
2011	57	67	75	58	30	90	64	59	30	77	55
2012	50	66	86	78	61	86	114	51	70	84	57

8. 葡萄酒

	美国	纽约州	康涅狄格州	新泽西州	费城	波士顿	芝加哥	底特律	克利夫兰	明尼阿波利斯	华盛顿哥伦比亚特区
2007	97	58	117	180	50	135	101	26	108	247	258
2008	87	70	101	128	90	181	103	52	103	123	163
2009	100	89	214	213	73	189	97	62	80	129	203
2010	87	82	371	138	113	122	79	57	32	119	205
2011	104	67	101	130	178	113	114	83	52	88	179
2012	103	72	178	125	150	200	69	125	36	155	145

	巴尔的摩	达拉斯	休斯敦	亚特兰大	迈阿密	洛杉矶	洛杉矶郊区	旧金山	西雅图	圣迭戈	菲尼克斯
2007	202	98	123	86	94	111	73	417	81	55	187
2008	51	94	94	45	98	113	87	194	239	276	43
2009	181	111	219	81	99	104	123	182	189	201	150
2010	93	54	78	101	38	116	56	131	256	119	44
2011	68	85	149	84	96	165	143	259	189	151	244
2012	267	74	104	109	87	101	228	166	176	193	95

9. 其他酒精饮料

	美国	纽约州	康涅狄格州	新泽西州	费城	波士顿	芝加哥	底特律	克利夫兰	明尼阿波利斯	华盛顿哥伦比亚特区
2007	456	346	698	590	390	559	575	464	353	1,098	796
2008	442	292	602	529	539	646	576	381	412	628	774
2009	433	413	662	470	360	635	446	349	439	739	573
2010	412	453	895	443	507	652	375	372	357	813	599
2011	455	368	469	534	478	813	496	520	429	629	875
2012	450	262	553	529	605	813	510	413	294	696	706

	巴尔的摩	达拉斯	休斯敦	亚特兰大	迈阿密	洛杉矶	洛杉矶郊区	旧金山	西雅图	圣迭戈	菲尼克斯
2007	553	314	570	446	233	549	436	840	367	230	547
2008	291	386	685	300	375	528	458	712	862	714	391
2009	436	426	732	347	322	481	547	715	818	588	608
2010	332	321	367	384	154	528	373	640	859	574	411
2011	412	417	484	479	303	859	429	757	582	746	681
2012	734	447	464	350	282	418	697	654	673	685	483

10. 住房

	美国	纽约州	康涅狄格州	新泽西州	费城	波士顿	芝加哥	底特律	克利夫兰	明尼阿波利斯	华盛顿哥伦比亚特区
2007	16925	17804	26262	24725	19771	20330	21028	15708	17772	19906	26070
2008	17102	19462	27752	25163	21828	20598	20771	15960	16010	19652	26326
2009	16887	18853	25378	25718	20183	20919	20595	16704	14910	18607	25083
2010	16555	18725	27056	24389	19026	21261	20448	16236	14681	18001	25756
2011	16813	18431	25952	25635	20365	21170	20510	16161	14852	17333	25330
2012	16856	19937	27012	24425	19799	20001	19780	15817	15704	18804	29379
	巴尔的摩	达拉斯	休斯敦	亚特兰大	迈阿密	洛杉矶	洛杉矶郊区	旧金山	西雅图	圣迭戈	菲尼克斯
2007	20279	17855	18254	17478	19285	22867	22081	25221	20733	21890	19652
2008	20549	17805	17820	16863	17712	22334	23328	26080	22110	23081	19504
2009	21004	18668	19963	17306	19990	21755	19374	25686	22117	20712	17620
2010	20061	17737	18559	18416	16379	20580	18859	26818	21367	22018	15254
2011	21251	18851	17979	18415	15494	21002	19722	27032	21877	21368	17979
2012	20668	18897	19097	17684	15838	20804	21409	24885	19453	22358	19401

11. 自有住宅

	美国	纽约州	康涅狄格州	新泽西州	费城	波士顿	芝加哥	底特律	克利夫兰	明尼阿波利斯	华盛顿哥伦比亚特区
2007	6733	4531	13195	11406	7681	8733	9697	6649	6603	8169	12596
2008	6760	4895	12914	12785	9831	8709	9049	6359	6351	8913	12259
2009	6542	3868	11662	11777	8562	8146	9733	6878	5135	8205	10649
2010	6271	4578	12386	11253	7709	8445	9128	6491	5539	7423	10607
2011	6147	4515	12125	12409	8575	8231	8467	6439	5747	7355	10814
2012	6059	4224	12262	11468	7747	7267	8007	5610	6233	7468	12169
	巴尔的摩	达拉斯	休斯敦	亚特兰大	迈阿密	洛杉矶	洛杉矶郊区	旧金山	西雅图	圣迭戈	菲尼克斯
2007	9769	6405	7277	7542	8720	8835	11210	10629	8937	9316	7267
2008	9360	6423	6485	7099	6380	8041	10771	10828	8822	8578	8442
2009	9768	6102	8269	7564	7757	7841	7590	11131	8660	7004	6872
2010	8255	6530	6704	7316	6013	7184	6849	11277	8476	8669	5599
2011	9520	6326	6265	7239	4490	6481	6768	10576	8796	7512	6180
2012	7844	6395	7234	5889	5891	6218	8713	8255	7369	8678	7156

12. 租房

	美国	纽约州	康涅狄格州	新泽西州	费城	波士顿	芝加哥	底特律	克利夫兰	明尼阿波利斯	华盛顿哥伦比亚特区
2007	2491	6725	2320	3033	2603	3132	2433	1977	2676	1997	3514
2008	2616	7172	2726	2889	2572	2983	2774	2147	1777	2435	3860
2009	2733	8043	2644	3676	3076	3441	2632	2094	2402	2382	4417
2010	2776	8217	2777	4154	2857	3652	2691	2169	2268	2209	4213
2011	2904	7844	3144	3966	3013	3074	3366	2032	2239	1928	4280
2012	3061	8588	3536	4264	2945	3578	3476	2327	2244	2302	4283

	巴尔的摩	达拉斯	休斯敦	亚特兰大	迈阿密	洛杉矶	洛杉矶郊区	旧金山	西雅图	圣迭戈	菲尼克斯
2007	2205	2911	2496	2752	3583	6283	2819	5780	3155	6111	3386
2008	3496	3256	2837	3028	4192	6773	3565	6516	4057	6323	2734
2009	2951	3691	2440	2545	4310	6646	4130	6378	3744	6390	2755
2010	2752	2898	2841	2989	4045	6362	4559	6639	3633	6436	2548
2011	2643	3692	2587	2475	5119	6880	4794	6559	3491	6548	2790
2012	3868	3566	2843	3314	4003	7053	4158	7358	3979	6095	3241

13. 自有度假屋

	美国	纽约州	康涅狄格州	新泽西州	费城	波士顿	芝加哥	底特律	克利夫兰	明尼阿波利斯	华盛顿哥伦比亚特区
2007	288	928	504	625	491	479	456	346	479	287	359
2008	296	1,136	744	680	754	574	529	297	505	151	539
2009	300	513	556	623	812	354	389	454	238	349	413
2010	277	181	708	128	389	340	583	359	154	466	460
2011	263	361	589	259	368	587	650	111	421	142	913
2012	229	440	679	138	344	595	296	229	295	465	757

	巴尔的摩	达拉斯	休斯敦	亚特兰大	迈阿密	洛杉矶	洛杉矶郊区	旧金山	西雅图	圣迭戈	菲尼克斯
2007	50	69	289	129	62	96	304	647	368	118	465
2008	124	91	193	273	296	81	254	449	501	179	157
2009	472	150	379	102	907	269	172	882	433	102	215
2010	1,010	188	219	121	283	381	352	609	546	199	284
2011	493	103	181	156	130	242	310	781	497	186	290
2012	84	188	214	202	295	36	140	425	188	153	346

14. 在家照看孩子

	美国	纽约州	康涅狄格州	新泽西州	费城	波士顿	芝加哥	底特律	克利夫兰	明尼阿波利斯	华盛顿哥伦比亚特区
2007	52	21	98	147	87	97	79	16	7	13	294
2008	47	37	169	69	43	123	49	63	3	86	197
2009	47	225	126	304	16	88	63	49	51	17	33
2010	53	31	245	112	45	294	147	55	57	43	13
2011	51	55	217	283	117	40	75	21	0	104	162
2012	54	129	186	118	41	55	121	21	4	48	587

	巴尔的摩	达拉斯	休斯敦	亚特兰大	迈阿密	洛杉矶	洛杉矶郊区	旧金山	西雅图	圣迭戈	菲尼克斯
2007	28	87	51	19	57	62	56	130	22	113	19
2008	0	5	17	3	5	150	131	105	16	275	107
2009	5	32	155	14	0	81	20	114	27	189	62
2010	291	38	76	16	5	103	58	51	183	150	9
2011	25	28	30	52	11	83	32	127	207	19	1
2012	34	76	51	116	18	80	53	72	66	35	14

15. 家政服务

	美国	纽约州	康涅狄格州	新泽西州	费城	波士顿	芝加哥	底特律	克利夫兰	明尼阿波利斯	华盛顿哥伦比亚特区
2007	118	171	219	216	122	147	198	44	96	95	241
2008	119	202	188	209	205	164	176	131	92	82	213
2009	112	108	199	110	73	161	203	181	14	90	341
2010	112	165	281	149	109	206	128	123	45	143	326
2011	105	100	159	174	89	182	160	95	27	58	329
2012	132	284	220	141	175	153	141	204	93	84	469

	巴尔的摩	达拉斯	休斯敦	亚特兰大	迈阿密	洛杉矶	洛杉矶郊区	旧金山	西雅图	圣迭戈	菲尼克斯
2007	104	102	110	89	179	307	136	313	125	289	140
2008	71	82	88	110	107	275	141	257	113	198	134
2009	184	185	214	99	270	262	108	217	232	223	83
2010	113	153	159	109	129	242	202	247	129	113	138
2011	210	145	137	129	57	290	188	386	80	94	122
2012	106	109	148	98	112	272	321	528	81	235	281

16. 电视

	美国	纽约州	康涅狄格州	新泽西州	费城	波士顿	芝加哥	底特律	克利夫兰	明尼阿波利斯	华盛顿哥伦比亚特区
2007	162	222	107	207	130	201	241	143	110	104	256
2008	164	131	303	160	203	113	195	102	132	125	218
2009	140	95	157	124	105	147	211	115	144	91	133
2010	119	83	112	147	122	128	179	99	151	132	169
2011	113	106	182	180	46	108	141	114	105	143	145
2012	102	83	143	112	97	121	126	96	160	93	160
	巴尔的摩	达拉斯	休斯敦	亚特兰大	迈阿密	洛杉矶	洛杉矶郊区	旧金山	西雅图	圣迭戈	菲尼克斯
2007	187	264	94	181	166	175	195	200	252	94	135
2008	236	226	259	119	298	187	258	230	255	62	216
2009	128	160	289	81	202	148	164	146	163	105	95
2010	208	193	217	113	87	93	38	129	115	65	186
2011	81	128	230	108	161	142	116	129	108	129	75
2012	180	96	92	110	48	131	92	90	92	117	122

17. 女士鞋类

	美国	纽约州	康涅狄格州	新泽西州	费城	波士顿	芝加哥	底特律	克利夫兰	明尼阿波利斯	华盛顿哥伦比亚特区
2007	160	259	212	264	181	123	458	137	1	158	231
2008	138	210	221	174	136	195	105	110	101	222	237
2009	149	245	362	98	108	181	145	101	97	121	349
2010	146	324	209	123	199	96	246	101	232	85	192
2011	151	343	217	141	94	259	179	157	94	206	238
2012	159	277	121	161	213	154	198	205	74	64	298
	巴尔的摩	达拉斯	休斯敦	亚特兰大	迈阿密	洛杉矶	洛杉矶郊区	旧金山	西雅图	圣迭戈	菲尼克斯
2007	111	169	168	161	140	213	147	144	118	152	266
2008	41	174	125	72	52	162	214	209	27	89	133
2009	283	273	260	147	122	133	194	437	345	298	266
2010	138	247	80	291	100	166	104	139	218	118	133
2011	55	167	329	192	94	158	162	93	119	495	130
2012	207	195	73	261	145	187	278	84	118	198	168

18. 女士服装

	美国	纽约州	康涅狄格州	新泽西州	费城	波士顿	芝加哥	底特律	克利夫兰	明尼阿波利斯	华盛顿哥伦比亚特区
2007	626	934	1,008	941	472	546	1,200	651	1,235	923	934
2008	594	555	1,037	883	690	535	817	481	1,185	765	702
2009	558	550	876	544	492	645	602	510	307	574	1,129
2010	565	737	768	472	738	538	703	477	614	415	753
2011	600	977	757	804	462	647	614	429	720	782	1,067
2012	571	540	706	594	775	564	633	589	433	889	767

	巴尔的摩	达拉斯	休斯敦	亚特兰大	迈阿密	洛杉矶	洛杉矶郊区	旧金山	西雅图	圣迭戈	菲尼克斯
2007	338	449	667	469	497	608	693	629	1,043	740	1,056
2008	420	725	500	538	526	654	330	987	709	518	367
2009	606	878	827	576	523	466	914	870	875	1,437	648
2010	543	691	584	446	166	839	723	526	953	546	1,954
2011	580	925	833	547	400	625	587	772	342	569	614
2012	672	908	412	848	461	723	803	1,013	599	774	736

19. 男士服装

	美国	纽约州	康涅狄格州	新泽西州	费城	波士顿	芝加哥	底特律	克利夫兰	明尼阿波利斯	华盛顿哥伦比亚特区
2007	353	515	263	464	454	342	327	383	331	529	518
2008	345	485	517	362	356	200	431	233	180	374	572
2009	304	376	392	327	318	408	299	406	258	264	432
2010	304	535	520	426	512	368	251	228	201	394	701
2011	323	462	423	424	370	302	410	240	227	282	509
2012	318	442	527	379	337	312	363	235	225	361	424

	巴尔的摩	达拉斯	休斯敦	亚特兰大	迈阿密	洛杉矶	洛杉矶郊区	旧金山	西雅图	圣迭戈	菲尼克斯
2007	502	407	241	426	118	470	261	784	551	493	330
2008	312	277	290	300	147	469	375	387	697	626	329
2009	382	350	437	176	245	276	1,341	259	446	379	322
2010	412	276	218	217	152	371	449	632	365	269	156
2011	414	505	528	283	194	434	443	385	423	180	340
2012	316	446	335	418	245	481	286	516	566	357	255

20. 个人护理产品和服务

	美国	纽约州	康涅狄格州	新泽西州	费城	波士顿	芝加哥	底特律	克利夫兰	明尼阿波利斯	华盛顿哥伦比亚特区
2007	587	591	746	798	594	534	725	468	574	694	749
2008	616	582	855	608	687	650	726	562	481	761	920
2009	595	536	797	733	620	662	696	671	439	700	1,017
2010	581	515	884	618	633	756	709	528	625	650	967
2011	634	611	705	769	569	716	741	633	626	702	1,127
2012	629	664	685	732	724	703	614	679	516	857	925

	巴尔的摩	达拉斯	休斯敦	亚特兰大	迈阿密	洛杉矶	洛杉矶郊区	旧金山	西雅图	圣迭戈	菲尼克斯
2007	511	740	804	487	578	732	697	852	641	510	761
2008	596	776	714	570	628	765	820	1,009	879	689	641
2009	715	698	708	651	618	627	686	812	796	682	1,080
2010	687	745	796	667	580	664	612	753	958	679	454
2011	605	911	774	624	503	766	780	823	746	647	566
2012	1,028	691	913	655	633	708	650	830	726	703	678

21. 约会服务

	美国	纽约州	康涅狄格州	新泽西州	费城	波士顿	芝加哥	底特律	克利夫兰	明尼阿波利斯	华盛顿哥伦比亚特区
2007	0.39	0.34	0.13	1.04	0.00	0.00	0.20	0.48	0.00	0.00	0.54
2008	0.26	1.05	0.27	0.00	0.00	0.00	0.00	0.73	0.00	0.00	0.00
2009	0.38	1.28	0.02	0.00	0.28	0.47	0.28	0.31	0.00	0.00	0.00
2010	0.32	0.86	0.21	0.00	0.45	0.00	0.00	3.05	0.00	0.00	0.34
2011	0.44	0.77	0.00	0.00	1.01	0.06	0.53	2.19	0.00	0.00	1.11
2012	0.50	0.13	0.00	0.43	0.00	0.12	0.59	1.33	0.00	1.51	0.82

	巴尔的摩	达拉斯	休斯敦	亚特兰大	迈阿密	洛杉矶	洛杉矶郊区	旧金山	西雅图	圣迭戈	菲尼克斯
2007	0.00	0.00	0.44	0.16	0.00	0.27	0.38	0.14	0.33	0.00	0.53
2008	0.00	0.00	0.26	0.00	0.00	0.00	0.67	0.16	1.18	0.00	0.89
2009	1.04	0.00	0.00	0.00	0.00	0.39	0.00	0.22	0.00	0.00	0.30
2010	0.00	0.00	0.00	0.00	0.00	0.30	0.00	0.16	0.00	0.00	0.00
2011	0.00	0.17	0.00	0.93	0.36	1.53	0.00	0.00	0.00	0.00	0.00
2012	0.00	2.26	0.00	0.35	0.00	0.00	0.00	0.35	6.05	0.00	0.00

22. 社交、娱乐和健康俱乐部会费

	美国	纽约州	康涅狄格州	新泽西州	费城	波士顿	芝加哥	底特律	克利夫兰	明尼阿波利斯	华盛顿哥伦比亚特区
2007	123	133	194	117	186	278	203	59	79	127	220
2008	127	104	395	158	169	281	199	94	86	280	158
2009	115	95	238	165	209	215	147	197	42	196	271
2010	121	50	208	237	143	208	124	106	55	139	307
2011	122	117	312	185	115	124	164	139	92	151	246
2012	127	110	187	167	100	144	316	121	225	198	322

	巴尔的摩	达拉斯	休斯敦	亚特兰大	迈阿密	洛杉矶	洛杉矶郊区	旧金山	西雅图	圣迭戈	菲尼克斯
2007	100	58	136	59	48	94	303	253	118	115	101
2008	154	87	216	70	40	111	110	256	188	124	225
2009	109	63	187	105	39	141	56	231	192	108	83
2010	100	98	86	102	40	130	35	163	322	93	87
2011	92	157	115	181	29	218	68	252	215	187	114
2012	98	85	101	113	89	162	65	317	185	191	233

注 释

第1章　21世纪的“有闲阶级”

1. “女士品茶测试”现已十分有名，成为最早的统计学实验之一，同时它也奠定了被统计学家们称为“零假设”的假设类型的基础，这种假设一般指两种或两种以上被观察到的现象之间无关联，具体在这个测试中这两种现象则是指女士辨别茶的成分的能力和加入牛奶的实际顺序。在费希尔的实验中，零假设（女士无法辨别出茶的成分）不成立（因为她成功辨别出来）。我是在戴维·萨尔斯伯格（David Salsburg）2002年出版的《女士品茶——统计学如何变革了科学和生活》（*The Lady Tasting Tea: How Statistics Revolutionized Science in the Twentieth Century*）一书中第一次听说这个故事以及费希尔的零假设理论。
2. Fortnum and Mason 2014.
3. 我必须感谢作家、历史学家凯特·贝里奇（Kate Berridge）提供这一信息。
4. Douglas and Isherwood 1996.
5. 同上
6. 虽然凡勃伦总是小心翼翼地指出，社会各阶层之间都存在身份地位的竞争，但他批判最多的还是有闲阶层。
7. Menken 1920, p. 72.
8. Hutchinson 1957.
9. 根据20世纪伟大的公共知识分子约翰·肯尼斯·加尔布雷思对凡勃伦的观察，后者实践了自己所写的东西：凡勃伦的家像个猪窝，床上没有收拾，乱七八糟，当时他的同事大多信奉基督教并拥有神学学位，而他则是个不可知论者。凡勃伦从来没有真正融入过主流。1957 年，著名经济学家 T.W. 哈钦森（T. W. Hutchinson）在文章《倾听者》（*The Listener*）中称凡勃伦为“局外经济学家”，但同时又形容其为“一个重要的美国先知”，他研究并理解人类的社会和经济问题。

10. 加尔布雷思认为，这是迄今为止仍有人阅读的为数不多的几本 19 世纪经济学家的著作之一。

11. 凡勃伦对身份地位的研究同样围绕着其他一些关键点进行，包括女性的从属地位，关于整个社会仍是部落形态（以及由此延伸出的野蛮人概念）的争论，及其本人对划分身份地位的实践和对象的研究等。而最后一项或许是当今社会最严重的问题所在，尤其是其对于炫耀性休闲（教育、智力发展、体育活动）和非金钱主导的行为（礼仪和规矩），炫耀性浪费（例如不必要的家政服务或像夸扣特尔人那样烧毁毛毯*）以及炫耀性消费的研究。

12. Vaizey 1975; Seckler 1975.

13. 资本主义的历史可以追溯至 14 世纪英国贵族和农业生产者之间的紧张关系，但同时被称为商业资本主义的现代资本主义则起源于 16—18 世纪的英国。

14. 例如，他认为所有的社会等级制度都与达尔文主义和掠夺行为有关，而不仅仅是与阶级相关。

15. Wallace- Hadrill 1990, pp. 145–192.

16. 我必须再次感谢凯特 · 贝里奇的协助。

17. Wallace-Hadrill 1994; Berridge 2007.

18. Berridge 2007.

19. Interview with Kate Berridge.

20. Wallace- Hadrill 1994, p. 166.

21. Wallace- Hadrill 1990.

22. Price 2014.

23. Richards 1991, p. 8.

24. Charles et al. 2009.

25. Richards 1991.

26. A/X data: https://en.wikipedia.org/wiki/Armani#Armani_Exchange. J.Crew data:http://www.vault.com/company-profiles/retail/j-crew-group,-inc/company-

---

* 夸扣特尔人是北美西北太平洋沿岸的印第安人，在其文化中盛行一种夸富宴，夸扣特尔的首领们在夸富宴上除了会将其拥有的财物拿出来分给众人，还会大量毁坏个人财物。

overview.aspx. Ralph Lauren data:http://www.vault.com/company-profiles/general-consumer-products/ralph-lauren-corporation/company-overview.aspx. The Gap data: http://www.gapinc.com/content/gapinc/html/aboutus/keyfacts.html.

27. http://www.economist.com/node/17963363.
28. 同上, and http://www.dailymail.co.uk/femail/article-2822546/As-Romeo- Beckham-stars-new-ad-Burberry-went-chic-chav-chic-again.html.
29. Ewing 2014.
30. Frank 2012.
31. 该研究使用教育作为财富的代表，因为这两个变量往往相互关联。
32. Gershuny 2000; Lesnard 2003.
33. http://www.statista.com/statistics/184272/educational-attainment-of-college-diploma-or-higher-by-gender/.
34. Please see Piore and Sabel 1984.
35. http://www.economist.com/node/4462685.
36. Wilson 1987.
37. Reich 1992.
38. 佛罗里达对经济结构调整的理解包括所有负责产生“有意义的新形式”的部门和职业，其中包括艺术家、音乐家、作家、科学家、工程师和其他“创意阶层”成员。见 Florida 2002。
39. Brooks 2000, pp. 85–94.
40. Trentmann 2016.

第2章　21世纪炫耀性消费

1. Galbraith 1958.
2. 万斯·帕卡德在《追求地位的人》中写道，有形物质其实并不能真正体现身份地位。许多社会行为特征是通过对词语或口音的选择等隐性行为和标准体现出来。
3. Johnson 1988.
4. 历史学家唐娜·洛夫特斯（Donna Loftus）告诉过我，维多利亚时代的英格兰中产阶级与炫耀性消费之间存在一种紧张关系。一方面，他们极度节俭，宣扬朴素节俭和喝粥的重要性，另一方面，有些中产阶级又会购买内部装修奢华的豪宅。
5. 本章中的数据主要来源于消费者支出访问调查公共用途微数据。它们与消费者支出日记或综合调查中的数据略有不同，但所反映的总体趋势一致。
6. 1996 年的数据是我们能够进行详细分析的最早数据。

7. 此处消费比的定义是：（a）某分组人口在炫耀性消费方面花费的金额与美国平均炫耀性消费支出的比例；与（b）某分组人口的工资 / 收入与美国平均收入的比例。[消费比 =（i 组炫耀性消费金额 / 美国平均炫耀性消费金额）/（i 组收入 / 美国平均收入）]

8. 低收入家庭的支出比收入比所建议的高出 38%，但与 1996 年的数据相比则少了 4 个百分点。

9. "受教育程度越高的人火化率越高。收入越高的人火化率越高。亚裔的火化率更高。城市社区的火化率更高。非洲裔美国人的火化率较低。"

   http://connectingdirectors.com/articles/3220-cremation-by-the-numbers-cana-projections-are-in#sthash.Ol9aUPLC.dpuf.

10. Charles et al. 2009.

11. Heffetz 2011.

12. 有关所有研究变量和回归结果的完整分类，请参阅本书附录。

13. 为了调查不同人群的消费行为究竟有何不同，本研究采用了以下等式：

$$y_{ijt} = X_{ijt}\beta + \alpha_j + \tau_t + \varepsilon_{ijt}$$

y_{ijt} 代表 t 年大都会地区 j 的家庭 i 的消费对数。我们比较了不同消费类型的回归系数，包括炫耀性消费、非炫耀性消费和其他支出。X_{ijt} 代表单个家庭的人口和社会经济特征的矢量，α_j 代表大都会地区特征，τ_t 代表一年固定效应。我们在回归中使用抽样权值来说明抽样设计，并采用稳健标准差来校正异方差性。相关更多详情请参考附录或在线查询"不同收入阶层消费表"。

第3章　"芭蕾舞鞋"和耶鲁学费

1. Bourdieu 1984.

2. Zukin and Macguire 2004.

3. Packard 1959, chapter 10, p. 85.

4. 德国社会学家格奥尔格 · 西美尔在 1957 年发表的一篇有关时尚的文章中提到，一旦中产阶级开始模仿精英阶层的着装方式，精英阶层就会重新调整其风格，再次将自己与中产阶层区分开来，而他认为这就是时尚变幻如此无常和迅速的原因所在。西美尔还认为，如果不是服务于不同阶层，时尚就不会存在。时尚之所以存在，本质上是为了通过视觉暗示再次明确现有的阶层划分。同样的道理也适用于言谈举止和生活方式。按照西美尔的说法，随着越来越多普通中产阶级开始炫耀和公开展示财富，中上阶层反而开始从凡勃伦时代的巴洛克式矫揉造作转向寻找更不易让人察觉的社会地位象征物。盎格鲁–撒克逊裔白人新教徒一直十分重视对身份地位象征物的判断力以及对其最新形式的掌握（曾经散发着质朴乡村气息的笨重的巴伯尔外套和汉普顿假期），不过，这种更加隐蔽的阶级身份划分形式已经传遍了整个新精英阶层。

5. Gershuny 2000.

6. Fussell 1983.

7. Khan and Jerolmack 2013.

8. Holt 1998.

9. Khan 2012.

10. Packard 1959, chapter 10, pp. 89–90.

11. Johnston and Baumann 2007.

12. Khan 2012.

13. 同上 , p. 16.

14. Moore 2012.

15. Bennhold 2012.

16. U = upper class and non- U = non-upper class.

17. Cooke 2012.

18. Fussell 1983.

19. Weber 1978.

20. 布迪厄把我们获得这种信息和资本的环境称为“习惯”，或者说是形成各种品位的环境和更庞大的系统，而这些品位与其他习惯有所区别。

21. Lamont 1992.

22. Gill 2014.

23. Khan and Jerolmack 2013.

24. Gershuny 2000.

25. 针对美国劳工统计局消费者支出数据的消费分类和项目的详细分类请参见附录。

26. Frank 2015.

27. Sayer, Bianchi, and Robinson 2004.

28. Bianchi 2000.

29. Bianchi, Milkie, Sayer, and Robinson 2000.

30. Sullivan 2014.

31. Kurtzleben 2013.

32. 迈尔斯 · 科拉克（Miles Corak）在其作品中提到，在教育产生最大利益的社会，社会流动性也要低得多。Corak 2013。

33. Gunderman 2014.

34．Lee and Painter 2016.

35．Mills 1956.

36．Khan 2015.

37．Dale, Krueger, and National Bureau of Economic Research 2011.

38．少数族裔（黑人和西班牙裔）和来自家长几乎未接受过教育的家庭的学生是戴尔和克鲁格的报告中唯一的例外。戴尔和克鲁格认为，之所以会出现这样的结果，是因为名牌大学为这些更加弱势的学生提供了绝佳的门径，与进入大学时相比，在他们毕业时，他们已获得了更好的社会和文化资本，而那些出身富裕家庭和精英家庭的学生的情况则有所不同。

第4章　育儿

1．美国卫生与公众服务部的一个工作目标就是，保证 50% 的女性在 6 个月的时间内完全进行母乳喂养，75% 的女性在 12 个月的时间内部分进行母乳喂养。

2．Sacker et al. 2013.

3．CDC Breastfeeding Report Card 2013.

4．Arora et al. 2000.

5．CDC Breastfeeding Report Card 2014.

6．在这方面也存在种族差异，非西班牙裔白人的母乳喂养率是 80%，而黑人的母乳喂养率只有 65%。而在实践母乳喂养的人群中，亚裔和非西班牙裔白人最有可能精确按照指导方针进行母乳喂养：将近 16% 的亚裔和 13% 的非西班牙裔白人在 6 个月的时间内完全进行母乳喂养，而且 76% 的非西班牙裔白人女性至少会主动进行母乳喂养。年龄也是一个影响因素。30 岁以上产妇中有 77% 的人会进行母乳喂养，而低于这一年龄的年轻妈妈们普遍不太愿意进行母乳喂养。

7．McDowell, Wang, and Kennedy-Stephenson 2008.

8．Heck, Braveman, Cubbin, Chávez, and Kiely 2006.

9．Robinson 2011.

10．Barthes 2012.

11．同上 , pp. 79–82.

12．Barthes 2012.

13．同上 , p. 82.

14．Barthes 2012, p. 84.

15．Barthes 2012, p. 129.

16．Barthes 2012.

17. McCann, Baydar, and Williams 2007.

18. Langellier, Chaparro, Wang, Koleilat, and Waley 2014.

19. Guendelman et al. 2009.

20. http://www.pewresearch.org/fact-tank/2014/05/07/opting-out-about-10-of-highly-educated-moms-are-staying-at-home/.

21. Cohen 2014.

22. Sandberg 2013.

23. Kendall 2013.

24. 有关低收入母亲及其母乳喂养障碍的更多有趣研究，参见 Chin and Dozier 2012。

25. 有关该领域一些重要研究的回顾，可见 http://fivethirtyeight.com/features/everybody-calm-down-about-breastfeeding/.

26. Groskop 2013.

27. Bakalar 2014.

28. http://www.theatlantic.com/magazine/archive/2009/04/the-case-against-breast-feeding/307311/. Rosen 2009.

29. http://www.theguardian.com/commentisfree/2011/apr/01/france-breast-breastfed-baby-death.

30. Sussman 1975, p. 313.

31. 同上

32. Sussman 1975.

33. 同上 , p. 313.

34. Golden 1996.

35. 同上

36. Wright and Schanler 2001.

37. Druckerman 2012.

38. Wright and Schanler 2001.

39. Roth and Henley 2012.

40. Gould, Davey, and Stafford 1989.

41. Shapiro 2012, p. MM18.

42. 考虑到分娩时的疼痛和医生的缺席，许多人难以理解为何要家庭分娩，可令人意外的是，不少女性更愿意选择家庭分娩。玛丽安 · 麦克多曼（Marian MacDorman）是美国疾病控制与预防中心的统计学家，也是一名家庭分娩专家。她就表示："这些（少数族裔及贫困）女性也许对家庭分娩不太感兴趣。可是，一位助产士曾向我指出：‘她们或许只是无力承担相关费用。’最近的调查数据也证实了第二种说法的可信度。黑人女性对家庭分娩的兴趣与白人女性相当……（虽然）家庭分娩的费用只有在医院分娩的费用的 1/3 左右，可是大部分保险都不涵盖这笔费用。”

43. Garcia-Navarro 2013.

44. Diamond 2012.

45. Weber 1905.

46. 凡勃伦甚至进一步指出，富裕家庭雇佣的许多工人也纯属多余，他们大多无所事事，没有任何生产力，他称之为“炫耀性浪费”。

47. Guryan, Hurst, and Kearney 2008.

48. Ramey and Ramey 2010.

49. http://static1.squarespace.com/static/54694fa6e4b0eaec4530f99d/t/55102730e4b0bc812283d0ed/1427121968182/Investing+in+Children-+Changes+in+Parental+Spending+on+Children%2C+1972%E2%80%932007.pdf.

50. Linder 1970.

51. Brooks 2013; Klinkenborg 2013. 更多信息可见 American Academy for Arts and Sciences 2013.

52. http://observer.com/2005/04/lotte-berk-in-last-stretch/#ixzz3fnrZvF13.

53. http://observer.com/2005/03/battle-of-the-butts/#ixzz3ftn8Qx9B. 对詹妮弗·威廉姆斯的采访在了解洛特·伯克工作室的历史和有氧芭蕾课的起源方面也很有助益。

54. http://observer.com/2005/03/battle-of-the-butts/.

55. Greif 2016.

56. http://www.economist.com/news/united-states/21660170-sweating-purpose-becoming-elite-phenomenon-spin-separate.

57. Druckerman 2012.

58. Greenfeld 2014.

59. Bell 1976.

60. Trentmann 2016, p. 18.

61. Daniel 2016.

第5章　炫耀性生产

1. 公平贸易是一场涉众广泛（农民、进口商、出口商和烘焙师等）的运动，目的在于提供可维持基本生活的工资，创造可持续进行的大规模生产。如果达到公平贸易提出的最低标准，农民的产品就可以进入更广阔的市场，并获得资金进一步帮助其生产。这些努力值得赞赏，但也存在重大缺陷：咖啡会以高得多的价格卖给消费者，但所得利润却并没有返还给最底层的农民；数量重于质量（农民并不会因为提供质量更好的咖啡豆而获得补偿）；区域配送中心（提供供销关系和可自由支配的资金）运营情况不佳。而与之相对的直接贸易模式则有许多优点：没有中间商（因此农民和烘焙师直接联系）；可利用较小农田种植特定咖啡豆，实现咖啡豆的多样化；农民和烘焙师之间可以针对特定批次咖啡豆商议价格（农民按咖啡豆价值获得准确售价）；质量重于数量。See Keller 2015。
2. Greif 2016, p. 47.
3. 如果你混淆了我的观点和布鲁克斯的“布波族”概念，请允许我稍作澄清：布波族是一群抱持波西米亚主义思想的人，他们长大后变得富有，长期受其波西米亚式情感和布尔乔亚薪资水平困扰。炫耀性生产的崛起将那些仍然囊中羞涩的人（嬉皮士、波西米亚主义者）与那些富有的人联系在了一起，因为他们有相同的价值观，都认同咖啡、番茄和有机棉T恤这类商品的价格，并且也都负担得起。
4. http://reason.org/news/show/whole-foods-health-care.
5. http://www.newyorker.com/magazine/2006/05/15/paradise-sold.
6. See Molotch 2002; Zukin and Kosta 2004.
7. http://www.ers.usda.gov/data-products/chart-gallery/detail.aspx?chartId=48561&ref=collection&embed=True.
8. Haughney 2013.
9. http://www.statista.com/statistics/282479/sales-revenue-of-farmers-markets-in-the-united-kingdom-uk/.
10. Haughney 2013, p. B1.
11. Alkon 2008.
12. Johnston 2008.
13. Alkon and McCullen 2011.
14. Greif 2016, pp. 50–52.
15. 不过，丹尼尔斯也指出，目前的最大障碍仍是劳工措施。虽然人们对食品生产投入极大关注，但劳工问题仍然悬而未决。她表示：“人们对区域经济、可持续性和动物福利组织投入巨大，但大众对劳工问题的关注却仍然落后。”但在这方面还是取得了一些重要进展：例如，针对伊莫卡利的番茄工人问题，佛罗里达州成立了一个联盟，说服消费者在购买番茄时每磅多给一美分，然后将这笔钱用于支持番茄工人享受更公平的劳工待遇。[如需更深入了解番茄产业的相关信息，可阅读记者巴里 · 埃斯塔布鲁克（Barry Estabrook）的作品《番茄王国》（*Tomatoland*，2012）]。2016 年 2 月，奥巴马总统签署了《贸易便利和执法法》，禁止购买由童工和被强制劳动的劳工生产的食品（例如美国境内销售的虾大多来自泰国，而那里存在严重的剥削劳工问题）。当时，包括泰国进口的虾在内的 350 种商品被列入名单。1930 年签署的《关税法》就是为了防止这类违法行为，但因为“消费需求”问题，在过去 86 年间，只有 39 种商品被列入名单。如果美国对某种进口商品的需求量很大，则不管用什么方法生产的该种商品，都被允许在美国境内销售（See Mendoza 2016）。

16. Keynes 1920.
17. Moltoch 2002.
18. IOAN company website: http://www.industryofallnations.com/About-Industry-Of-All-Nations-ccid_55.aspx.
19. http://www.ecommercebytes.com/cab/abn/y11/m01/i11/s01.
20. “Artisanal Capitalism: The Art and Craft of Business.” *The Economist*. January 4, 2014.
21. Clifford 2013a.
22. Clifford 2013c.
23. Segran 2016, Clifford 2013b.
24. 15 facts that can’t be ignored about U.S. manufacturing 2016.
25. Gittleson 2015.
26. Clifford 2013c.
27. 同上
28. Clifford 2013b.
29. Clifford 2013a.
30. Bajaj 2012.
31. Yardley 2013.
32. Barboza 2008.
33. “Made in the USA” Matters to Shoppers 2012.
34. Gittleson 2015.
35. www.worldwildlife.org.
36. www.worldwildlife.org.
37. Engels 1845.
38. 有关环境运动、重要事件、文学和法律方面的一些详尽摘要，请访问以下网站：http://www.pbs.org/wgbh/americanexperience/features/timeline/earthdays/; http://www.encyclopedia.com/earth-and-environment/ecology-and-environmentalism/environmental-studies/environmental-movement; https://en.wikipedia.org/wiki/Environmental_movement_in_the_United_States; https://www.minnpost.com/earth-journal/2013/07/25-classics-environmental-writing-help-your-summer-reading-list.

39. Inglehart 2000, p. 223.

40. Inglehart 2000.

41. http://abcnews.go.com/GMA/story?id=6225503.

42. Doherty and Etzioni 2003. Please see http://simplicitycollective.com/start-here/what-is-voluntary-simplicity-2 for general overviews on the movement and its history.

43. Etzioni 2004.

44. Taylor- Gooby 1998.

45. Grigsby 2004.

46. I must thank Harvey Molotch for his observation here.

47. Obniski 2008.

48. "Artisanal Capitalism: The Art and Craft of Business." *The Economist*. January 4, 2014.

49. Barber 2013.

50. I must thank Joan Halkett for her knowledge on this topic.

51. Marx, K. (1980; Originally 1844). *The economic and philosophic manuscripts of 1844*. New York: International Books; and SparkNotes, "The Economic and Philosophic Manuscripts of 1844" Summary: First Manuscript "Estranged Labor." Retrieved from http://www.sparknotes.com/philosophy/marx/section1.rhtml.

52. Rapoza 1999.

53. 同上

54. http://www.cnn.com/2005/TECH/science/04/22/anwr.protests/

55. Rosenberg 1999; Goldberg 1999.

56. Roberts 2010.

57. Farrell 2007.

58. "Colgate expands reach into quirky toothpaste," 2006.

59. http://voices.yahoo.com/top-5-cosmetic-companies-test-animals-today -5584883.html.

第6章　消费风景

1. Zukin 1993.
2. North 1955; Jacobs 1969; Glaeser 2005.
3. Engels 1845; Simmel 1903; Riis 2009.
4. Jackson 1985.
5. Christopherson and Storper 1986; Sassen 2012.
6. Storper 2013, p. 72.
7. Saxenian 1994; Scott 2005; Storper 1997.
8. See Florida 2002; Drucker 1993; Bell 1973; Reich 1991.
9. Storper 2013.
10. Diamond 2016.
11. Storper 2013.
12. Krugman 2015.
13. Florida 2002.
14. 如对美国城市和郊区的发展以及促成这一发展趋势的相关政府政策感兴趣，请阅读肯尼思·杰克逊的《马唐草边疆》(*Crabgrass Frontier*，1985)，他在书中对这些问题进行了生动叙述。
15. Jackson 1985; Kunstler 1993.
16. Storper 2013.
17. Glaeser, Kolko, and Saiz 2001.
18. Diamond 2012. See also Berry and Glaeser 2005.
19. Sadler 2010; 2016.
20. 格莱泽在其著作《城市的胜利》(*Triumph of the City*，2011）第5章对这一相互作用进行了深入讨论。
21. Glaeser 2011.
22. Costa and Kahn 2000.
23. http://www.nytimes.com/2016/02/23/upshot/rise-in-marriages-of-equals-and-in-division-by-class.html.
24. 同上
25. Glaeser 2011.
26. Handbury 2012.
27. Rampell 2013.

28. Diamond 2012.

29. Lloyd and Clark 2001.

30. Silver, Clark, and Yanez 2010.

31. Wirth 1938.

32. Leher 2010.

33. González, Hidalgo, and Barabási 2008.

34. Leher 2010.

35. 有关各城市消费模式的详细比较，请参考附录；“城市消费模式”表可登录以下网址查阅：press .princeton.edu/titles/10933.html。

36. http://streeteasy.com/blog/new-york-city-rent-affordability/.

37. Dewan 2014.

38. 新泽西州郊区：卑尔根县、埃塞克斯县、哈德逊县、亨特登县、默瑟县、米德尔塞克斯县、蒙茅斯县、莫里斯县、海洋县、帕塞伊克县、萨默赛特县、萨塞克斯县、尤宁县和沃伦县。纽约州郊区：达奇斯县、拿骚县、奥兰治县、帕特南县、罗克兰县、萨福克县和西切斯特县。康涅狄格州郊区：费尔菲尔德县、哈特福德县、利奇菲尔德县、米德尔塞克斯县、纽黑文县和托兰县。

39. Simmel 1903.

40. Diamond 2012.

41. Glaeser 2011.

42. Kleinberg 2012.

43. http://www.nytimes.com/2013/10/13/fashion/the-high-end-matchmaking-service-for-tycoons.html.

44. Mills 1956.

45. 详细结果请见附录。

46. Simmel 1903.

47. Luttmer 2005.

48. Salkin 2009.

49. See also Holt 1998 and Lamont 1992.

50. Weber 1978.

51. Bourdieu 1984; Lamont 1992; Holt 1998.

52. Currid- Halkett, Lee, and Painter 2016.

53. 同上

54. Molotch 2003.

55. http://www.nytimes.com/2010/09/02/fashion/02Diary.html? pagewanted=all &_r=0.

56. Young 2014.

57. Douthat, R. (2016, July 3). "The Myth of Cosmopolitism." *Sunday Review: New York Times*. Retrieved from http://www.nytimes.com/2016/07/03/opinion/sunday/the-myth-of-cosmopolitanism.html?_r=0.

58. 我必须向萨斯基娅 · 萨森表示感谢，她引导我对城市与全球精英消费之间的联系展开思考。在伦敦一个多云的夏季午后，萨斯基娅和我相约喝咖啡，在这期间我们谈起这个话题，她提出了“城市中看不见的组织”这一概念。

第7章 “致富光荣？”

1. Kahnemon and Deaton 2010.
2. Easterlin, Angelescu- McVey, Switek, Sawangfa, and Zweig 2010.
3. Summers 2006.
4. Schor 1991.
5. Raffaelli 2015.
6. "Second Wind" 2014.
7. Murray 2012.
8. http://www.zocalopublicsquare.org/event/is-healthy-living-only-for-the-rich/#.Va0cPWfslzI.facebook.
9. Schor 1998.
10. http://www.pewsocialtrends.org/2012/08/22/the-lost-decade-of-the-middle-class/.
11. Lewis 2010.
12. Luce 2010.
13. PBS NewsHour 2013.
14. 同上
15. Luce 2010.
16. Piketty 2014.
17. http://www.pewsocialtrends.org/2012/08/22/the-lost-decade-of-the-middle-class/.
18. Freeland 2012.
19. http://www.tcf.org/work/workers_economic_inequality/detail/a-tale-of-two-recoveries.
20. Lowrey 2014.

21. Coontz 2014.

22. http://www.foxbusiness.com/personal-finance/2014/05/14/median-american-savings-0/.

23. Kharas and Gertz 2010.

24. Pezinni 2012.

25. Yueh 2013; "Who's in the Middle?" 2009; and Kharas and Gertz 2010.

26. Kharas and Gertz 2010.

27. Kharas 2011.

28. Kharas and Gertz 2010.

29. 同上

30. Ali and Dadush 2012.

31. www.statista.com/statistics/199983/us-vehicle-sales-since-1951/.

32. 围绕全球中产阶级的讨论很多，其中一些批评者认为，这群人并不像一些人所说的那样无处不在或那么富裕。See for example Burrows 2015 and Bremmer 2016.

33. Court and Narasimhan 2010.

34. Douglas and Isherwood 1979.

致 谢

向以下亲切的人们致以诚挚谢意：

来自罗宾斯办公室代理公司的我的文学代理人和好友戴维·哈尔彭（David Halpern），有赖于他，我才敢一步步朝着正确的方向前行。无论我向他抱怨任何写作困难或焦虑，戴维回应的声音都有如羊绒毯一般令人安心，并且总能逗得我哈哈大笑。同时也要感谢罗宾斯办公室的其他人协助审读，提供编辑建议，以及其他各种支持。

普林斯顿大学出版社：我的编辑米根·莱文森（Meagan Levinson）与我紧密合作，力求中肯地帮助梳理概念和主题内容（如有任何错误都是我的责任）。塞思·迪奇克（Seth Ditchik）在跳槽到耶鲁大学出版社前替普林斯顿买下了这本书的版权，我感谢他在我构思初期就愿意进行投资，同时也对他在初稿阶段的献计献策表示感谢。我的文字编辑卡伦·韦尔德

（Karen Verde）教会我正确使用动名词和逗号。萨拉·勒纳（Sara Lerner）和萨曼莎·纳德尔（Samantha Nader）、朱莉娅·哈弗（Julia Haav）、卡罗琳·普莱迪（Caroline Priday）以及普林斯顿的所有宣传人员，你们是如此热情洋溢，不辞辛劳，充满创意——你们每时每刻都让我惊叹不已。

还要感谢我的讲座事宜代理人、志同道合的友人露西·布卢门菲尔德（Lucy Blumenfeld）。感谢那些一起美甲/论书的策略会。

还有那些阅读了样章的南加州大学同事们，你们帮助搜集数据和建议研究方法，丰富了我的思路。能与你们一起共事我深感幸运。同样还要感谢我的院长杰克·诺特（Jack Knott），不论我进行什么研究，不论我花费多少时间，只要我不懈努力，竭尽全力，他总是给予支持。我的博士生李晓正（音译，Hyojung Lee）和崔素润（音译，Soyoon Choo）也提供了不可或缺的帮助，他们在本书细节和创新性方面建议良多，本书（和我）有幸能得到如此帮助。尤其要感谢即将成为哈佛大学住房研究联合中心博士后学者的李晓正，他在消费者支出调查项目上一直是我的好搭档。李晓正很早就已经认同支撑本书的思想，并且跟我一起展开求证之旅。

感谢南加州勒斯克房地产中心提供研究经费支持，这一支持在使用了美国劳工统计局消费者支出调查的相关章节尤为重要。

感谢本书中接受采访的善良的人们，你们所分享的时间、思想和智慧，在书页中闪闪发光。

我的知识英雄们：哈维·莫罗奇、艾伦·斯科特（Allen Scott）、萨斯基娅·萨森、迈克尔·斯托博、苏珊·法因斯坦（Susan Fainstein）和杰罗德·凯登（Jerold Kayden）。

我最喜欢的人：布鲁克·卡特勒（Brooke Cutler）、卡拉·埃斯波西托（Cara Esposito）、玛丽莎·克里斯蒂安（Marisa Christian）、埃里克·洛韦基奥（Eric Lovecchio）、斯隆·克罗斯利（Sloane Crosley）、米歇尔·迪安（Michelle Dean）、特丝·摩丹（Tess Mordan）、戴夫·奥克兰（Dave Auckland），詹姆斯·布鲁克斯（James Brookes）、迈克尔·斯托博（也是知识英雄）、伊丽莎白·普莱斯（Elizabeth Price）、昆廷·普莱斯（Quintin Price）、埃亚勒·本-伊萨克（Eyal Ben-Isaac）、琼·霍尔基特（Joan Halkett）、比尔·霍尔基特（Bill Halkett），以及我的姐妹萨拉（Sarah）、兄弟埃文（Evan）、妯娌加布里埃拉（Gabriela）、侄子利亚姆（Liam）。还有我的父母。我真希望能给你们每个人看看我的心脏X光片，这样你们就能看到我的心是如何被你们填得满满当当。

奥利弗、埃兹拉、理查德：你们就是我的一切。